FINALMENTE.......

UNA GUIA DE CÓMO PERDONAR

Un Enfoque de Tres Niveles Para Secar Tus Lágrimas

Dra. Joan Weathersbee Ellason

DEDICATORIA

Dedicado a mi hijo,

Chad Weathersbee Ellason

La Alegría de Mi Vida

Finalmente……. Una Guia de Cómo Perdonar

Un Enfoque de Tres Niveles Para Secar Tus Lágrimas

Dra. Joan Weathersbee Ellason

Diseño de portada por pro_design37

Diseño de formato por Aslamkhan116

Todos los Derechos Reservados.

Primera Impresión: 2022

ISBN: 978-1-7357627-3-9

Dra. Joan Weathersbee Ellason

Dirección: 1809 K Avenue, Suite 1,

Plano Texas 75074, U.S.A.

(469) 831-4548

Correo Electrónico: DrJWE@outlook.com

www.DrJoanWeathersbee.com

La Dra. Joan Weathersbee Ellason se encuentra disponible para ofrecer talleres acerca del perdón y otros temas.

Para información de reservas llama o envía mensaje de texto (469) 831-4548 o correo electrónico: DrJWE@outlook.com,

Por favor escribe "WORKSHOP" en el asunto del mensaje.

Apreciación

Un agradecimiento especial para aquellos que brindaron su
experiencia en interpretación y
aclaración en español.

John Ray Morales

Tania Morales

Diana Roque

Y un agradecimiento especial por la
interpretación y aclaración de
de los capítulos clínicos en español.

Raymond P, Martinez, LPC-S

Descargo de Responsabilidad

Las historias descritas en este libro son de relatos personales, de acuerdo con recuerdos y experiencias personales reportadas por los contribuidores, cuyos nombres y datos de identificación han sido modificados para su protección y privacidad.

Joan Weathersbee Ellason, PhD, LPC

La Dra. Joan Weathersbee Ellason aporta en sus talleres un enfoque sanador poderoso y único. Integrando más de cuatro décadas de experiencia, combina la formación educativa, clínica, espiritual y musical en una sinfonía creativa de inspiración que trae un respiro de aire fresco. Ella ayuda a que las personas vayan más allá de los desafíos emocionales con su enfoque combinado de conocimientos y técnicas experienciales desde una perspectiva cristiana que pueden rejuvenecer el alma.

Con una carrera dedicando sus energías a aprender métodos efectivos de tratamiento, la Dra. Weathersbee Ellason ha ayudado a muchos clientes para que superen las dificultades de la vida. En la década de 1980 comenzó a ayudar a los sobrevivientes de trauma de forma voluntaria. A partir de ese momento obtuvo una licenciatura en la Universidad Angelo State, una maestría en la Universidad de Mujeres de Texas y un doctorado en la Universidad de Texas. Ha invertido incontables horas y energía en publicar esperanza a través de artículos periodísticos científicos, psicológicos y psiquiátricos con el Dr. Colin A. Ross, MD y otros expertos en trauma. Estas publicaciones incluyen el *American Journal of Psychiatry*, el *Journal of Nervous and Mental Disease*, y el *American Journal of Pastoral Counseling*. Se ha desempeñado en la práctica privada como consejera profesional con licencia desde 1994.

Como cristiana, Joan se ha ofrecido por años como voluntaria para servir en el ministerio de música para iglesias y también se ha desempeñado como la solista femenina principal de la Guardia Nacional Aérea de Texas. Ahora trae la culminación de estos talentos y capacitación a sus talleres de tal manera que puede impulsar al oyente a una transformación personal profunda. Sus talleres incluyen "¿Quién Cuida al Cuidador?" "Desarrollando Tu Potencial" y "El Cómo de El Perdón".

Para talleres y peticiones para presentaciones, contacta a la Dra. Joan Weathersbee Ellason al correo electrónico DrJWE@outlook.com, o llama o escribe un mensaje de texto al 469-831-4548. A través de correo electrónico por favor escribe WORKSHOP en el asunto del mensaje y proporciona tu información de contacto, incluyendo número telefónico. También puedes visitar su sitio web:www.DrJoanWeathersbee.com.

Tabla de Contenidos

LISTA DE TABLAS Y FIGURAS

Parte I
INTRODUCCIÓN

Jamie se derrumbó en el suelo temblando y sacudiéndose. En medio de gritos y las lágrimas: "¡Por qué! ¿Por qué sigue sucediendo esto de nuevo? Ya perdoné y aquí está de nuevo. ¡Aquí estoy sintiéndome provocado, como si nunca los hubiera perdonado en absoluto!" El dolor volvió rugiendo como un huracán, secuestrando todo enfoque, concentración y capacidad de funcionar. El perpetrador, sin embargo, parecía completamente ileso. Sin esperarlo, Jamie se había topado con ellos y parecía que iban bien, despreocupados como si no hubieran hecho nada malo. ¿Dónde está su dolor? Me hacen daño y tengo que trabajar diez veces más duro para superarlo mientras ellos parecen no preocuparse. ¡Dónde está la justicia?

Este libro está escrito para mostrarte el cómo perdonar al entrelazar muchas perspectivas prácticas, clínicas y espirituales. Está escrito desde un punto de vista cristiano pues fue su autora quien personalmente halló que esos conceptos eran restaurativos. Se invita a todos los lectores de todas las creencias a explorar las herramientas y ejercicios de este libro y a aplicarlos de acuerdo con lo que funcione personalmente.

Estas páginas están escritas por una consejera profesional licenciada con un doctorado en psicología y quien ha aplicado muchos de estos conceptos en la práctica privada, así como en la vida personal. Aunque la educación formal es valiosa y la formación de doctorado es rigurosa, la experiencia de la vida real es irremplazable. A menudo, la experiencia de la vida es una *prueba de fuego* que supera la educación académica tradicional, amplía la percepción y proporciona un nivel de entrenamiento de perdón más profundo.

El propósito de este libro es brindarte una combinación de entrenamiento clínico, espiritual y práctico con ejemplos de la vida real y algunas situaciones generales para mostrarte cómo superar algunas de tus propias dificultades. Los tres niveles del proceso están diseñados para ayudarte a alcanzar un nivel de perdón que va más allá de una mera decisión a nivel de cabeza (al cual me refiero como un nivel cerebral de perdón). El propósito de este libro es proporcionarte herramientas específicas y tangibles que puedas aplicar y adaptar a tu propia y única situación, ayudándote a lograr un nivel más profundo de libertad emocional.

Cómo se Diferencia Este Libro de Otras Enseñanzas

La mayoría de nosotros nos detenemos en el nivel cerebral del perdón, el cual consiste en solo recitarle palabras al agresor, tales como "Te perdono" o "Te libero". Aunque creo que estamos haciendo nuestro mejor esfuerzo para ser obedientes y Dios reconoce nuestro esfuerzo sincero en el fondo de nuestro corazón, el dolor a menudo regresa inesperadamente a la superficie cuando pensamos que los habíamos perdonado de una vez por todas. Creo que, si solo has logrado el nivel cerebral del perdón, has obedecido sinceramente a Dios en tu corazón. Si encuentras que el problema reaparece y en general te sientes provocado/a o culpable por el resentimiento restante, sigue leyendo. Este libro está escrito para que puedas obtener alivio a un nivel más profundo y lograr un mayor nivel de libertad emocional.

Antes de continuar, hay varios escritores que han brindado un excelente trabajo acerca del perdón y a quienes vale la pena mencionar. Muchos de sus escritos se enumeran entre las lecturas sugeridas al final de este libro. Colin Tipping ha proporcionado aplicaciones psicológicas y teóricas en profundidad para aprender a perdonar a los demás. Joyce Meyer ofrece escritos esclarecedores a partir de profundos fundamentos bíblicos.[i] Este libro no es un reemplazo del trabajo ya realizado. Es una adición que traduce la salud clínica, conductual y espiritual en una aplicación tangible para el día a día.

Los siguientes capítulos están diseñados para ir más allá de la literatura actual acerca del perdón, mientras reconoce la validez de los escritos ya existentes. Muchos escritos religiosos respetables brindan enseñanzas maravillosas sobre por qué debemos perdonar. Las literaturas científicas y clínicas proporcionan descripciones muy detalladas de los mecanismos fisiológicos que entran en juego cuando permanecemos en un estado emocional de angustia debido a la falta de perdón. Si buscas una interpretación académica de las vías neurológicas y los procesos bioquímicos involucrados en el estrés emocional, quizá disfrutes leer el libro de Caroline Leaf, *Switch on Your Brain: The Keys to Peak Happiness, Thinking, and Health*.[ii] El presente libro va directamente a la mecánica de cómo realizar el perdón en sí. He aplicado exitosamente muchos de los aspectos espirituales y conductuales de esta versión de "el cómo del perdón" en mi vida personal y en mi práctica privada. Estos conceptos han ayudado a muchos clientes a aprender a volar con nueva libertad.

Historias y Ejemplos en Este Libro

Durante todo este libro se describirán ejemplos de la vida real de contribuidores que se ofrecieron a compartir sus propias historias. Los nombres y muchos detalles han sido reemplazados para proteger sus identidades y evitar que sean reconocidos. Además, otros ejemplos son tipos generalizados de ofensas que pueden haber afrontado muchos lectores. La transgresión, en general, puede variar en gravedad de persona a persona. Lo que es trivial para una persona puede ser devastador para otra. Por esa razón las muestras escritas aquí tienen un amplio rango de severidad y las historias reales aplicadas aquí han sido proporcionadas con autorización. La generosidad de los contribuidores puede proveer ejemplos con los que podrías identificarte.

Como Usar Este Libro

Ante todo, entiende que cualquier evento que experimentes y percibas como traumático en tu vida, aunque pueda parecer pequeño para otra persona, aún merece toda tu atención para trabajar en el perdón. Uno o más de los tres niveles del trabajo de perdón descritos en este libro (Nivel I, II o III) pueden aplicarse a tus necesidades. Familiarízate con los tres, pues con frecuencia los necesitamos todos en un momento u otro. Aplica las herramientas de este libro para adaptarlas a tus necesidades específicas, teniendo en cuenta la posibilidad de que necesites ayuda profesional al embarcarte en este viaje.

Si bien este libro examina las perspectivas que quizás ya hayas estudiado, se recomienda que no omitas ninguno de los capítulos, ya que puedes descubrir una perspectiva más profunda de la que percibiste con anterioridad. Asimismo, cada capítulo se basa en el otro y proporciona una mejor comprensión de los ejercicios que siguen. Esto mejorará tu preparación y las salvaguardias necesarias para realizar el trabajo del perdón.

Este libro se divide en dos secciones principales. La Parte I cubre los conceptos y herramientas esenciales que necesitarás para realizar el trabajo. La Parte II te lleva a través del enfoque de tres niveles. Estos tres niveles de perdón se basan en sí mismos y a menudo están entrelazados. Los dos primeros capítulos están diseñados para proveer una descripción general eficaz. Examina los subtítulos en estos segmentos para ver si notas alguna información nueva o perspectivas que puedas no haber considerado antes. Puede ser que el perdón no sea exactamente lo que crees que es. El tercer capítulo proporciona elementos cruciales para ayudarte a prepararte para cualquier trabajo difícil que tengas que afrontar.

Tras leer la Parte I, pueda que estés mejor preparado/a para embarcarte en el propio viaje del perdón que se encuentra en la Parte II. Aquí verás técnicas específicas, detalladas y tangibles, incluyendo herramientas cognitivas y perspectivas espirituales prácticas. Este no es un método único para perdonar. Puede haber herramientas que funcionen para algunos, pero que no funcionen para ti. Tómate tu tiempo para examinar la gama de opciones como un buffet de herramientas y decisiones del que puedas seleccionar estrategias que puedan funcionar personalmente para ti.

IMPORTANTE: Por Favor Lee La Siguiente Sección Antes de Seguir Leyendo Este Libro

Antes de iniciar los ejercicios del capítulo seis de este libro, considera tu propio nivel subjetivo de dolor en cualquier situación que requiera trabajo. El dolor varía en la intensidad percibida entre individuos y a través de situaciones. Cinco personas pueden experimentar el mismo evento de manera diferente. Lo que es trivial para una persona, puede resultar insoportable para otra. Por consiguiente, no asumas que, si un evento en particular no afectó a otra persona, tu debas tener el mismo nivel de tolerancia. Se honesto/a contigo mismo/a acerca de cuánto te duele y respeta esa realidad. No hay vergüenza en el dolor.

No hay vergüenza en el dolor.

Evalúa tu propio nivel personal de dolor emocional: Cero representa la menor cantidad de dolor y diez representa la mayor cantidad de dolor. Esta es una medida de tu propia percepción personal de la cantidad de dolor emocional que sientes con respecto a una experiencia dolorosa. Este constructo fue utilizado originalmente para medir el dolor físico.[iii] Posteriormente se ha descubierto que es valioso en la medida del dolor psicológico para el seguimiento eficaz del dolor emocional en el tratamiento del trauma.[iv]

Usando una escala de cero a diez, donde cero representa ningún dolor emocional y donde diez representa el nivel más extremo de impacto emocional, discierne tu nivel subjetivo de dolor en esta escala. Si un nivel de dolor emocional percibido con precisión es de uno o no mayor de tres, es probable que puedas procesar muchas de estas herramientas sin ayuda de un guía profesional o guía de apoyo. Si tu nivel de dolor emocional varía de cuatro a cinco, probablemente seas capaz de procesar algunos de estos pasos con un confidente de confianza o con un amigo/a que te apoye. Para las experiencias dolorosas que se perciben como superiores a un nivel de cinco, recomiendo que lleves este libro a un terapeuta competente de tu elección para que no proceses tu dolor a solas. A menudo nuestro trabajo de perdón necesita la ayuda de un profesional preparado y competente. También, ten paciencia contigo mismo/a, pues es posible que algunos de los ejercicios de este libro deban leerse en segmentos ya que muchas heridas emocionales toman tiempo para sanar.

Puedes encontrar una lista de terapeutas licenciados en tu plan de seguro o a través de tu pastor. Los conceptos de este libro se derivan de teorías establecidas, incluida la terapia Gestalt.,[v] y trabajo del niño interior,[vi] así mismo como terapia cognitiva.[vii] Mientras te contactas con un terapeuta, puedes preguntar si está familiarizado con estos enfoques. Un terapeuta no tiene que ser un erudito en los orígenes de estas teorías; no obstante, ayuda que estén capacitados en estas técnicas. Más allá de la experticia profesional, pueda que también desees ver si el posible terapeuta es compatible con tus creencias espirituales. Sí, está perfectamente bien entrevistar brevemente a un potencial terapeuta. Puedes hacer estas preguntas en una breve llamada telefónica.

Finalmente, la siguiente oración tiene la intención de apoyarte en tu búsqueda de un nivel de recuperación más alto y más libre.

Dios, agradezco que seas el máximo sanador y que nunca nos dejas ni nos desamparas. Por favor habla, a través de las páginas de este libro, <u>a cada persona que las lea</u> y abre sus ojos espirituales en las áreas específicas que necesitan. Por favor, guía a cada uno a través de las páginas de este libro hacia un resultado positivo y ayúdalos a alcanzar el nivel de esperanza que es dador de vida, liberador y triunfante.

Gracias por las abundantes bendiciones, por la curación y la libertad que puedas entregar a todos a través de este libro. En el nombre de Jesús, amén.

.

Disfruta......

Capítulo 1

Lo Que Pueda Que Ya Sepas ... O No

Lo hemos escuchado una y otra vez:

Debemos perdonar . . . No perdonar no es saludable . . . Es toxico . . .

Debemos perdonar, de lo contrario Dios no nos perdonará . . .

Tener resentimiento solo nos lastima a nosotros mismos . . .

Lo sé, lo sé, y así sigue y sigue . . .

Bla Bla Bla.

Si eres una de las muchas personas que lo ha escuchado todo antes, este libro está diseñado para ti. Hay abundantes enseñanzas sobre *por qué debemos* perdonar y qué nos pasa si no lo hacemos. Aun así, tú y yo siempre podemos beneficiarnos de algunos recordatorios de lo que ya sabemos; así pues, se recomienda que al menos leas detenidamente este capítulo en busca de un posible trocito de verdad.

El concepto y los beneficios del perdón han sido descritos en las enseñanzas religiosas, las ciencias sociales y el ámbito médico. El perdón puede ser multidireccional, incluyendo el perdón a un amigo/a o compañero/a, el perdón a uno mismo, el perdón de una deidad como Dios o el perdón de una situación. Ya sea que esté dirigido a una persona (incluido uno mismo), deidad o cosa, es necesario.

Con frecuencia el perdón se puede otorgar sin ninguna expectativa de restauración de la justicia. Esto en sí mismo parecería muy injusto. No obstante, es mucho más injusto que la víctima tenga que retrasar su curación supeditada al acto de conciencia del perpetrador. ¿Cuánto tiempo le tomará al infractor saber que ha hecho algo malo y enmendar o rectificar la situación? Algunos daños son irreparables y a veces, puede parecer demasiado tarde porque el agresor ha fallecido. Incluso en una situación ideal en la que el agresor se disculpa, expresa remordimiento y enmienda, la tarea de remover la herida de nuestra alma puede permanecer y la recompensa puede no parecer adecuada.

Intenciones Sinceras y Nivel Cerebral de Perdón

¿Te enseñaron que debes perdonar inmediatamente? En medio de tu dolor y enojo, ¿Lo hiciste de inmediato por obediencia? ¿Proclamaste que perdonaste a la persona en ese mismo lugar y momento, solo para sentirte culpable más tarde cuando resurgieron el dolor y la ira originales? En primer lugar, debes elogiarte por tu sincero acto de moralidad y buena intención. En mi pasada experiencia, cuando decía de manera inmediata: "Te perdono", pasaba lo mismo. En lo más profundo de mi corazón realmente quería perdonar a esa persona y dejar a un lado la amargura para poder proclamar el perdón en obediencia, pero descubría que el dolor volvía a asomar su horrible cabeza en el camino. Esto es a lo que llamo "perdón cerebral", lo que significa que se procesa en tu cabeza solo sin filtrarse hacia tu alma, corazón y espíritu. En realidad, es posible que tú y yo simplemente estuviéramos reprimiendo nuestros sentimientos. Lo que ocurre con el perdón cerebral, es la posibilidad de que el dolor se enquiste en algún lugar de la mente inconsciente o que brote en algún otro lugar del cuerpo, llevando a síntomas emocionales o físicos...

De verdad creo que muchos cristianos sinceros a menudo se detienen en el nivel cerebral del perdón, verbalizando las palabras "Te perdono", sin embargo, inconscientemente reprimen sus emociones en lo más profundo de sus almas. Esto conlleva a que las emociones se pongan bajo tierra, metafóricamente. Si estas emociones son simplemente reprimidas, tienen una forma de volver a salir a la superficie. Alguna vez has dicho "Te perdono" y después, de la nada, ¿esos sentimientos indeseados regresan rugiendo con venganza? Un querido ex colega mío de LPC, el difunto Mark Felber (1961 - 2019), se refería a esto como un "tsunami emocional".[viii]

Oh No! ¿Qué pasa si no he perdonado realmente? No te preocupes. Sigue leyendo.

Ahora, antes de entrar de lleno en la auto-condena, pensando que no has perdonado en absoluto, detente por un momento. En primer lugar, no estoy descartando el nivel de perdón cerebral (al nivel de la cabeza), porque creo que Dios toma nuestros esfuerzos sinceros y los completa con su gracia y poder. Por ejemplo, si damos un pequeño grano de fe con un esfuerzo del tamaño de una semilla de mostaza, Dios lo llevará a cosecharse. Donde somos débiles, él es fuerte a través de nosotros (2 Corintios 12: 9-11). Creo que las enseñanzas del perdón en esta manera son válidas y que Dios nos perfecciona en nuestra debilidad. La auto-condena excesiva,[ix] a la cual me refiero como falsa culpa, puede ponernos a caer en picada innecesariamente. Dios ya sabía desde el principio que éramos débiles en el mejor de los casos. Y es por eso que Jesús pagó por nuestros pecados de manera adelantada.

La enseñanza de orar por aquellos que nos persiguen también es una parte válida del perdón. Este libro está diseñado para mostrarte cómo cambiar tu pensamiento y tus percepciones de tal manera que sea más fácil hacerlo. Tus actos de perdón obediente pueden volverse más profundos, más auténticos y cada vez más automáticos a medida que creces y aplicas las herramientas descritas en los siguientes capítulos. Debemos continuar aumentando en estatura y virtud, produciendo más fruto a medida que crecemos y avanzando más allá de nuestro primer estado primario de inmadurez espiritual (Hebreos 6:1, 1 Corintios 13:11, Colosenses 1:9-10).

Perdonar mentalmente es un primer paso respetable. Si descubres que la ira resurge más adelante, eso simplemente significa que todavía puede haber algún dolor no resuelto que necesites procesar. Hay un nivel más profundo y completo de perdón en las siguientes páginas, incluido el más alto nivel de perdón: El que todos en nuestro corazón anhelamos poder lograr. Las secciones más inmediatas describen las razones por las que aprender a perdonar más a fondo puede valer la pena mientras te embarcas en este increíble viaje. Las siguientes páginas describen varias razones para aprender un nivel de perdón más profundo que el nivel de perdón cerebral.

Razones Emocionales Para Un Nivel de Perdón Más Profundo Que el Nivel de Perdón Cerebral

Las emociones contienen energía. Cuando esa energía incluye ira y ésta no tiene a donde ir, tenderá a dirigirse hacia adentro, hacia la mente, el cuerpo, el alma y el espíritu. La ira también es una emoción secundaria, lo que significa que la ira generalmente tiene una emoción raíz y una base que involucra dolor, tal como las heridas, el miedo, la decepción o la tristeza. Sin conocer un lugar apropiado para dirigir esta energía emocional no resuelta, el dolor pasa a "la clandestinidad" y en lugar de ser explosivo, se vuelve implosivo, afectando nuestra salud mental y física. Podemos estar de acuerdo en que, si una persona se niega a perdonar, está eligiendo permanecer en un estado de ira (y dolor) hacia el perpetrador, la situación, Dios o ellos mismos. A medida que esta ira no resuelta comienza a sobrecargarlos, pueden infectarse con síntomas depresivos, ansiedad o problemas médicos. Quizá esta sea una razón crucial por la que las Escrituras nos dicen: "Si se enojan, no pequen. No permitan que el enojo les dure hasta la puesta del sol" (Efesios 4:26 NVI). Por eso yo también interpreto esta escritura como que nos abstengamos de permitir que nuestra ira no resuelta atiborre nuestro cuerpo, mente o espíritu porque puede enfermarnos.

En su obra Caroline Leaf describe una dicotomía brillante de nuestras emociones.[x] Ella divide todas las emociones en dos grupos: 1. Basadas en el miedo, y 2. Basadas en la fe (a las que yo llamo "basadas en la esperanza"). Las emociones positivas están en la categoría de la fe (o la esperanza), como la alegría, el agradecimiento, la anticipación y el entusiasmo. Se considera que la categoría negativa (la basada en el miedo) incluye, como era de esperar, el miedo y la ansiedad, además de la ira, el resentimiento y la rabia, por nombrar algunas. Si te han herido/a profundamente, puede ser más difícil generar emociones positivas basadas en la fe y la esperanza. Las emociones positivas suponen un nivel de confianza que puede ser difícil si te han herido con frecuencia o si tu confianza se ha roto. Ser capaz de confiar en que habrá un resultado esperanzador puede requerir primero una medida de curación. Si te has sentido decepcionado/a con frecuencia en tu vida, la esperanza puede resultar difícil. La buena noticia es que existen herramientas que puedes aprender las cuales pueden brindarte alivio. Asimismo, el mundo no tiene por qué ser necesariamente un lugar de confianza para que te cures y alcances este nivel de libertad y paz.

Reconociendo cómo nuestras emociones involucran energía, recuerda un momento en el que sentiste una emoción positiva al contrario una emoción negativa. Advierte cuán diferente se siente tu cuerpo y el nivel de energía en comparación con esos dos estados. Pueda que reconozcas que las emociones positivas promueven un sentimiento de libertad y paz, mientras que las emociones negativas crean tensión con un sentido de esclavitud y restricción.

Tiene sentido que la emoción de la ira caiga en la categoría del miedo, según el paradigma de Leaf.[xi] Cuando una persona siente cualquier forma de ira, ya sea una leve irritación o una rabia extrema, entra en un estado de lucha o huida. Si estás levemente molesto/a o irritado/a, puedes pedirle al perpetrador que se detenga (lucha) o encontrar una manera de alejarte de la situación (huida). Al sufrir graves abusos o agresiones o cuando nos sentimos devastados, la respuesta natural que tenemos, además de muchas otras emociones, es la ira. Ya sea que lo reconozcamos o no.

Las razones emocionales para perdonar abarcan mucho. Cuando nos aferramos a asuntos inconclusos, el dolor y la ira sin resolver nos roban el tiempo, nuestro enfoque y la tan necesaria energía emocional y física. También desplaza el espacio en nuestros corazones, donde de otra manera podríamos reconocer las abundantes bendiciones que Dios quiere darnos.

Razones Físicas Para Un Nivel de Perdón Más Profundo Que el Nivel de Perdón Cerebral

Las emociones no resueltas no solo nos abruman emocionalmente, también se manifiestan en nuestro cuerpo físico. Si permanecemos en un estado de falta de perdón, estamos empacando estas emociones en nuestros cuerpos, creando un estado de estrés continuo. Cuando estamos en un estado de estrés, naturalmente pasamos a un estado de lucha o huida, diseñado solo para hacer frente a una amenaza inmediata. Si este estado se prolonga, agotamos todos nuestros recursos dirigidos a la defensa y protección continuas de la amenaza. El dolor y la ira no resueltos no se descargan del cuerpo, sino que se internalizan. Y cuando se prolongan pueden hacer que nuestra salud se deteriore por la sobreexposición a las hormonas del estrés y a los químicos que se liberan continuamente.

Así, la falta de perdón puede causarnos una respuesta de estrés prolongada que puede afectar nuestros órganos biológicos.

Aunque no todos los casos médicos son causados por estrés emocional, un número sustancial de ellos puede atribuirse al estrés, teniendo como culpable a la falta de perdón. Si hemos establecido que la falta de perdón llena de emoción causa estrés, es esencial saber que hay varias condiciones físicas asociadas con el estrés. El autor R. Morgan Griffin, en su artículo de 2018 *10 Problemas de Salud Relacionados Con el Estrés Los Cuales Puedes Solucionar,*[xii] identificó 10 condiciones físicas relacionadas al estrés. Entre estos se encuentran las enfermedades cardíacas debido al aumento de la presión arterial y al aumento del colesterol y los triglicéridos en la sangre. También la exacerbación del asma. La investigación encontró que los niveles altos de cortisol parecen aumentar la cantidad de grasa almacenada en el abdomen, lo que conduce a una plétora de problemas de salud. Los estudios también nos muestran que el estrés parece aumentar los niveles de glucosa en las personas que sufren diabetes tipo 2. El estrés también puede desencadenar dolores de cabeza y algunas migrañas y problemas gastrointestinales incluyendo acidez estomacal, reflujo gastroesofágico y síndrome del intestino irritable. El estrés se ha relacionado con depresión médica y síntomas de pánico y ansiedad. Este mismo artículo también cita hallazgos de que el estrés en las ratas acelera la enfermedad de Alzheimer y que la reducción de los niveles de estrés parece ralentizar su progresión en humanos. En varios estudios,[xiii] se ha encontrado que ocurre un envejecimiento acelerado a nivel de DNA en grupos de individuos estresados. Además, los participantes estresados mostraron una tasa de muerte prematura 63% más alta en comparación con el grupo de participantes no estresados.

Si creemos erróneamente que hemos perdonado por completo a la persona o la situación, pero hemos metido ira y energía negativa en nuestros cuerpos, esto nos duele más que a ellos. ¡Qué gran epítome de injusticia! Somos nosotros quienes enfermamos, mientras que el perpetrador de nuestro dolor no tiene ni idea de la gravedad de sus acciones y permanece ileso.

Aquí es importante mencionar que algunas condiciones físicas ocurren por toxinas ambientales, por herencia y por causas puramente físicas y que no están relacionadas con el estrés. No obstante, mantener nuestras emociones alejadas de la ira no resuelta puede dotarnos con una línea de defensa física adicional en nuestro sistema inmunológico.

Razones de Salud Mental Para Un Nivel de Perdón Más Profundo Que el Nivel de Perdón Cerebral

Si es cierto que perdonar meramente a nivel cerebral (solo desde nuestra cabeza) puede implicar la supresión del trauma, esto puede causarnos más dolor al permanecer de manera tóxica dentro de nuestras almas. Espera resurgir en un momento posterior e inoportuno. Además, empleamos una enorme cantidad de energía física y emocional para reprimir los asuntos pendientes de nuestro dolor e ira no resueltos. Mientras continuamos aplacando el dolor, negando que está ahí, perdonando solo a un nivel superficial, distrayéndonos o evitando el problema, gran parte de nuestra energía está siendo secuestrada.

Es natural querer evitar prestar atención a información hiriente y dolorosa. La Asociación Estadounidense de Psiquiatría sugiere varios síntomas naturales que pueden ocurrir tras una experiencia traumática. El evitar recordar o pensar en el evento traumático es uno de los síntomas clave. La amnesia en parte o en todo el evento, puede robarle a la persona su confianza. También entre estos síntomas se encuentran la alteración del sueño, recuerdos intrusivos del evento traumático, desapego emocional de los seres queridos, la sensación de tener un futuro más corto, déficit de atención, dificultad para concentrarse, hipervigilancia (vigilancia excesiva), hiperactividad (respuesta de sobresalto fisiológico), pesadillas y en algunas ocasiones, flashbacks (percepción de revivir el evento aunque este ya haya terminado).

Más recientemente, los síntomas que involucran cogniciones negativas (pensamientos, percepciones, creencias) han sido agregados como una categoría de síntomas que no solo está asociada, sino que es esencialmente requerida para sincronizar un diagnóstico de trastorno por estrés postraumático (TEPT). Algunos ejemplos de cogniciones negativas pueden incluir pensamientos oscuros/ catastróficos, dudas, autopercepciones negativas o auto-culpa. Estas son respuestas naturales a un trauma emocional no resuelto, que con frecuencia puede apoderarse de la vida emocional, social o profesional de la persona.

Reprimir el dolor emocional también puede llevar a una tristeza prolongada y a un estado de ánimo deprimido, llanto excesivo, pérdida de alegría en la vida, aumento o pérdida del apetito y sentimientos de culpa o inutilidad excesiva. Definitivamente puede robar tu energía emocional. Reprimir el dolor emocional durante mucho tiempo también puede drenar tu energía física, ya sea al reducir tu energía (retraso psicomotor), al aumentar demasiado tu energía con inquietud o irritabilidad excesivas (agitación psicomotora) y hacer que te sientas agotado pesar de haber dormido lo suficiente. Una persona también puede experimentar ansiedad o incluso ataques de pánico debido a la ira o dolor emocional reprimidos/no resueltos. Colin A. Ross, MD, ha desarrollado su modelo de trauma, la cual es una teoría reveladora sobre la relación del trauma con los síntomas emocionales posteriores. Todos los seres humanos en el planeta tienden a responder a las calamidades físicas de manera similar, con síntomas físicos y médicos que son proporcionales al nivel de impacto físico incurrido. Si sufres un accidente físico relativamente leve, se espera que tus síntomas sean relativamente leves. Si sufres un accidente automovilístico muy grave, es probable que sufras algo más que un moretón o un rasguño. Lo mismo ocurre con el trauma emocional. Si percibes la ofensa que experimentas como leve, pueda que solo te lleve unos momentos superarla y, por lo tanto, puedes decir verdaderamente: "Te perdono" y hacer que nunca vuelva a aparecer. Si experimentas un evento muy hiriente o devastador, esperar a que simplemente te levantes, lo ignores, recites una frase de perdón y sigas adelante como si nada, sería como esperar que te alejes completamente ileso/a de una colisión entre cinco autos. El punto valioso aquí es que te tengas paciencia si estás experimentando una tristeza difícil o una mayor ansiedad.

Un segundo punto de importancia válida es también abstenerte de darte un diagnóstico basado en lo que estás leyendo en este libro. Para un diagnóstico específico, varios de estos síntomas deben coexistir en un patrón particular, tener una duración particular y afectar gravemente la vida del individuo, entonces el solo hecho de tener algunas de estas experiencias no indica necesariamente que sufras depresión clínica o TEPT. El punto principal es que sepas cuánto impacto pueden tener en tu vida la falta de perdón y el enojo no resueltos.

Ya sea provocado por el estrés, por herencia o por ambos, si alguno de los síntomas mencionados anteriormente está interfiriendo con tu vida, se recomienda que consultes a un profesional capacitado para una evaluación completa. Es una buena idea descartar primero cualquier condición médica que pueda estar ocurriendo y, si no es médica, explorar lo emocional. Muchas personas pueden beneficiarse solo teniendo a alguien con quien hablar y algunas situaciones pueden requerir el uso de medicamentos. Se puede descubrir una gran cantidad de herramientas consultando a un profesional de la salud competente.

Es inmensamente importante lidiar con la ira o el dolor sin resolver porque si no se controlan, pueden robar nuestra calidad de vida, así como nuestros sueños, nuestro destino, nuestra libertad y futuro. Sin importar si cumples con todos los criterios para cualquiera de los diagnósticos mencionados, si observas los elementos anteriores, puede quedar claro que cualquiera de estos síntomas es suficiente para ser inconvenientes en tu vida. Tienes un propósito y un destino dados por Dios en esta vida, y no es de ayuda para ti ni para nadie más si tu energía está atada a un dolor no resuelto que ha pasado desapercibido y que bloquea tus sueños. Esto no es lo que Dios quiere para nosotros. El Señor dijo claramente:

Juan 10:10 (NVI)

"El ladrón no viene más que a robar, matar y destruir; yo he venido para que tengan vida, y la tengan en abundancia."

Razones Espirituales Para Un Nivel de Perdón Más Profundo Que el Nivel de Perdón Cerebral

En la siguiente sección hay una serie de robustas escrituras acerca de las razones para perdonar a quienes nos lastiman. Esta sección no está diseñada para inducir miedo o culpa. Según la escritura, somos salvos por gracia mediante la fe en Jesucristo (Efesios 2: 8-9, Hechos 16: 30-31, Juan 5:24, Apocalipsis 3:20). Al leer las siguientes páginas, recuerda que la razón por la que Cristo vino a dar su vida por nosotros, es que Dios sabía desde el principio que ninguno de nosotros podría obedecer las Escrituras sin equivocarse. Todos somos un trabajo en progreso, así que, al leer la siguiente sección, reconoce esto como el nivel hacia el cual debemos esforzarnos. Creo que las herramientas que siguen en este libro pueden equiparte para acercarte a un nivel más alto de perdón que puede aumentar tu estatura espiritual y libertad emocional. Una vez hayas dominado muchos de estos enfoques, el capítulo siete es un posible ejemplo de cómo puede lucir el alcanzar el nivel más alto de perdón y libertad emocional.

Ahora, puede que estés muy versado/a en la escritura que nos dice que debemos perdonar. Debemos ser pacientes con los demás y perdonarlos como Dios nos ha perdonado a través de Jesucristo (Efesios 4:32; Colosenses 3:13). Debemos perdonar repetidamente. Jesús declaró que, si alguien peca contra nosotros, debemos perdonarlo "setenta veces siete" (Mateo 18:22 No te digo que hasta siete veces, sino hasta setenta y siete veces — le contestó Jesús, NVI), e Aun si peca contra ti siete veces en un día, y siete veces regresa a decirte "Me arrepiento", perdónalo (Lucas 17: 4 NVI).

Debemos enmendarnos siempre que sea posible antes de ser capaces de bendecir a alguien o glorificar a Dios de manera efectiva. En Mateo 5: 23-24 (NVI) Cristo dice: "23Por lo tanto, si estás presentando tu ofrenda en el altar y allí recuerdas que tu hermano tiene algo contra ti, 24deja tu ofrenda allí delante del altar. Ve primero y reconcíliate con tu hermano; luego vuelve y presenta tu ofrenda.".

¿Permitimos pasivamente que otros se aprovechen de nosotros (o de alguien a quien amamos) sin hablar ni hacer nada al respecto? Al contrario, es bíblicamente aceptable confrontar a una persona en su transgresión. "Si tu hermano peca, repréndelo; y, si se arrepiente, ¡perdónalo!" (Lucas 17:3 NVI). Pero se nos exige ser persistentes en el perdón, "Aun si peca contra ti siete veces en un día, y siete veces regresa a decirte "Me arrepiento", perdónalo " (Lucas 17: 4 NVI).

Aparentemente este asunto de perdonar es extremadamente importante para Dios, porque en más de una ocasión la Biblia nos dice que nos lastimamos espiritualmente si nos aferramos al resentimiento. "Y cuando estén orando, si tienen algo contra alguien, perdónenlo, para que también su Padre que está en el cielo les perdone a ustedes sus pecados." (Marcos 11:25 NVI). Mateo 6: 14-15 (NVI) dice: "Porque, si perdonan a otros sus ofensas, también los perdonará a ustedes su Padre celestial. Pero, si no perdonan a otros sus ofensas, tampoco su Padre les perdonará a ustedes las suyas.".

Jesús va más allá en Mateo 5:21 (NVI), diciendo: "Ustedes han oído que se dijo a sus antepasados: "No mates, y todo el que mate quedará sujeto al juicio del tribunal." En 1 Juan 3:15 (NVI), se dice: "Todo el que odia a su hermano es un asesino, y ustedes saben que en ningún asesino permanece la vida eterna.". Esto crea un fuerte argumento a favor de las razones espirituales para aprender a lidiar con nuestra ira y dolor no resueltos al hacer un esfuerzo por perdonar. También habla de la naturaleza destructiva de la falta de perdón, que puede ser palpable física, emocional y espiritualmente.

Creo que muchos de nosotros, como cristianos, hemos tratado de perdonar con debida diligencia y sinceridad para complacer a Dios, pero no ha ido más allá de un nivel cerebral obediente. Sin saber qué más hacer, suprimimos el resto del dolor, reprimiéndolo repetidamente. Cuando hacemos todo eso, sabemos cómo obedecer las escrituras; creo que Dios ve nuestro esfuerzo sincero a través de los ojos de la misericordia. No obstante, sin aprender a llevar nuestro perdón a un nivel más profundo, el dolor que queda se acumula en nuestro interior, dejándonos atormentados. Estoy segura de que Dios no quiere que ninguno de nosotros viva en tormento. Quiere que estemos espiritualmente saludables.

También interpreto la última parte de 1 Juan 3:15 en términos clínicos. Si en tu corazón sientes odio hacia alguien (incluso hacia ti mismo), literalmente aniquilas y eliminas de tu corazón y alma toda la vida y la energía que da vida. Esta pérdida puede manifestarse en una disminución de la energía, pérdida de alegría y eventualmente enfermedad. ¿Recuerdas algún momento en el que pudiste haber odiado a alguien? ¿Recuerdas cuán tóxica y negativa se sintió esa emoción en tu espíritu y tu cuerpo?

La Combinación del Cuerpo y el Espíritu

Es interesante cómo la ciencia se pone al día con la sabiduría de Dios que ya ha sido expuesta en las escrituras. Dios ya ha indicado que cuando estamos en un estado de ira crónica, no es bueno para nosotros emocional, física o espiritualmente. La ciencia más tarde descubrió que cuando nos aferramos a la ira, estamos en un estado de estrés donde nuestro cuerpo entra en un estado de huida o lucha. Como se mencionó anteriormente, las hormonas del estrés se envían a través de nuestros cuerpos. El cortisol, entre ellos, causa un desgaste severo en nuestros órganos que, si se prolonga lo suficiente, provoca una serie de enfermedades y, en últimas, la muerte. Podemos ser cristianos sinceros, salvos por gracia, tratando de caminar con Cristo, pero literalmente ser como muertos vivientes. El versículo dice: Ningún homicida tiene vida eterna permanente en él (1 Juan 3:15). La vida que no permanece en él parece encajar con la investigación médica mencionada anteriormente, indicando la idea de que el estrés (en este caso, causado por la ira y la falta de perdón reprimidos) puede conducir a una calidad de vida disminuida (mala salud) y una vida más corta (envejecimiento acelerado o muerte prematura), como se describió anteriormente. Esto tiene sentido emocionalmente, ya que la vida que Dios pone en nosotros se exprime y purga cada vez que insistimos en odiar o recordamos una vez más la represalia que desearíamos haber infligido. Esto nos causa sufrimiento emocional y desvía nuestro enfoque de la actividad fructífera y de la vida abundante. En lugar de caminar en la victoria, estas emociones contenidas se vuelven tóxicas y causan estragos en nuestra salud. Literalmente bebemos veneno a través de nuestros propios químicos tóxicos (una sobrecarga interna de cortisol, etc.) mientras intentamos vengarnos. Joyce Meyer, una de las principales maestras prácticas de la Biblia en el mundo y fundadora de los ministerios "Joyce Meyer", describe esto como que estuviéramos bebiendo veneno al tratar de vengarnos de ellos.[xiv]

Incluso si pensamos que podemos diseñar o planear un merecido castigo para el perpetrador, no podemos instigar una mejor sanción que la del creador y gobernante del universo. Las palabras de Dios son las siguientes: "No tomen venganza, hermanos míos, sino dejen el castigo en las manos de Dios, porque está escrito:" (Romanos 12:19 NVI) y "Mía es la venganza; yo pagaré»,[a] dice el Señor.". A su debido tiempo, su pie resbalará. Se apresura su desastre y el día del juicio se avecina. (Deuteronomio 32:35). Ésta es una promesa muy real y tangible. En Zacarías 9:12, dice "Vuelvan a su fortaleza, cautivos de la esperanza, pues hoy mismo les hago saber que les devolveré el doble." Se nos pide que permanezcamos en esperanza y Dios nos dará una doble parte de lo que hemos perdido. Francamente, pasé más de cuarenta décadas de mi vida como cristiana devota sin que me enseñaran escrituras como la de Zacarías 9:12 e Isaías 61: 7. Isaías 30:18 dice: Por eso el Señor los espera, para tenerles piedad; por eso se levanta para mostrarles compasión. Porque el Señor es un Dios de justicia. ¡Dichosos todos los que en él esperan!

Hace años busqué refugio para un asunto civil de un juez de un tribunal civil. Al haber sido criada en una buena familia cristiana, tenía una visión inocente y confiada del mundo, y de nuestro sistema legal. El juez no solo fracasó al brindarme la intervención legalmente justificada que buscaba, sino que el abogado de bajo costo que podía pagar modestamente también me ayudó a hacerme perder tiempo, energía y confianza. Después de que este caso resultara en una devastación increíble, se lo di a Dios y dediqué mis energías a hacer lo que creía que él quería que hiciera en esta tierra. Le pasé a Dios las partes que no podía arreglar. Algún tiempo después de esa desgracia, mientras seguía con mi día, el recuerdo apareció de nuevo en mi mente. En vez de permitir que la emoción me desestabilizara, dije la oración más simple y corta que tomó solo unos segundos de mi tiempo. Pregunté: "Dios, ¿podrías sacarlo del banquillo?" Luego no pensé más en ello. Algún tiempo después, descubrí que un abogado desconocido se presentó y se enfrentó a él por su posición judicial en el banquillo y lo derrotó. Por primera vez en mi condado y para cualquier juez, un juez había sido retirado del banquillo. Después en algún punto también descubrí que el abogado que había malgastado mi energía tiempo y dinero había perdido su licencia para ejercer. No había movido un dedo y me había dedicado a ocuparme de mis asuntos. Todo esto ocurrió durante mi total olvido mientras me concentraba en lo que podía hacer en este planeta y no en la venganza. Esta es una consecuencia mucho mayor de la que tenía el poder de hacer por mi cuenta. ¿Preferirías seguir tratando de corregir una situación incorrecta más allá de tu control con tu energía y fuerza limitadas, o en lugar de eso permitirías que Dios hiciera lo que mejor hace en su poderosa omnipotencia?

Durante mi período de dárselo a Dios, había puesto mis energías en la productividad. Esto adelantó mi posición profesional, mi conexión relacional y mi fortaleza financiera, permitiendo que mis energías se convirtieran en un flujo de bendición para quienes me rodean. Al mismo tiempo, Dios se encargó de aquellos que nos habían lastimado a mi familia y a mí. Recuerda, Dios es tu padre, protector, defensor y *verdadero* refugio. [xv] en 10,000 maneras más de las que Podemos ser nosotros. Aprende a confiar en Dios.

Otra Forma de Proceder

En Mateo 5, Jesús detalla algunas estrategias para hacer la paz y para abstenerse de conflictos indebidos. Nos alienta a reconciliarnos con los demás (Mateo 5:23). Específicamente, afirma: Si tu adversario te va a denunciar, llega a un acuerdo con él lo más pronto posible. Hazlo mientras vayan de camino al juzgado, no sea que te entregue al juez, y el juez al guardia, y te echen en la cárcel. (Mateo 5:25). Esto no significa necesariamente que debamos ceder si la causa que perseguimos es importante. Las secciones adicionales discuten los límites y las opciones para defender tu posición.

En próximos capítulos examinaremos cómo liberar el dolor no resuelto y como transformar tu vida emocional y espiritual. Sin información sobre cómo perdonar, a menudo quedamos con culpa, frustración o condena, lo que genera aún más estrés, ¿verdad? Asimismo, la culpa, la frustración y la condena están en la categoría de emociones inútiles basadas en el miedo, según el trabajo de Caroline Leaf. Recuerda que: "Dios no nos ha dado un espíritu de timidez, sino de poder, de amor y de dominio propio. (2 Timoteo 1: 7).

¿Cómo Saber Si He Perdonado?

Ahora, una revisión de último minuto para ver dónde te encuentras en tu proceso de perdón. R.T. Kendall provee una prueba muy rigurosa para determinar si hemos perdonado completamente o no a una persona que nos ha hecho daño. Su presentación anterior, cuando fue invitado en el programa del difunto John Paul Jackson, se parafrasea a continuación con su libro al que se hace referencia aquí junto con algunos de mis propios comentarios.

1. Ya no sentirás la necesidad de contarle a la gente lo que esa persona te hizo. Brinda dos excepciones a esta regla. A menudo es necesario y terapéutico confiar en alguien que sea confiable y sabio/a. La segunda excepción es con el fin de proteger a otros, por ejemplo, advertir a otras potenciales víctimas o testificar en un tribunal.

En mi opinión existe una tercera excepción a esta regla. Algunas veces hay razones para contar tu historia con el propósito de ayudar a otra persona. En este caso, tu intención es ayudar a alguien a comprender que hiciste para sobrevivir y recuperarte del evento. Lo que hace de esta instancia una excepción es que no hay malicia ni intención de venganza, porque la identidad de la persona que te lastimó no es relevante para la historia y prefieres no gastar energía exponiendo su culpa. Lo que ocurrió es ahora entre esa persona y Dios y ya no roba tu energía ni tu capacidad para enfocarte en el presente, aquí y ahora.

2. Ya no querrás que sientan intimidados por ti o de lo que puedas hacerles en venganza.
3. Ya no quieres que se sientan culpables o que se sientan mal por lo que han hecho.
4. Puedes permitirles la entrada, en palabras de RT Kendall, para *salvar las apariencias*.xvi

Hay un ejemplo bíblico que se demuestra en Génesis 9:23. Ocurrió después de que Noé, con su familia y varias especies de aves y animales, habían permanecido continuamente en el Arca mientras llovía durante cuarenta días y cuarenta noches (Génesis 7:12). Si continúas leyendo notarás que no pudieron dejar el arca por un período adicional de muchos meses debido a la falta de tierra seca antes de que el arca se detuviera eventualmente en las montañas de Ararat.

Después de que finalmente fueron capaces de pisar tierra seca, Noé plantó un viñedo, bebió algo de vino y se emborrachó. Uno de sus hijos lo encontró desnudo dentro de su tienda. Todo esto no era un comportamiento aceptable. Pero Sem y Jafet tomaron una prenda y se la pusieron sobre los hombros. Luego entraron de espaldas y cubrieron el cuerpo desnudo de su padre. Sus rostros miraban hacia el otro lado para no ver a su padre desnudo.

El perdón se puede extender sin permitir o excusar un comportamiento inaceptable; por ejemplo, "el amor cubre multitud de pecados" (1 Pedro 4: 8 NIV). Uno podría preguntarse, ¿por qué Noé se emborrachó en primer lugar? No hay excusa, pero quizá haya perspectiva. Génesis 8:3 dice que, después de que el arca llegó al monte Ararat, el agua tardó 150 días en descender, con 40 días adicionales más 7, más otros 7 días antes de tener evidencia de que había suficiente tierra seca para que Noé y su séquito pusieran pie de nuevo sobre la tierra. Todos estuvieron encerrados en el arca con cada miembro de la familia, animal y criatura durante una cantidad extrema de meses que estoy segura pareció una eternidad. No había entretenimiento electrónico, ni conexión Wi-Fi a internet, ni plomería moderna.

En tiempos más modernos, el año 2020 no empezó bien. El primer trimestre del año requirió un cierre a nivel nacional y la recomendación de quedarse en casa debido a una pandemia del virus COVID-19 que se había desatado a principios de ese año. Muchas personas en todo el mundo durante la pandemia de COVID-19 se sintieron alterados por el confinamiento, algunas solo después de un mes y medio de autoaislamiento. Ese año fue testigo de episodios masivos de malestar social en toda nuestra nación. Además, inicialmente, escasearon los productos básicos como el papel higiénico y los limpiadores.

Estar encerrado solo con una parte de tu familia puede palidecer en comparación con estar encerrado con toda tu familia, más todas las especies animales del planeta, como en la mala experiencia de Noé. Permítanme decirles que, en comparación con hoy, la falta de papel higiénico era seguramente la menor de sus preocupaciones. ¿Es posible que después de varios meses, las personas en el Arca estuvieran trepando sus paredes? A medida que lees este libro, es posible que veas que a menudo hay una historia tras la superficie de las situaciones que tú y yo encontramos.

Ahora, retornando al punto número uno de R.T. Kendall, recuerda que esto no significa que te hagas la vista gorda o encubras a alguien que puede continuar haciendo maldades, eventualmente permitiendo que el perpetrador lastime a más personas. Hay momentos para hablar, pero al hacerlo, puedes aplicar algo de compasión, como se describe a continuación en el punto cinco.

5. Tienes el deseo de protegerlos. Por ejemplo, prefieres evitarles la vergüenza y la incomodidad. Esto solo significa que eres capaz de extenderles misericordia.

6. Las palabras de Kendall son: "Tienes que seguir haciéndolo" (el perdón). Lo que esto significa es que tu perdón hacia ellos por la infracción pasada, es permanente. Idealmente, ya no tendrás la necesidad de volver a mencionarlo y hablar de ello una y otra vez. Ya no sientes la necesidad de repasar visiones de cómo podrías vengarte o hacer que ellos paguen. Ya no resurgirá en tu mente. Alternativamente, puede haber ocasiones en las que el perpetrador repita sus acciones, requiriendo repetidos actos de perdón.

7. Oras por ellos. De hecho, esta es la parte más poderosa del perdón. A medida que sigas leyendo verás la razón de este acto de oración. Claramente, las personas que causan daño a otros tienen problemas de uno u otro tipo. Antes de que podamos llegar a este poderoso acto de oración, pueda que debamos pasar por el proceso.

Muchos sermones nos orientan a orar por aquellos que nos han lastimado y también a bendecirlos (Romanos 12:14). Entre más cerca caminemos con Dios y entre más le permitamos que nos llene con su Espíritu Santo, más cambiarán a su semejanza nuestra naturaleza, mente y espíritu. Esta es una ruta espiritual directa hacia el perdón que tiene el poder de superar gran parte del trabajo clínico y puede lograrse cuanto más sanamos y más nos acercamos a Dios. Creo que, mientras nos esforzamos por alcanzar este nivel de perdón, a menudo también necesitamos pasar por un proceso de curación.

A veces podemos creer que hemos superado instantáneamente una pena o una infracción debido a nuestra cercanía con Dios. Otras veces, sin embargo, esto puede resultar en un ejercicio que no va más allá de la superficie o el nivel cerebral (nivel de la cabeza). Además, hay algunas situaciones que son tan devastadoras que requieren un proceso. Algunas veces podemos orar por el perpetrador por pura obediencia y obligación, con emociones encontradas, posiblemente sintiendo pena ajena en silencio, mientras realmente deseamos dejar ir el dolor y perdonar inmediatamente. Creo que, en cierto nivel, mientras hacemos el acto de obediencia, nuestro corazón puede vacilar e ir de la ira a la liberación y luego de nuevo a la ira. Con este fin, pueda que estemos reprimiendo parte del dolor y de la ira, eliminándolo y descubriendo que luego sale a la superficie en un estallido emocional inesperado (explosivo) o una enfermedad fisiológica (implosiva) que no vimos venir. Entonces, no importa cuán espirituales seamos, reconoce que es solo Cristo quien ha dominado el perdón a la perfección. Reconoce que no importa el nivel de estatura espiritual, tú y yo somos humanos y tendremos momentos en los que necesitemos afrontar el proceso de curación.

A través del entrenamiento y la experiencia personal he descubierto herramientas que pueden ayudarnos a llegar a un estado en el cual liberar más a fondo, para que realmente tengamos un cambio emocional y una liberación espiritual más profunda y permanente que una liberación superficial, solo de nivel cerebral. Los beneficios de aprender a perdonar a este nivel pueden brindarte mucha libertad emocional, desatándote para elevarte poderosamente hacia el destino que Dios ha creado para ti.

¿Qué Pasa Si No Paso La Prueba de Fuego del Perdón?

Si te parece que alguno de los elementos de la mencionada prueba de fuego del perdón es un desafío, es bastante probable que estés reprimiendo al menos alguno de tus sentimientos en lugar de deshacerte de todos ellos. El perdón es una elección, como afirma sabiamente Joyce Meyer. [xvii] La mayoría de los casos de perdón que he presenciado, mientras trabajaba en grupos terapéuticos, han implicado tomar la decisión de perdonar. Aun así, en muchos casos, simplemente permanece en la superficie, a nivel cerebral, recitado solo desde la cabeza y no llega al nivel más profundo del corazón. Cuando no resuena en el corazón y el alma, puede seguir reapareciendo, atormentándonos con dolor regurgitado y luego con culpa porque pensamos que habíamos perdonado. Ahora volvemos a ser condenados por ello, descubriendo que nuestra energía es rehén del antiguo dolor, la decepción y la ira que creíamos haber liberado. Frecuentemente nos detenemos en la convicción y perdemos los pasos que conducen a la libertad y al poder.

Creo que esto sucede con muchos cristianos que intentan perdonar de manera sincera, pero a veces hay razones por las que el dolor y las emociones siguen apareciendo repetidamente. Antes de permitirte caer en la culpa improductiva por las veces que esto te ha ocurrido, es esencial que conozcas algunas de las razones por las que esto sucede. Una es la posibilidad de que tus pensamientos recurrentes sobre el evento sean un síntoma natural del trauma que experimentaría cualquier ser humano. Uno de los síntomas clásicos del estrés postraumático (mencionado previamente) incluye recuerdos recurrentes del evento. Incluso si no cumples con todos los criterios para el trastorno de estrés postraumático, es posible que tengas algunos de los síntomas. Es posible que tu repetido ensayo mental del evento no sea pecado sino un síntoma. Es la respuesta natural del cerebro al trauma. A menudo, la intervención de un profesional capacitado para acompañarte a través de tu proceso de curación puede no tener precio.

Otra razón por la cual el perdón a veces involucra un proceso es que muchas infracciones requieren los pasos del duelo. Estos pasos toman tiempo. Si crees que no estás pasando la anterior prueba de fuego, no seas duro/a contigo mismo/a. El perdón no se alcanza de inmediato para muchos eventos, especialmente los devastadores. Más adelante en otro capítulo profundizaremos en estos procesos sobre cómo hacer el duelo.

Muchas enseñanzas sobre el perdón no logran guiar a la persona a través de la mecánica de cómo aliviar eficazmente el dolor, como desarrollar la fuerza interior y, sobre todo, a superar la situación. Muchos de nosotros ya tenemos la convicción de que el perdón es necesario, pero necesitamos los componentes básicos. Las mejores enseñanzas sobre el perdón pueden proporcionar *convicción sin construcción*. ¿De qué sirve saber que nos equivocamos en algo sin aprender qué se necesita para repararlo? Este libro provee la construcción dentro de un enfoque de tres niveles, explicando tres niveles de proceso que pueden ser tanto secuenciales como entrelazados.

En mi opinión:

Para que la convicción sea fructífera, ésta debe incluir construcción; y la construcción a menudo implica proceso.

Aunque las enseñanzas establecidas son cruciales porque necesitamos que se nos recuerde que *debemos* perdonar, parecen omitir muchas instrucciones prácticas sobre cómo llegar realmente al perdón. Una estrategia que se enseña en muchos sermones es orar por la persona que te ha lastimado. Esto es definitivamente válido, bíblico y recomendado. Para los muchos de nosotros que tenemos conflicto con ese enfoque, creo que Dios cierra la brecha entre nuestras debilidades y su fuerza. Incluso si oramos por ellos simplemente a un nivel obligatorio, Dios obra un milagro en nuestros corazones al basarse en nuestro acto de obediencia.

Joyce Meyer,[xviii] dentro de una gran cantidad de información, afirma que "El perdón no es lo que sientes. Es como tratas a alguien ". Muchos autores declaran que el perdón es una elección. Creo que podemos ir más allá del nivel de elección y obediencia respetuosa y avanzar hacia un nivel más profundo, liberando el trauma de nuestra alma.

La Esencia de Este Libro

Los enfoques en este libro son para proporcionar algunos de los peldaños que he aprendido en mi propio camino. Las enseñanzas de este capítulo también pueden mostrarte más acerca de por qué las personas que sufren necesitan oración. Quizás compartir algunos de estos peldaños te permita caminar sobre el agua con Jesús mucho antes y con menos zambullidas...

La siguiente sección describe qué es y qué no es el perdón. Luego, se te proporcionará un marco de herramientas para ayudarte a prepararte para el trabajo que sigue. Las secciones posteriores te ayudarán a aprender más sobre el proceso de duelo para eventos devastadores, con instrucciones sobre las formas de reemplazar la percepción y los pensamientos negativos por perspectivas cognitivas más útiles. La cognición se refiere a todo en nuestra percepción, pensamientos, creencias, interpretación y perspectiva. Esto puede volverse más automático cuanto más se practica. Yo llamo a esto "el cambio cognitivo". Finalmente, a medida que desarrolles estas habilidades, podrás acercarte a un nivel de perdón continuo, en el que no te ofendas tan fácilmente por los eventos que ocurren aquí en el planeta tierra. A este nivel lo llamo H.O.P.E. (por sus siglas en inglés que significa esperanza) porque involucra una Existencia de Perspectiva de Orden Superior, un lugar emocional, mental y espiritual en el que vivir y existir de manera continua. Este es un plano de existencia superior donde nos impactan con menos facilidad.

Los siguientes capítulos sobre el *cómo* perdonar están extraídos de la educación tanto académica como personal que considero que supera mi entrenamiento formal. Las dificultades por las que atraviesas en la vida pueden convertirse en un gran campo de entrenamiento, haciéndote más fuerte, más grande y más invencible que antes, debido a la negatividad que se te puede arrojar en la vida. Si bien podemos referirnos a esta educación personal como pruebas en la vida, me gusta llamarla "el programa de doctorado de Dios". La diferencia entre un programa académico y una experiencia de entrenamiento para la vida personal es que en el entrenamiento personal se aplican las siguientes realidades:

1. No debes nada por matrícula ni tienes préstamos estudiantiles.

2. No tienes que competir contra otros candidatos para que te admitan en el programa. Por lo general nadie compite para participar en este tipo de experiencias, pero todos están incluidos en la oportunidad de aprendizaje.

3. Si no apruebas la lección la primera vez, puedes repetirla tantas veces como sea necesario para aprenderla (es mejor aprobarla antes).

4. Este tipo de aprendizaje puede seguir pagándote en el futuro con muchas bendiciones emocionales, físicas y espirituales a lo largo de toda tu vida.

5. Tus éxitos en el aprendizaje pueden extenderse a otros, convirtiéndote en una profunda bendición a donde quiera que vayas.

Capítulo 2

❦

Lo Que *Necesitas* Saber
. . . *Si, Lo Necesitas*

Ivan y Ailith

*I*van y Ailith estaban locamente enamorados. Inseparables novios de secundaria. Durante años, su lema fue perdonar y olvidar todos los problemas y conflictos que surgían. Ailith era ama de casa e Ivan trabajaba duro para mantener a la familia, a menudo tomando trabajos adicionales para hacer rendir el dinero. A lo largo de los años, cuando Ailith estaba molesta con Ivan, lo llamaba en medio de su jornada laboral y simplemente lo regañaba. Él se lo tomaba con calma. Parecía tan paciente, tan suave al hablar, rara vez levantaba la voz. Esto continuó durante años mientras se besaban, reconciliaban, perdonaban y olvidaban cada noche. Este sistema matrimonial parecía funcionar sin problemas. Ahora casados durante 25 años y comprometidos a otros 25 años juntos, ambos estaban en el mejor momento de su vida, floreciendo y criando a sus hijos. Un noche, mientras Iván estaba solo, inesperadamente tuvo un infarto fatal que dejó atrás a una esposa desempleada y con escasa educación para criar sola a sus tres pequeños hijos.

No solo es imperativo aprender a perdonar, también puede ser fundamental comprender qué es y qué no es para asegurarse de lograrlo. El perdón se ha malinterpretado considerablemente a lo largo del tiempo. Muchos creen que es un acto inmediato de perdonar a la persona sin más consecuencias o discusión. Francamente, muchas de las definiciones de perdón simplemente no me satisfacen. El primer diccionario enciclopédico de Webster del idioma inglés [xviii] define la palabra perdonar como "otorgar un perdón gratuito o la condonación de un delito o deuda; absolver, no tener en cuenta una deuda u obligación; dejar de sentir resentimiento contra él o ella, conceder un perdón gratuito o perdonar un delito o a un infractor". El perdón también se define como una indulgencia amable, como el perdón de una ofensa. ¿Significa que se supone que debemos simplemente olvidarnos de ello? ¿Debemos reprimir nuestras emociones y esperar que el ofensor no tenga consecuencias por sus acciones? Si es así, entonces damos vueltas y vueltas sin fin. Estas definiciones son antiguas y han sido autorizadas; sin embargo, pueden estar incompletas. Algunas veces el infractor necesita pagar la deuda o experimentar una consecuencia por sus acciones. Sin embargo, puede ser útil saber que la tarea de imponer esa consecuencia no necesariamente tiene qué recaer sobre nuestros hombros.

¿Entendemos genuinamente lo que es el perdón? Una sabia colega mía, la Dra. Linda Marten Ph.D., LPC-S, [xviii] lo definió de una mejor manera: "El perdón es renunciar a tu derecho a la venganza". La diferencia aquí es que podemos dejar a un lado nuestro derecho a la venganza, pero la consecuencia aún se puede mantener. Me gusta esta definición porque nos permite mantener la opinión de que la persona hizo algo malo y que una consecuencia definitivamente puede ser necesaria; sin embargo, la entrega de esa consecuencia no tiene por qué ser nuestro trabajo.

Tú y yo nos liberamos de la carga (que consume energía) de preocuparnos por qué, cuándo o cómo se administrará esa inevitable consecuencia. Además, me gustan las sabias palabras de Andy Stanley: "El perdón te permite aprovechar las lecciones del pasado sin tener que cargar con el equipaje del pasado". [1]

El Perdón Es . . . ¿O No Es?

El perdón es un término que se ha conceptualizado erróneamente durante demasiado tiempo. Antes de que podamos entender qué es el perdón, necesitamos saber qué no es. Por lo tanto, demos un vistazo a lo que no es el perdón. Las siguientes páginas describen varios mitos comunes que se nos presentan como verdad. Falsa verdad. Para cada uno he proporcionado una nueva etiqueta para iluminar aún más nuestra tan necesaria aclaración.

Mitos del Perdón

Las ideas erróneas aquí listadas incluyen perspectivas tanto clínicas como espirituales. Los contenidos a continuación, incluida la tabla adjunta, describen diez mitos comunes, algunos de los cuales se explican típicamente en el trabajo clínico y pastoral, [2] y tres más que he agregado. Para cada uno he expuesto y dado un título memorable. La Escritura se aplica con unas cuantas historias personales para su aplicación.

Mito #1 – El Mito de La Autoridad

Los perdonaré y liberaré.

Esta es la razón por la que esto es un mito. La razón por la que perdonar al ofensor no lo libera, es que yo no soy Dios. Esa persona simplemente está siendo perdonada por un prójimo (yo). ¿Crees que cuando perdonamos a esa persona, Dios de repente

---

[1] www.andystanley.com. Also https://yourmove.is/.
[2] www.andystanley.com. Also https://yourmove.is/.

agacha la cabeza y los hombros, impotente, con las manos atadas a la espalda? ¿Puedes imaginar que nuestro único acto de perdonar a esa persona deje indefenso al creador del universo? Además, ¿Puedes imaginar que la consecuencia natural del ofensor sea erradicada de manera inmediata y para siempre? Eso tendría que significar que Dios de repente deja caer sus manos y dice: "Bueno, no puedo hacer nada al respecto porque [inserta tu nombre aquí] hace un momento lo perdonó". ¡Buenas noticias! Ni tú ni yo somos tan poderosos y, si aún no está tan claro, el universo no atrae todos nuestros deseos y órdenes. En cierto sentido quiero dar gracias a Dios por eso, porque estoy bastante segura de que no puedo dirigir el mundo tan bien por mi cuenta. Nuestro acto de dejar ir nuestro derecho percibido de venganza no cancela las consecuencias naturales que Dios ya ha establecido en el universo y para ese ofensor .

Gálatas 6:7 (NVI)

"No se engañen: de Dios nadie se burla. Cada uno cosecha lo que siembra."

Romanos 12:19 (NVI)

"No tomen venganza, hermanos míos, sino dejen el castigo en las manos de Dios,

porque está escrito: 'Mía es la venganza; yo pagaré', dice el Señor."

Además, Dios, al ser omnisciente, conoce cada dimensión de por qué esa persona cometió el acto y conoce la cantidad exacta de castigo, aprendizaje y misericordia que encaja perfectamente con esa persona. Si dejamos ir nuestra angustia, simplemente nos aliviamos del desgaste emocional, las lágrimas y la tensión en nuestras mentes, cuerpos y espíritus.

Mantener nuestra energía enfocada en vengarnos por nuestra cuenta puede destruirnos mientras ellos siguen por ahí inconscientes y sin idea alguna. Es infinitamente mejor dejar que Dios sea Dios y enfocar nuestras energías en la emocionante vida que Dios quiere darnos.

También podemos creer que, si perdonamos a alguien que ha lastimado a un ser querido, podemos estar deshonrando a la víctima o sin querer estar tolerando su victimización. Este no es el caso. Como se mencionó anteriormente y en las siguientes secciones, existen momentos y métodos apropiados para actuar en nombre de la víctima.

Timing

¿Dios simplemente baja en picada sobre ellos y los golpea de manera inmediata? Se sabe que actúa de inmediato, pero con frecuencia, su momento no es el nuestro. He vivido lo suficiente para ser testigo de que la recompensa de Dios *es de hecho **real**, y él es **verdaderamente fiel**.* Su método de recompensa también puede ser diferente de nuestra idea de restauración y justicia, pero puedo garantizarte que las ideas y métodos de Dios son mejores de lo que tú y yo podemos pensar juntos. Sus métodos y pensamientos son por mucho superiores a los nuestros (Isaías 55: 8-9), y él vendrá por nosotros (Salmos 37: 1-5).

Hebreos 10:23 (NVI)

"Mantengamos firme la esperanza que profesamos, porque fiel es el que hizo la promesa."

Justicia

Es moral, clínica y espiritualmente aceptable buscar la justicia. En muchos casos, el ofensor puede volver a lastimar a alguien si no se le hace responsable. Así mismo, Dios es un Dios de justicia. Para describir esta característica en su carácter, hay una gran cantidad de versículos en la Biblia que usan la palabra "justicia", lo que indica que la justicia es muy importante para Dios.

Puedes tomar una posición de búsqueda de justicia a la vez que te encuentras en un estado de perdón. Un ejemplo sería una persona tranquila y emocionalmente neutral que toma los pasos apropiados para presentar un informe a la organización correcta, quizá después de lidiar con el dolor inicial. Uno a veces puede cerrar el caso porque han puesto al culpable en manos de las autoridades correspondientes. ¿Operamos como robots o autómatas, sin emoción alguna? No. Verás en el capítulo cuatro la consideración de que muchos eventos requieren tiempo para lamentarse y sanar.

La decisión de presentar cargos o confrontar de alguna otra manera es un proceso de discernimiento caso por caso. A veces el riesgo es muy alto como para presentar cargos legales contra un sociópata que, en represalia, podría dañar al denunciante o a su familia. Otros casos pueden involucrar a un perpetrador que es muy hábil en el engaño hasta el punto de que la demanda puede fracasar o ser contraproducente, haciéndole perder el tiempo a la víctima, el dinero ganado con tanto esfuerzo y su energía emocional. Entonces, dentro de cada caso por separado, pregúntate si perseguirlos es tu trabajo, el trabajo del dominio legal o completamente del departamento de Dios. Escucha las Escrituras, la guía del Espíritu Santo y busca consejos sabios.

En conclusión, cuando perdonas, no haces que la persona quede exenta. Las consecuencias naturales se han establecido desde el principio de los tiempos. Dios nos asegura: "No se engañen: de Dios nadie se burla. Cada uno cosecha lo que siembra." (Gálatas 6:7 NVI). Esta verdad no solo está anclada en las creencias cristianas. Esta creencia también ha sido respaldada en la ley universal de causa y efecto, que establece que, si o si, cada acción en el universo produce una reacción.[3] Es cierto que el ofensor no se escapa sin verse afectado por las consecuencias naturales de sus actos.

---

[3] www.openuniversity.edu.

Salmo de David

Salmos 37:1-4 (NVI)

"No te irrites a causa de los impíos

ni envidies a los que cometen injusticias;

porque pronto se marchitan, como la hierba;

pronto se secan, como el verdor del pasto.

Confía en el SEÑOR y haz el bien;

establécete en la tierra y mantente fiel.

Deléitate en el SEÑOR,

y él te concederá los deseos de tu corazón."

El salmo 33: 13-22 también declara que Dios se sienta en el trono, mira hacia abajo, ve nuestro dolor, nos ama con amor inagotable y es nuestra ayuda y escudo. Estos versículos pueden consolarte al saber que Dios te ve, él conoce tu dolor por completo y no permanece inactivo en tu nombre.

Confrontación

Hay momentos en los cuales una confrontación es apropiada. En Mateo 18:15-17 la Biblia describe un ejemplo de confrontación como una opción para brindar apoyo cuando uno se encuentra con un conflicto o resistencia. "Si tu hermano peca contra ti, ve a solas con él y hazle ver su falta. Si te hace caso, has ganado a tu hermano. Pero, si no, lleva contigo a uno o dos más, para que "todo asunto se resuelva mediante el testimonio de dos o tres testigos". Si se niega a hacerles caso a ellos, díselo a la iglesia; y, si incluso a la iglesia no le hace caso, trátalo como si fuera un incrédulo o un renegado (Mateo 18: 15-17). La versión ampliada de la Biblia en inglés dice, Si tu hermano peca, ve y muéstrale su falta en privado; si te escucha y presta atención, recuperaste a tu hermano. Pero si no te escucha, lleva contigo a uno o dos más, para que cada palabra sea confirmada a través de la declaración de dos testigos. Si no les presta atención (negándose a escuchar y obedecer), díselo a la iglesia; y si se niega a escuchar incluso a la iglesia, deja que sea para ti como un gentil (incrédulo) y un recaudador de impuestos (Mateo 18: 15-17).

Decidir si enfrentar o no enfrentar, y las acciones a elegir en el enfrentamiento, requieren discernimiento y oración. De nuevo, busca las Escrituras, la guía del Espíritu Santo y los sabios consejos. Si recibes el consejo de un abogado o un terapeuta altamente capacitado, aun así, regresa a Dios y mira primero si sientes la paz de saber que ese es el camino correcto a seguir. Los abogados, terapeutas, pastores, consejeros y psiquiatras son todos seres humanos y, a veces, pueden orientar mal a sus clientes.

Ha habido momentos en los que el *asesoramiento de expertos* e incluso el *asesoramiento legal* han creado más caos que si no se diera ningún consejo. Hay un documental llamado "Divorce Corp", dirigido por Joseph Sorge, estrenado el 10 de enero de 2014, que ofrece relatos de la vida real de familias destrozadas por malos consejos de abogados. Esta película documenta casos que muestran acciones maliciosas de algunos abogados que intentan aumentar la hostilidad entre las partes con el objetivo de aumentar sus ganancias. En este documental se demostró que los abogados generaban desconfianza y enemistad entre sus partes para de esa manera acumular más y más tiempo facturable. Esto es muy poco ético y no todos los profesionales se comportan de esta manera, pero eso ha sido documentado. Aunque te animo repetidamente a que utilices recursos de expertos, también te animo a que uses el discernimiento y la oración en la selección del profesional.

Usa el discernimiento también en la elección del método de confrontación. El árbol de decisiones sobre cómo buscar justicia, ya sea a través de comunicación directa, del sistema judicial, de la participación de las fuerzas del orden, de la intervención puramente divina o una combinación de estas, requiere sabiduría y previsión. Hay ocasiones en las que se debe hacer un informe policial, presentar cargos o presentar una demanda. Es una realidad que algunas organizaciones son corruptas y desafortunadamente, solo pueden motivarse para dejar de hacer el mal a través del lenguaje de multas y sanciones que afectan su bolsillo (la única ruta hacia su corazón). Verifica con sabios consejos y siempre consulta a Dios en oración para obtener orientación sobre la confrontación, porque de hecho hay momentos en los cuales la mejor opción es actuar.

"Lo único necesario para que el mal triunfe es que los hombres buenos no hagan nada." Edmund Burke [4]

Los cristianos no están destinados a ser como un tapete que todos pisan; pasivos y débiles. El método de lidiar con la injusticia puede tomar muchas formas. Entregar toda la situación a Dios puede ser, en ocasiones, lo más poderoso que se puede hacer y no representa debilidad. Independientemente del método que elijas, la búsqueda de justicia puede llevarse a cabo mientras te encuentras simultáneamente en un estado de perdón y paz, y a la vez que tomas una posición adecuada para la prevención y la protección. Solo tienes que saber que Dios tiene mucha motivación y poder para asegurar que la justicia prevalezca, con o sin nuestra ayuda.

Romanos 12:19 (NVI)

"No tomen venganza, hermanos míos, sino dejen el castigo en las manos de Dios, porque está escrito: «Mía es la venganza; yo pagaré», dice el Señor.

2 Corintios 3:6 (NVI)

"Él nos ha capacitado para ser servidores de un nuevo pacto, no el de la letra, sino el del Espíritu; porque la letra mata, pero el Espíritu da vida..."

---

[4] http://www.openculture.com/2016/03/edmund-burkeon-in-action.html.

Gálatas 5:25 **(RVR1960)**

"Si vivimos por el Espíritu, andemos también por el
Espíritu..."

Mito 2 – El Mito de La Amnesia

Debo olvidar lo que han hecho.

¿Recuerdas a Ivan y Ailith con la consigna de *perdonar y olvidar*? Algunas personas creen que no has perdonado a la persona hasta que no la borras de tu mente y empiezas a comportarte como si el incidente nunca hubiera sucedido. Este mito puede resultar costoso en varios niveles. Por un lado, es posible que simplemente estés reprimiendo tu dolor, lo que eventualmente afectará tu salud, y, en segundo lugar, puede que debas conservar el conocimiento de las acciones y limitaciones de esa persona.

Los problemas que puede crear este mito son amplios. ¿Qué pasa si la persona continúa explotándote o dañando a tus seres queridos? ¿Qué pasa si tu pareja te ha engañado en varios asuntos? ¿Qué sucede si el daño que te hicieron fue intencional? ¿Qué pasa en el caso de la mentira crónica? Este mito no solo puede dañar tu salud, también puede dañar tu vida.

Derek y Jacqueline

Jacqueline metió la mano en la secadora y encontró una provocativa ropa interior de color rosa que no era suya entre ropa de Derek, quien acababa de regresar de uno de sus viajes como piloto. Ella miro hacia Derek con ropa interior en la mano y los ojos de él se agrandaron. Al ver su angustia, ella de contemplado que él le estaba siendo infiel pero descarto como impossi-ble. Él le había profesado su fidelidad enfáticamente muchas veces en el pasado y ella confiaba en él implícitamente. Ella lo amaba y creía en él de todo corazón, tanto que cuando era pasajera en un avión que él pilotaba, no tenía absolutamente ningún miedo. Ella creía que cuando él estaba pilotando el avión, todo estaba bajo control. Incluso cuando, durante un viaje, el otro piloto había provocado que la aeronave atravesara fuertes turbulencias y cayera tan abruptamente que las bebidas de los pasajeros pegaron contra el techo de la cabina, ella apenas se estremeció. Ella creía que, si él estaba en la cabina, todo estaba a salvo. Jacqueline Creía cada palabra que decía Derek y confiaba en él com-pletamente. Ella le confió su vida.

El perdón no requiere confianza ciega después de que se ha roto. Si alguien te ha defraudado en el pasado, esto solo te sirve como información de que esa persona es capaz de cometer ese error y necesitará hacer cambios para evitar que vuelva a suceder. Esto aplica a cualquier tipo de relación y confianza rota. ¿Y si repiten el mismo error? ¿Es de mala educación que les digas honestamente cómo te sientes o que hagas cambios en la relación? ¿Deberías preocuparte por herir sus sentimientos si necesitas establecer nuevos límites con ellos? Es bíblico establecer un límite entre ti y alguien en quien no confías. Juan 2:23-25 (NIV) dice: "Mientras estaba en Jerusalén, durante la fiesta de la Pascua, muchos creyeron en su nombre al ver las señales que hacía. En cambio, Jesús no les creía porque los conocía a todos. no necesitaba que nadie le informara nada acerca de los demás, pues él conocía el interior del ser humano". No te equivocas moralmente ni espiritualmente al establecer un límite físico, emocional o espiritual cuando necesitas protegerte a ti mismo o a otra persona.

Con frecuencia es importante que retengas información en tu memoria sobre una situación o el potencial que tiene una persona para hacerte daño. Esta información es necesaria para guiarte acerca de cómo establecer nuevos límites de manera adecuada. Por ejemplo, en el evento de una infidelidad, olvidar por completo podría ser devastador para el cónyuge fiel que tiene riesgos de contraer una enfermedad de transmisión sexual, algunas de las cuales pueden ser horrendas o incluso fatales. [xxi] [xxii] El padre preocupado, donde los compañeros de su hijo o hija han sido una mala influencia, necesita retener esos hechos en su memoria para proteger a su hijo o hija. Suponga que no es seguro emocional, físico o espiritualmente estar cerca de determinada persona. En ese caso, debe recordar lo que ha hecho para estar al tanto de sus limitaciones y el potencial de daño futuro. Al tratar de olvidar y seguir adelante como si nada, podrías estar permitiendo que esa persona continúe con su mal comportamiento.

Acerca de Los Límites

Los límites involucran parámetros, fronteras y barreras dentro de los cuales le ayudan a mantener la protección y el equilibrio. Hay varios tipos de límites, incluidos los parámetros físicos, emocionales y espirituales. Los límites físicos pueden ir del contacto limitado con una persona hasta ningún contacto en absoluto. Los límites emocionales y espirituales pueden implicar la elección de amar a una persona desde la distancia o con una interacción limitada, donde amablemente terminas una conversación telefónica si esta comienza a volverse abusiva. Puedes simplemente optar por orar por una persona que ha mostrado violencia en encuentros cara a cara. Otra forma de establecer un límite físico es decir no a las manipulaciones y sobornos financieros. El nivel y tipo de límite que elijas se puede navegar con sabiduría y discernimiento.

Está sumamente claro que se nos permite establecer límites. Jesús estableció límites frecuentemente. En el desierto, cuando Jesús le dijo que *no* a Satanás y le dijo que se fuera, Jesús estaba estableciendo límites firmes. Cuando subió a la montaña para estar a solas con Dios para recargar su espíritu, estaba estableciendo límites incluso cuando era perseguido por multitudes exigentes y necesitadas. Hay momentos en los que necesitas un momento para recargar sin importar las inminentes demandas de quienes te rodean, y por el ejemplo de Cristo, está permitido. A veces, Jesús se negó a responder preguntas de religiosos hipócritas al saber que sus corazones no querían sinceramente las respuestas suyas. Su establecimiento más profundo de un límite fue protegernos del maligno a través de la crucifixión y resurrección de Jesús, derrotando a la muerte de una vez por todas.

El Creador te ha proporcionado límites desde el principio. Tu primera etapa de creación y desarrollo fue cuando eras más débil, mientras estabas dentro del útero. Aquí, estabas envuelto o envuelta en el más fuerte de los límites. Cuando naciste, viniste con una gruesa capa de piel para proteger físicamente tus órganos vitales. Los bebés también tienen una generosa capa de tejido subcutáneo (grasa corporal) para mayor protección. A medida que crecemos, podemos agregar una mayor masa muscular para mayor protección y fuerza. Desde el principio, los límites emocionales y mentales están presentes porque los otros no pueden leer nuestros pensamientos. Recuerda un momento en el cual un bebé no podía parar de llorar y el progenitor exasperado estaba a punto de perder la paciencia tratando de descifrar la necesidad que había en la mente del bebé. Los límites espirituales vienen en forma de libre albedrío que se nos ha dado, donde Dios no te obliga a obedecerle. A través del libre albedrío, Dios está respetando nuestros límites. Las fuerzas espiritualmente oscuras tampoco pueden forzarte; sin embargo, podrían intentar engañosamente de convencerte de que pueden.

También es necesario aplicar los límites con equilibrio y sagacidad. Poner demasiado o muy poco límite presenta un problema. Por ejemplo, nos preguntamos por qué suceden cosas horribles aquí en la tierra. Creo que esta es la explotación humana de la frontera del libre albedrío. Hay consecuencias definidas; sin embargo, como se presenta más adelante en este libro, que seguramente llegarán a tiempo. El punto es que se te permite establecer límites. Puedes decir que no cuando no te sientes cómodo en una situación. Puedes evitar exponerte de nuevo a un encuentro negativo. Para una descripción más completa de los límites, Cloud y Townsend proveen una excelente enseñanza sobre el tema.[5] También puedes consultar a un experto para que te oriente acerca de cómo, cuándo y qué tipos de límites establecer en tu vida. Perdonar no es olvidar ni dejar que la persona evite las consecuencias de sus actos.

Si dices que no a la explotación, ¿Te sientes culpable? ¿Piensas que eres egoísta? ¿Qué hay con la persona que se niega a escuchar tus protestas? ¿No está siendo egoísta? Si permites que continúe el maltrato a ti mismo, estás participando al permitir que el

---

[5] Cloud, Henry y John Townsend. *Boundaries: When to Say Yes, When to Say No to Take Control of You*. Grand Rapids: Zondervan, 1992.

comportamiento negativo de esa persona continúe. Ahora, ¿Te sientes aún *más culpable* porque acabo de decir que podrías estar habilitando al ofensor?

Déjame reiterar un término fundamental: Se llama "culpa falsa". Muchas personas no se dan cuenta de que no tienen que permitir que la relación se mantenga igual y que no tienen que seguir participando en la misma dinámica malsana. La culpa falsa no es una culpa sana. Solo es eso, es falsa. El comportamiento del agresor no es tu culpa, incluso si crees que tú lo provocaste. El agresor o perpetrador tiene muchas alternativas entre las que elegir en respuesta a tus acciones. Su elección de respuesta no es tu responsabilidad. El hecho de que hayan podido hacerte daño simplemente significa que estás en la curva de aprendizaje continuo de la vida y no que causastes que el perpetrador te lastimara.

Decirle "no" a alguien no es egoísta. Las personas con malas intenciones pueden esperar que creas que decirles "no" es egoísta para poder manipularte. Además, una persona que trate de hacerte sentir culpable por establecer ese límite probablemente sea egoísta. Saber qué son los límites y aplicarlos será muy útil para lidiar con el próximo mito.

Mito 3 – El Mito del Beso y El Maquillaje

Tengo que mantener exactamente la misma relación con ellos como si nada hubiera pasado.

Hay algunos individuos cuyos comportamientos y, en algunos casos, con características específicas, casi garantizan que volverán a lastimarte. No tienes que permitirles ningún acceso a tus pertenencias, dinero, casa, hijos, corazón, cuerpo, ni ninguna parte de tu vida. No estás en la obligación de complacer a una persona que te ha violado o maltratado.

Después de una infracción, la relación a menudo debe cambiar. Muchas transgresiones, grandes o pequeñas, llevan a consecuencias naturales. Una consecuencia natural comprensible es que es posible que no puedas volver a confiar en esa persona de inmediato (o nunca). La relación probablemente tenga que pasar por una revisión de los límites, acciones dedicadas a la reparación o incluso un cambio de estado. Reanudar el mismo status quo evita la oportunidad necesaria para el mejoramiento, aprendizaje, sanación y crecimiento.

Con frecuencia establecer límites es muy complicado. A veces el agresor está en una posición de autoridad sobre ti y es posible que te encuentres en una situación complicada.

La Historia de Monique

Monique creció en un alto nivel socioeconómico y cultural. Ella familia era devotamente religiosa y prestigiosa de manera académica.

Monique's padres se conocieron en una respetable universidad bíblica y su padre se convirtió en un científico de renombre. Ella padre se comportaba con orgullo y, a donde quiera que iba, la gente lo veía como brillante y encantador. Su madre era vista como mansa, sumisa y amorosa con sus hijos.

El padre de Monique tenía alta reputación en la comunidad. Tenía un talento extraordinario y era brillante. Descubrió técnicas para salvar vidas que lo exaltaron a la vista del público. Qué afortunada por haber nacido y ser criada en una familia así, podría pensar uno. La mayoría de las familias de este tipo serían una gran bendición y oportunidad para cualquier niña o niño, pero existía otro lado de la historia para esta familia en particular. Si bien ambos padres habían sido educados con una sólida doctrina moral, en algún lugar, se había sembrado una raíz cancerosa dentro del padre de Monique.

El padre de Monique tenía dos lados diferentes de personalidad. Uno era la persona jovial y amistosa que se presentaba al mundo exterior como un hombre magnífico y el otro era el que se transformaba en un monstruo a puerta cerrada. Esta dinámica no es ajena a muchas familias ya que un miembro de la familia u otro tiene severos problemas.

Este lado oculto se convirtió en un profundo y oscuro secreto familiar, y nadie se atrevía a cuestionarlo por temor a hacerlo quedar mal. La madre tenía miedo de hablar con él porque trataba con dureza a cualquiera que lo desafiara.

A lo largo de su vida, el padre de Monique la reprendió, avergonzándola sin piedad en frente de los demás. La controlaba casi en cada movimiento. Con cualquier indicio de la recuperación en la confianza en sí misma, inmediatamente el destrozaba hasta que su espíritu se rompiera.

También hubo noches al azar a lo largo de su juventud en las que, en medio de la noche mientras se encontraba en medio de un sueño profundo, abruptamente la despertaba des el peso de su cuerpo sobre el de ella. El Sabía que nunca ella atre-vería a decirle que no, o las injurias y abusiva serían peor. Monique haria lo mismo con esas sesiones de regaño: congelarse hasta es que terminara.

Monique entonces, creció con significativos desafíos relacionados con su autoestima, sentido de seguridad y su percepción de Dios como el "Padre". La confianza permaneció rota ya que su madre había sido agredida físicamente en cualquier intento por protegerla. La madre le temía, todos le temían. Aquellos eran días en los que las mujeres no tenían tanto poder adquisitivo como los hombres; por eso ella madre no sabía cómo cuidar de la familia en caso de dejarlo.

¿Qué pasó para crear semejante monstruo? No hay ninguna excusa. Su padre, quien había intentado quebrantarla ferozmente, ya de por sí era un hombre destrozado. Solo Dios sabía lo que se arrastraba en los profundos y oscuros secretos de su corazón y alma herida. Esta era una familia que necesitaba desesperadamente ayuda por parte de fuentes externas, pero ¿Quién se atrevería a exponerlo? Todos en el mundo exterior lo amaban y era presentado como un gran hombre. Parecía no haber ningún lugar a donde ir. Sin escape ni refugio.

La disfunción no es extraña para las personas en las altas esferas. No es ajena a los renombrados, altamente educados, ni a los morales y religiosos o a grupos cristianos. Incluso las mejores familias pueden encontrarse bajo el ataque de la influencia maléfica. Muchas familias cristianas han perdido a un niño precioso a causa de la adicción, juego sucio, violencia de pandillas u otra tragedia a la vez que realizaban un gran trabajo en su papel moral. ¿Por qué querría el enemigo atacar a una familia de la cual ya tiene posesión? Para el que es malvado, el premio principal podría ser la corrupción del inocente. A veces es la negación ciega y la negativa a abrir los ojos y hablar lo que permite que la puerta permanezca abierta al enemigo. Todos los cristianos deben permanecer atentos y tomar posición siempre que detecten una raíz de mala conducta pues el enemigo merodea buscando a quienes devorar (1 Pedro 5: 8). Debemos siempre orar por discernimiento y, a través de ese discernimiento, se deben establecer los límites. Se le debe cerrar la puerta a las oportunidades malignas.

Mito 4 – El Mito del Milagro

Tengo que hacer que se disculpen, que lamenten lo que hicieron o que cambien.

Llamo a esto "el mito del milagro" porque puede ser que el agresor opte por no disculparse, sentir remordimiento o cambiar. Si crees en este mito, podría mantenerse por siempre rehén de los caprichos de su insensibilidad. Dios está en el negocio de los milagros, no tú ni yo, y no es nuestro trabajo cambiar a otra persona. Si bien este mito te mantiene prisionero emocional, física y espiritualmente, también te mantendrá bajo tensión. Hay personas que nunca reconocerán lo que han hecho, que nunca se disculparán, nunca sentirán remordimientos, ni cambiarán. Mientras andan por ahí relajados y sin preocupaciones, tú estás sobrecargado de hormonas del estrés que enferman.

¿Alguna vez intentaste cargar un peso que era demasiado para tu estructura física o quizá te viste obligado a realizar un trabajo para el cual no tenías entrenamiento? Probablemente recuerdes toda la tensión y presión que sufriste. En situaciones negativas puedes concentrarte en la parte que puedes hacer, como hablar, protestar pacíficamente, escribirle a un congresista, orar y/o dejar a un lado la situación. Más allá de eso, déjale el resto a Dios. Aferrarse a la ira con la esperanza de que la otra persona finalmente comprenda su comportamiento y acción, es asumir un trabajo que es de Dios. Es entre Dios y esa persona o entre Dios y esa organización.

¿Recuerdas cómo te sentiste cuando finalmente te liberaste de ese peso físico o de ese trabajo que no era para ti? Se restablecieron la paz y el orden. Es una buena noticia que ni tú ni yo tengamos que esperar a que el agresor se despierte y adquiera sabiduría antes de que podamos avanzar y ser libres para vivir nuestras propias vidas.

Brote Tras Brote

A finales de mayo de 2020, la cuarentena en los EE.UU. a causa de la pandemia mundial todavía estaba vigente hasta cierto punto. Después de que la mayoría de los ciudadanos estadounidenses habían estado resguardados en sus hogares durante al menos dos meses para cumplir con las pautas del centro para el control y la prevención de enfermedades (CDC por sus siglas en inglés)6 y para protegerse contra una mayor propagación de este virus, un video en Minneapolis, MN se volvió viral al mostrar la muerte de un hombre negro llamado George Floyd, mientras se encontraba bajo custodia policial. Lo que tendría que haber sido un arresto pacífico salió devastadoramente mal por lo cual surgió una investigación. A partir de ese momento, la histeria estalló con una polarización de puntos de vista. Un grupo de personas comenzó a presionar por la destitución generalizada y la eliminación de fondos de los agentes de policía en general, mientras el otro grupo exigía una mayor capacitación y responsabilidad sobre "manzanas podridas" específicas entre los miembros de la fuerza policial. Inicialmente, comenzaron con protestas pacíficas, pero en estas se infiltraron grupos radicales extremos que comenzaron a

---

6 https://www.cdc.gov

derribar monumentos y estatuas, a quemar carros de policía y a destruir establecimientos comerciales. Esto provocó la muerte de muchos inocentes atrapados en el fuego cruzado de este huracán político y emocional. Ahora, además de COVID19, EE. UU. tenía una pandemia adicional de odio y violencia.

Una simple ecuación matemática que me enseñó mi amado padre:

"Dos injusticias no hacen una injusticia."

"Dos errores no resultan en un bien."

Louis Walter Weathersbee

¿Estaban los alborotadores tratando de que su audiencia adoptará su punto de vista o perspectiva política? Una clase básica de marketing y ventas les habría enseñado que esa no era la forma de convencer a otros. En vez de que esto funcionara a su favor, la violencia y el odio solo empeoraron las cosas y elevaron el nivel de la tragedia.

Mito 5 – El Mito de La Omnisciencia

Deberían saber o entender cómo me siento.

En 2020 la nueva y rampante pandemia de odio causó gran cantidad de alteraciones en algunas de las principales ciudades de los EE.UU. En respuesta a los eventos actuales, estallaron disturbios en contra del racismo sistémico percibido, que se convirtió en un alboroto politizado. Ninguno de los lados tenía una imagen precisa de lo que el otro grupo estaba pensando en sus corazones. Las rampantes malas interpretaciones se estaban extendiendo como una infección psicológica, haciendo que la ira saliera de control. Los alborotadores radicales parecían estar afirmando que los sistemas de policía y gobierno eran racistas en general. Sin embargo, algunas personas que se posicionaron como "cruzadas" por igualdad racial, infligieron muerte y daño a propietarios de pequeñas empresas y ciudadanos inocentes, muchos de los cuales también eran negros. Los individuos o grupos radicales extremos causaron una enorme cantidad de muerte y destrucción en aquellos que estaban luchando financieramente a causa de la reciente pandemia y cuarentena. Los alborotadores infiltrados parecían engañados en sus suposiciones y creían que tenían el derecho a que el mundo debería saber cómo se sienten y apoyar su comportamiento destructivo; sin embargo, estaban empeorando la situación exponencialmente. Los manifestantes pacíficos y aquellos que solo intentaban vivir una vida tranquila y pacífica, encontraron difícil entender la lógica tras aquellos que intentaban incendiar ciudades y atacar minorías, incluyendo a los ancianos y a los débiles financieramente, en nombre de la libertad racial.

Asumimos que el perpetrador debería saberlo bien. Deben saber cómo nos sentimos y la gravedad de lo que nos hicieron, ¿verdad? No, en realidad no. En la superficie, mucha parte del comportamiento humano puede parecer sin razón ni rima. No podemos leer sus mentes, ni podemos tener una imagen clara de su alma. Podemos estimar las probabilidades de lo que probablemente los haya influenciado para que se comportaran de esa forma. Estas son solo conjeturas fundamentadas o corazonadas intuitivas de nuestra parte. Incluso pueden tener menos conocimiento de nosotros si sus mentes se concentran en su propia agenda. Si esperas que tengan tal discernimiento, es posible que esperes más de ellos de lo que pueden o están dispuestos a hacer. Solo Dios tiene conocimiento ilimitado en sus mentes y corazones.

Los seres humanos tienen complejidades extraordinarias que permean su mente, alma y cuerpo fisiológico. El comportamiento es una orquestación de químicos, hormonas, conexiones neuronales que median las percepciones, emociones y elecciones del individuo, influenciadas por sus propias interpretaciones de experiencias pasadas y presentes. ¿Complicado? Si. Hay razones muy plausibles por las que incluso pueden tener menos conocimiento que la mayoría de las personas, como veremos en los capítulos posteriores. Por ahora, solo hay un Dios, no es nuestro trabajo ser Dios y también está claro que ellos no están siendo guiados por Dios.

Posiblemente el libro más revelador es uno que un maestro le dio a mi hijo como regalo de graduación por su paso del jardín infantil al primer grado. Se titula "Seven Blind Mice" (Siete Ratones Ciegos) de Ed Young (1992).[7] Este sencillo libro de 36 páginas parece captar la base de todos los conflictos humanos. Esencialmente, todos los siete ratones por individual encontraron algo extraño cerca de su estanque, lo cual no entendieron. Cada uno de ellos fue hacia el objeto por separado, uno a la vez, y le comunicó al grupo lo que percibieron que era. El primer ratón fue a mirar y determinó que era un pilar, pero los otros ratones no lo creyeron ni estuvieron de acuerdo. El segundo ratón fue a mirarlo por separado y regresó reportando que era una serpiente. Los ratones que quedaban emprendieron sus aventuras por separado cada día posterior y todos regresaron con conclusiones totalmente diferentes acerca de qué era esa gran cosa. Uno decidió que era una lanza, mientras que otro estaba seguro de que era un acantilado. Otro dijo que era un abanico, pero el sexto ratón claramente sintió que era una cuerda. Todos discrepaban firmemente y empezaron a discutir. ¿Cómo puede haber tantas percepciones diferentes con tanta certeza? Todos sus hallazgos individuales parecían ser correctos.

¿No hacemos todos esto como seres humanos? Es inevitable que a lo largo de tu vida otros tendrán una visión completamente diferente de la misma situación y rehusaran a ver tu lado y mucho menos comprenderán y elegirán pensar como tú. Al final resultó que, de cierta forma, cada ratón tenía razón. Cada uno de ellos miraba solo una parte de esa cosa extraña que estaban tratando de entender.

---

[7] Young, Ed. *Seven Blind Mice*. Scholastic Inc NY, NY.10003, en acuerdo con Philomel Books, división de Putnam & Cosset Book Group, primera impresión escolar en abril 1993,1992.

Cuando el séptimo ratón decidió dar un vistazo, este ratón lo recorrió por completo, de arriba a abajo y de lado a lado. Resulta que todos estaban en lo correcto, pero solo tenían partes de la imágen completa. El primer ratón interpretó un pilar al ver la pierna y el pie. El siguiente ratón asumió que era una serpiente al ver la trompa, otro pensó que era una lanza debido a que vio algo afilado como un colmillo, otro vio un gran acantilado desde otro ángulo, mientras que otro vio un abanico en una oreja grande y finalmente, el último ratón lo percibió como una cuerda al ver la cola. Cuando el séptimo ratón investigó más a fondo, considerando en conjunto todas las partes observadas, sólo entonces se pudo llegar a un acuerdo. Era un elefante. A menudo pienso en qué maravilla sería proporcionarle una copia de este libro a cada persona en el congreso.

¿Con qué frecuencia los adultos se niegan a ver un problema más allá de los límites de su propia percepción y experiencia? Resolvería muchos conflictos y permitiría que se tomen decisiones armoniosas sin perder tiempo, energía y recursos. Hay ocasiones en las que podemos animar a otros a considerar puntos de vista alternativos, a que consideren los sentimientos de los demás y que lleguen a un compromiso; sin embargo, no siempre es así. Qué diferencia se podría hacer si libros simples pero astutos como este, pudieran considerarse como currículo obligatorio en nuestras escuelas. Si personas a todos los niveles estuvieran dispuestas a suspender por un momento su visión unilateral para considerar todos los aspectos de un problema, podría haber menos divorcios, menos disputas civiles legales y más unidad. Descubriremos que cuando todas las piezas se juntan en el panorama general, fundamentalmente estamos de acuerdo entre nosotros en muchos aspectos.

En este libro tengo la esperanza de que llegarás a comprender las posibles razones subyacentes de comportamientos ajenos que de otro modo serían inexplicables. Espero lograr esto al expandir un poco más tu percepción. Las herramientas proporcionadas en este libro también pueden ayudarte a superar situaciones en las que la otra persona no está dispuesta a jugar de manera justa. El conocimiento de la falta de perspicacia del ofensor le da una excusa para su comportamiento; solo provee un vehículo adicional para ayudarte a sanar y liberar.

Mito 6 – El Mito del Autoengaño

No puedo evitar (controlar, cambiar, prevenir) mis sentimientos

He bautizado este mito de esta manera porque es una mentira descarada que a veces nos decimos a nosotros mismos. El diccionario Webster describiría el concepto de "no poder" o "no puedo" como "indefenso, impotente, limitado, restringido, esposado, paralizado, débil, incapaz, incompetente, inepto, delicado y frágil". ¿*De verdad* quieres etiquetarte de esta manera? ¿*Realmente* quieres decirte aquellas mentiras que entregan todo tu poder al agresor?

Lo primero de lo que debes ser consciente es de tus pensamientos. La ciencia del comportamiento, a través de Beck, Ellis, Meichenbaum, ya en 1955,[8] desarrolló la terapia cognitiva y escritores cristianos posteriores como Caroline Leaf [OBJ] y otros, enseñan sobre la importancia de cómo nuestros pensamientos influyen en nuestras emociones. La ciencia ha respaldado lo que Dios ha dicho todo el tiempo (2 Corintios 10:5). Controla tus pensamientos; asume la responsabilidad por ellos para hacerlos productivos en lugar de destructivos.

Puedes cambiar tus emociones al cambiar tus pensamientos. ¿Parece más fácil decirlo que hacerlo? Sigue leyendo. Tienes más poder de lo que crees. Los ejercicios de este libro pueden mostrarte cómo llegar hasta allá.

---

[8] Beck, Aaron T., A. John. Rush, Brian F. Shaw y Gary Emery. *Cognitive Therapy of Depression*. Nueva York: Guilford Press, 1983. Editado por Michael J Mahoney (The Guilford Clinical Psychology and Psychotherapy Series, Universidad Estatal de Pennsylvania, Nueva York, NY: The Guilford Press, 1979).

La medicación ¿Es una escapatoria o un pecado?

Es importante mencionar que la química del cerebro y las hormonas tienen una función poderosa, así como componentes hereditarios. Las alteraciones del estado de ánimo como la depresión, el trastorno bipolar y otros, están influenciadas en un grado considerable por la química cerebral y la herencia. Además, el estrés puede activar estas vulnerabilidades que antes estaban inactivas. Entonces, mientras algunas personas pueden fácilmente retener sus pensamientos y apresarlos, otras pueden necesitar la ayuda de medicamentos. Ésta no es una debilidad, es parte del ser humano.

En mi trabajo está claro que para algunas personas es casi imposible cambiar los pensamientos y las emociones. La mayoría de las veces la mayoría de personas necesitan esfuerzo dedicado, tiempo y practicar una y otra vez. Un gran número de personas requiere herramientas adicionales. Si te resulta casi imposible incluso evocar un solo pensamiento positivo o creencia útil, es posible que debas buscar la ayuda de un profesional médico. Esto no es debilidad ni desobediencia, es hacer uso de las herramientas disponibles. De hecho, eso podría facilitar tus esfuerzos por obedecer.

Cuando la Biblia dice que debes llevar todos tus pensamientos al cautiverio, la escritura no especifica cómo hacerlo, ya sea de manera automática o con la ayuda de recursos útiles. Si tienes problemas con esto y necesitas ayuda adicional, creo que eres obediente al aplicar los recursos apropiados necesarios para lograrlo. En muchos casos, pueden ser medicamentos cuando se usan adecuadamente.

Hay un sinnúmero de ejemplos de cómo el pueblo de Dios usa herramientas para obedecer. Noé obedeció a Dios al construir el arca con las dimensiones exactas que Dios ordenó (Génesis 6). ¿Crees que Noé hizo esta gran hazaña solo con sus manos? ¿Crees que cortó la madera para igualar las dimensiones especificadas usando sus dientes? Si eres miope y quieres llevarle comida a alguien que está encerrado o enfermo, ¿se ofendería Dios si le llevas la comida usando tus anteojos para garantizar la seguridad de los demás? Los medicamentos, cuando se necesitan y se prescriben adecuadamente, están diseñados como herramientas para ayudar a equilibrar las sustancias químicas del cerebro, para equilibrar el estado de ánimo, anclar los pensamientos en la realidad y equiparnos para dar un paso total en obediencia a Dios y su propósito para nosotros aquí en la tierra. Una razón para tomar medicamentos si es necesario es que podemos sentirnos mejor, pero también es por el bien de los que nos rodean, a quienes podemos bendecir porque ya no nos obstaculizan las alteraciones del estado de ánimo, ya sean genéticas o químicas.

Las emociones y la cognición están mediadas por la química cerebral. Hay momentos en los que uno o más de nuestros sistemas físicos necesitan atención médica y equilibrio. Y la química cerebral no puede ser una excepción. Muchas personas luchan con estos desafíos; puedes elegir un médico para realizar una evaluación si tu estado de ánimo parece estar fuera de control. Esto no es nada de lo cual avergonzarse y es parte de la condición humana. Mientras una persona está tomando un estabilizador del estado de ánimo, otra puede estar tomando un medicamento para la presión arterial; mientras una persona puede estar tomando un antidepresivo, otra puede estar tomando medicamentos para reducir el colesterol o ajustar su nivel de hormonas tiroideas. La comediante cristiana Chonda Pierce señaló que, si las recetas médicas fueran un pecado, eso significaría que las personas miopes tendrían entonces que conducir sin sus anteojos, lo que podría ser un desastre. Si deseas controlar tus pensamientos y te resulta casi imposible hacerlo, buscar un profesional competente que pueda ayudarte con medicación puede considerarse como dar pasos adicionales en obediencia a Dios.

Este libro te ayudará a ser consciente de los pensamientos que generas y te ayudará a reemplazarlos por pensamientos más fructíferos y realistas. Se nos ordena hacernos cargo de los pensamientos en los que elegimos insistir (2 Corintios10: 5). Como verás en un capítulo posterior, tomar el control de tus pensamientos puede cambiar posteriormente las emociones que sientes.

Las siguientes son algunas escrituras que dan respaldo a la idea de que tenemos control sobre nuestros pensamientos. A veces hacernos cargo de nuestros pensamientos implica el uso de cualquier herramienta apropiada que se requiera. Con o sin medicación, una herramienta práctica supone la repetición de pensamientos nuevos y saludables para entrenar tu cerebro nuevamente. Si tienes una responsabilidad, tienes *capacidad de respuesta*.

Proverbios 23:7 (RVR1960)

"Porque cuál es su pensamiento en su corazón, tal es él."

Filipenses 4:8 (RVR1960)

"Por lo demás, hermanos, todo lo que es verdadero, todo lo honesto, todo lo justo, todo lo puro, todo lo amable, todo lo que es de buen nombre; si hay virtud alguna, si algo digno de alabanza, en esto pensad."

2 Corintios 10:5 (NVI)

"Destruimos argumentos y toda altivez

que se levanta contra el conocimiento de Dios,

y llevamos cautivo todo pensamiento

para que se someta a Cristo."

Mito 7 – El Mito de La Omnipotencia

Si me aferro al (dolor, rabia, resentimiento),

eso los compondrá, cambiará o me protegerá.

De nuevo (y afortunadamente), ni tú ni yo somos Dios. Eso es de gran alivio porque no podemos hacer ninguna de estas cosas aferrándonos a nuestro resentimiento. La persona puede ser ajena a nuestro dolor o peor aún, ni siquiera preocuparse acerca de cómo nos sentimos. Aferrándote al resentimiento sacrificas tu salud y bienestar mientras el perpetrador continúa en la felicidad ignorante (o al menos en la ignorancia). El resentimiento es un estado de tensión similar a los refuerzos. Si siempre estás en guardia, hiper-alerta y preparado para la batalla, eso sacrifica tu salud. Como se abordó anteriormente, cuando suprimes la ira y el dolor emocional, pones tu cuerpo en un estado de lucha o huida crónica. Cuando se prolonga, el desgaste te robará la capacidad de funcionar. No estamos diseñados para permanecer en ese estado y no hacemos nada para cambiarlos ni protegernos. En cambio, es lo opuesto a la autoprotección. Debilita su salud, ataca tu sistema inmunológico y conduce a una cantidad de problemas que incluyen la ansiedad, depresión (o ira vuelta hacia adentro), falta de concentración e insomnio, como se describió anteriormente. ¿Cómo vas a protegerte o a cambiar mientras estás tan exhausto y débil? Este mito no funciona porque no estamos diseñados para librar las batallas de Dios. Solo él puede cambiar a esa persona y lo hará solo si está dispuesta.

¡Así es! Incluso Dios no los cambiará si ellos no quieren cambiar. Entonces, ¿Por qué deberíamos intentar forzarlos a cambiar? Hasta donde sé, no tengo más tiempo de servicio que Dios. Así pues, debe haber una forma de sanarnos independientemente de las elecciones del agresor para que podamos estar protegidos física, emocional y especialmente de manera espiritual. Albergar resentimiento hace lo contrario de protegerte. Bloquea tu recompensa y te roba la vida y la felicidad.

Mito 8 – El Mito del Martirio

No necesito perdonarme

La historia de Dayle

Cuando Dayle vino al mundo, percibió el rechazo desde el principio y no supo por qué. Se suponía que iba a nacer varón, al menos en la mente de su madre. Cuando nació, a su madre le molestaba el hecho de que fuera una niña y la ignoró la mayor parte del tiempo. Por lo tanto, Dayle creyó que todo en ella estaba mal, que, de alguna manera, ella era un error. Este resentimiento se hizo más vívido a medida que crecía y ella madre a veces le decía cosas hirientes. No importaba que todos los demás en su mundo la valoraran. Sus abuelos, sus maestros, sus compañeros, todos la adoraban. La amaban mucho como si fuera suya. No obstante, todo este derroche de amor por parte de los demás no pudo llenar ese vacío, ella quería que el amor incondicional y la aceptación vinieran de su madre biológica. Se percibía a sí misma como que nunca era lo suficientemente buena, y esta percepción se convertía de manera dominante en su autoconcepto, en sus relaciones con los demás en la edad adulta y su percepción de Dios. También transfirió todo ese rechazo a sí misma, desconfiaba de sus amigos y en verdad creía que era una decepción para Dios. Durante años vivió ella vida de tal manera que cumplió con esas expectativas negativas al tomar malas decisiones que decepcionaron a todos. Le costaba mucho cuidar de sí misma, pero puso a todos los demás en un pedestal, anhelando recibir de su madre esa aceptación perpetuamente elusiva que no podía encontrar.

En tu búsqueda por ser considerado con los demás, ¿Te dejas completamente al margen? ¿Intentas perdonar a los demás, pero olvidas perdonarte a ti mismo? Esto no le hace ningún bien a nadie. Si no eliges brindarte amor, cuidado, aceptación incondicional y perdón a ti mismo, estarás en un estado perpetuo de refuerzo y tensión continua. En el resentimiento propio, la tensión surge del hecho de tener un área de tu mente y tu corazón posicionada en tu contra. Esta área de auto rechazo te pone en un estado de ataque y defensa interno y perpetuo. Cuando continúas sosteniendo algo en tu contra, sin perdonar, tu mente, espíritu y cuerpo se mantienen en estrés, en un estado continuo de lucha o huida, con tu energía atada en la inutilidad.

La Biblia dice que cuando nos arrepentimos, Dios quita nuestras transgresiones "Cuanto está lejos el oriente del occidente, Hizo alejar de nosotros nuestras rebeliones." (Salmo 103:12 RVR1960). Si Dios es tan rápido para perdonar nuestros propios errores, ¿Quiénes somos nosotros para ser más estrictos o severos que Dios a la hora de ser ordenancista? Si nos aferramos a la ira hacia nosotros mismos, pensando que al hacer eso estamos siendo piadosos, humildes o súper espirituales, en realidad estamos siendo arrogantes. Jesús pagó el precio más alto jamás dado en la historia de la existencia para liberarnos a ti y a mí de la condena, la cual incluye la auto-condena. Después de un sacrificio tan extremo, ¿Cómo podríamos rechazar su regalo? Creo que Dios debe sentirse herido como nos sentiríamos nosotros si alguien a quien amamos desechara el sacrificio que hicimos por él o ella. Ahora, ¿te sientes culpable por posiblemente no perdonarte a ti mismo? Bueno, antes de tomar ese camino, esto es culpa falsa y también culpa improductiva.

Eres un sistema y todo tu sistema (mente, cuerpo y espíritu) necesita estar en un estado de armonía. Piénsalo de esta manera: Puedes haber visto una película o haber tenido la experiencia de primera mano de una corporación que descubre un topo dentro de su organización, un agente de espionaje o intruso secreto plantado allí para que parezca que es parte de la empresa, pero ha sido enviado para destruirla. El resentimiento internalizado contra uno mismo funciona de la misma manera que algo plantado adentro lo cual no está destinado a estar allí y es destructivo.

¿Con qué frecuencia suprimimos la ira oculta contra nosotros mismos? A veces es en forma de excesiva abnegación o humildad y pensamientos de auto vergüenza. Estas características a veces se presentan como actitudes nobles y piadosas; no obstante, esto no es rectitud. Es un martirio y una pérdida de tu tiempo y el tiempo de Dios para tu propósito aquí en esta tierra. Vale la pena repetir las palabras de un sabio terapeuta cristiano,[9] que afirmó que la única culpa apropiada que un cristiano debe sentir es por unos pocos minutos; el tiempo suficiente para arrepentirse, disculparse y enmendarse sin causar daño adicional. Tengo claro que todo lo demás se vuelve dominio del enemigo y es una pérdida de tu energía, tiempo, destino y vida.

La falta de perdón internalizado de ti mismo o de los demás permite abrir tu corazón para que el enemigo se infiltre y cause estragos. Puede convertirse en una vía para destruirte emocional, física o espiritualmente, al igual que un topo corporativo puede acabar con toda una empresa. ¿De qué sirve este prolongado autocastigo? La energía que eliges atar en la lucha o huida del ataque y defensa interna, es una energía que se desperdicia continuamente en una falsa culpa que puede robar tu presente y futuro.

En vez de optar por gastar tu preciosa energía maltratándote a ti mismo por algo que no puedes cambiar del pasado, ¿tomarás hoy la decisión de dedicar tus energías a tu propósito y destino? Puedes tomar una decisión decisiva hoy para dejar de abusar de ti mismo de esta manera. Ejercicios posteriores en este libro pueden proporcionarte un vehículo para ayudarte más.

Mito 9 – El Mito de la Felicidad Perfecta

La vida no debería tener estos problemas.

Ninguno de nosotros logra vivir sin algún tipo de insulto o herida. Ya sea en la sala de partos del hospital o en otro lugar, el proceso de parto es traumático tanto para la madre como para la criatura.

---

[9] Personal Communication Judith Wilkins PhD, LMFT, LPC, 1978, 10/6/2020.

Considera nuestros primeros nueve meses en el vientre. Si las condiciones fueran las diseñadas, estarías envuelto en la seguridad del calor, protección y apoyo continuo. Venimos al mundo con bases para superar la situación, una de las cuales es el descanso y otra la preparación. Si las condiciones en el vientre son las esperadas, la nutrición, el oxígeno, el calor y el tacto se orquestan juntos en una hermosa sinfonía, con los latidos rítmicos del corazón y suaves sonidos de respiración continuamente presentes para brindar un oasis de paz.

Antes de entrar al mundo, los bebés reciben seguridad constante, apoyo biológico en términos de nutrición y apoyo emocional al estar posicionados en el lugar más cercano al corazón de su madre. Al principio, ya sea en el vientre o en la palma de la mano de Dios antes del vientre, estabas envuelto en seguridad, amor y la provisión de todo lo que necesitas. En la mano de Dios, antes del útero, viviste en el lugar más íntimo: el corazón de Dios. Creo que Su corazón permanece unido a ti durante toda tu vida, incluso si no sientes su presencia; realmente nunca estás solo. Esta barrera inicial de seguridad es necesaria antes de que enfrentemos los acontecimientos impredecibles de la vida. Aunque no todos los embarazos se desarrollan sin contratiempos, la disposición inicial de nuestros comienzos está diseñada con el objetivo de darnos una base de fuerza y resiliencia.

Después de aproximadamente nueve meses, con poca advertencia previa, algo cambia. Sentimos la presión. Mamá también siente presión. De repente nos asalta un rudo despertar, sacudiéndonos de este período de felicidad por un impulso implacable que de alguna manera está tratando de obligarnos a atravesar un túnel que es ridículamente pequeño para que cualquiera pueda pasar. *¿Qué está sucediendo? ¿Por qué no se detiene?* Este empuje se vuelve gradualmente más frecuente y más fuerte. *¡Estaba tan contento aquí! ¿Por qué no puedo quedarme aquí con todo perfecto como lo fue siempre? ¿Por qué está pasando esto?*

Y AHORA – ¡OH, NO! ¿Cuáles son esas luces horribles que interrumpen mi pacífica felicidad? ¡Guácala, hace frío! ¿De quién es esa voz?

¡No eres mi mamá! ¿Dónde está mi mamá (y ese lugar seguro donde he estado toda mi vida [nueve meses])? ¡Quiero regresar!

¿Sorprende que Dios nos envuelva en un capullo durante varios meses antes de que entremos en esta vida? Lo más probable es que nuestra introducción a este mundo a través del nacimiento biológico fuera traumática. Luego está la infancia. Toda infancia es imperfecta. Al crecer, algunos niños tienen hogares bastante felices, mientras otros sufren abandono, abuso o algo peor. A lo largo de nuestras vidas encontramos personas en situaciones que pueden ser dolorosas.

La Historia de William

William estaba en su segundo matrimonio el cual era todo un éxito. Ella era el amor de su vida. Su nueva esposa era hermosa, inteligente y muy amable con él. Juntos criaron a ella única hija, quien era la niña de sus ojos. Mientras su negocio florecía, William y su esposa, Shirley, pudieron viajar al extranjero. Probaron cultura, disfrutaron del entretenimiento y se codeaban con personas importantes. Era como un sueño. Esto duró varios años.

Mientras tanto, su hija creció, fue a la universidad y eventualmente se casó. Ella y su esposo iniciaron una familia y vivían en un pequeño y modesto suburbio cerca de la ciudad. William estaba preocupado de que esta ciudad no fuera a proporcionar las mejores escuelas para sus dos nuevos nietos, entonces pensó en formas de ayudarlos. Parecía llevarse bien con el yerno.

Con el tiempo Shirley comenzó a mostrar signos de la enfermedad de Alzheimer. Al principio no fue detectado y luego empezaron a aparecer indicadores inconfundibles. Primero, pérdida de la memoria, luego errores de juicio. Finalmente, un día mientras se preparaban para salir a la ciudad, Shirley no se pudo vestir apropiadamente. William entendió que su tiempo de felicidad sin preocupaciones estaba llegando a su fin. Había buscado el mejor tratamiento médico para ella, pero el resultado era inevitable. Estaba mirando como le arrebataban lentamente a la persona que conocía, cómo se iba a un abismo sin poder detenerla ni protegerla.

Cuando el estado de Shirley llegó al punto de necesitar cuidados de enfermería continuos; William buscó formas de seguir siendo eficaz siempre que pudo, en medio de una situación que no podía controlar. En ese momento los hijos de su hija se acercaban a la edad escolar. No tenían muchos ingresos y a William le preocupaba que el sistema escolar en el que vivían no fuera tan bueno académicamente.

William decidió vender la casa que había sido propiedad suya y de Shirley, ya que de todas formas ahora estaba vacía y solitaria para él. Luego compró una casa para su hija, su yerno y sus hijos, ubicada en un respetable suburbio con un excelente distrito escolar. William también puso esta nueva casa a nombre de su hija. El plan acordado mutuamente era que William viviera en esta casa con ellos durante el resto de sus años mientras les ayudaba con los niños. Esto permitiría que ambos padres pudieran trabajar sin preocuparse por niñeras.

Poco después de que todos se mudaran a esta bella casa, su hermosa y querida esposa falleció, dejándolo viudo. William nunca se volvió a casar. En lugar de eso puso todas sus energías por los siguientes 25 años en las necesidades de el hija y su familia. El convirtió en el "Señor Mamá", cocinando mucho, limpiando, ordenando las reparaciones de mantenimiento y cuidando a los niños. El estaba disponible para los nietos 24/7. En varias ocasiones, abogó por el nietos en la escuela cuando los padres no podían. Cuando algo salía mal llegaba a la escuela en un abrir y cerrar de ojos. Si alguno de ellos necesitaba dinero, no se retenía de William's cuenta de ahorros. En 2008 el mercado de valores se derrumbó y William entro en pánico y retiró lo último de sus fondos para evitar perder lo poco que le quedaba. Ahora, William no tenía recursos financieros como antes. Tenía un magro ingreso mensual de seguridad social que apenas alcanzaba para vivir. Afortunadamente había comprado esa casa para todos ellos, para poder estar seguro de tener un techo sobre su cabeza en el futuro.

Pasó el tiempo. Todavía estaba allí para la familia en cada forma posible fuera de las finanzas. Ya había provisto la casa con hermosos y costosos muebles y recursos. El pudo ver a sus nietos graduarse con una excelente educación que los impulsó hacia carreras prometedoras. Ambos fueron aceptados en la escuela de medicina. Se había cumplido el plan de William de proveer un entorno hogareño y académico que los preparara para el éxito en la vida. Este había sido un logro a largo plazo de su compromiso y ahora William tenía más de 80 años.

De forma inesperada la hija de William tuvo un episodio médico que cambió la dinámica de la relación padre-hija. La relación entre William y su yerno también cambió. Las cosas se intensificaron y la contención creció. A medida que las relaciones entre ellos se deterioraron, comenzaron a dejarlo solo en vacaciones mientras visitaban a otros familiares. Cuando se cruzaban en el supermercado su hija y su yerno simplemente caminaban al lado de William sin hablarle. William no se tomó la falta de respeto a la ligera y a veces conservaba tercamente su posición, pero esto progresó más allá de la falta de respeto, cayendo en la angustia. La hostilidad aumentó hasta el punto de que la hermana de William, mientras hablaba por teléfono con él, escuchó que la hija amenazaba con matarlo. Él confió esta amenaza a un amigo quien se sintió obligado legalmente a hacer un informe a los Servicios de Protección para Adultos (APS por sus siglas en inglés). Un investigador visitó su casa. Parecía que todo lo que podía hacer el trabajador de APS era ofrecer condolencia.

Sucedió justo después de que el visitante de APS llegará y se fuera. Un día cuando William estaba en su habitación, llegó una carta. La abrió y encontró una demanda formal para que abandonase la residencia dentro de tres días. El yerno había contratado a un abogado con la intención de desalojar formalmente a William de su casa. Esta carta, escrita con membrete de un abogado, no incluía nada más. No había ofertas para ayudarlo con los gastos de mudanza, ni planes para ayudarlo a encontrar un lugar adecuado para vivir, ni agradecimientos por servir a la familia durante 25 años. Solo una orden para irse en tres días.

¿Qué había en la tercera fecha? Irónicamente el tercer día era el cumpleaños número 87 de William. Lo habían conocido por casi tres décadas, tiempo suficiente para saber que la fecha prevista también era su cumpleaños. En el colmo de la crueldad e insensibilidad, las palabras no escritas de esta carta parecían decir: "Feliz cumpleaños y aquí está nuestro agradecimiento por todo lo que has hecho por esta familia. Y, por cierto, gracias por comprarnos esta casa y si te parece bien, ya que no puedes costear un camión de mudanzas, también estaremos encantados de conservar todos sus muebles".

A veces suceden cosas tan irracionales e incomprensibles que es difícil que las entiendas. Si te ha ocurrido algo desconcertante, estoy aquí para decirte que no estás solo o sola. A medida que leas los siguientes capítulos podrás ser capaz de encontrar una manera de reconciliar las pruebas inimaginables que a veces enfrentamos en esta tierra.

1 Pedro 4:12 (NVI)

"Queridos hermanos, no se extrañen del fuego de la prueba que están soportando, como si fuera algo insólito."

Como verás en el próximo mito, cada uno de nosotros formamos nuestra percepción a partir de nuestros encuentros y como pequeños maestros, formamos hipótesis acerca del mundo, de la gente y de nosotros mismos. Precisas o no, estas hipótesis se convierten en el marco que guía muchas de nuestras interpretaciones y decisiones a medida que leemos a otros y determinamos cómo responder. Nuestras percepciones algunas veces son erróneas ya que superponemos nuestro propio marco conceptual y prejuicios a cada persona y situación con la que nos encontramos en la vida.

Mito 10 – El Mito de la Conclusión-Ilusión

Puedo interpretar tus intenciones de manera precisa.

En el polo opuesto del mito de la omnisciencia (mito 5) está el mito de conclusión-ilusión, donde opuesto a nuestra suposición de que deberían saber cómo nos sentimos (mito 5), asumimos que sabemos lo que piensan, sienten y pretenden. Esto también aplica a los disturbios que estallaron durante la pandemia de 2020. La conclusión-ilusión se extendió a medida que los grupos polarizados se vieron seducidos por juegos de lectura de mente, creyendo que claramente conocían las intenciones de su oponente. Algunos grupos alborotadores acusan de racismo sistémico a los departamentos de policía y a otros grupos establecidos. Algunos pensaron que a los alborotadores les habían lavado el cerebro las doctrinas de un grupo político radical. También hubo una división extrema en la nación entre partidos políticos, cada uno parecía leer la mente del otro.

Las percepciones en formas extremas generalmente contienen distorsión. No todos los policías son racistas y no a todos los alborotadores les lavaron el cerebro. No todos los demócratas eran radicales y no todos los republicanos eran extremistas. A veces el radicalismo y el narcisismo pueden trascender ambos lados de una polaridad. Durante este tiempo, la tendencia de los grupos a asumir que sabían exactamente lo que pensaban y sentían sus oponentes se convirtió en una receta para la histeria.

Una solución a la conclusión-ilusión es comunicar y aclarar. Identifica la pizca de verdad dentro de la histeria. Clasifica lo que es un hecho y lo que es una exageración. Mantente enfocado en la realidad. Es innegable que ha habido una historia de racismo en EEUU y un horrible abuso de las minorías. Aunque ha habido muchos cambios a lo largo de las décadas, aún existen algunas personas que siguen siendo racistas. La otra verdad es que, entre algunas organizaciones, las manzanas podridas siguen presentes en nuestra sociedad. Si generalizamos nuestras suposiciones, afirmando que los individuos de un grupo son todos iguales, perdemos la imagen completa de la realidad.

Nuestro país todavía guarda heridas del pasado. Es altamente insensible esperar que las minorías raciales perdonen, rápidamente y sin afligirse, los horrendos incidentes de la historia. Se necesita mucha más sanación. El dolor sufrido debe ser reconocido y respetado, después resolverse con una corrección constructiva en lugar de represalias de cualquier parte. En una presentación de noticias del "Club 700", el corresponsal senior Eric Phillips presentó un informe que incluía una sabia afirmación, indicando que la falta de perdón no es la respuesta. Esta presentación continuó diciendo que no mostrar gracia no es la respuesta, pero ejercer gracia y perdón sin verdad tampoco es la respuesta.[10] [xxvi] Hay momentos en los que es necesario tomar una posición firme y decir la verdad apropiadamente. Debemos hablar la verdad con amor (Efesios 4:15) y darle a Dios la parte que no puedes controlar.

Una de las aclaraciones más liberadoras del mito 10 es saber que lo que la gente te hace no se trata de ti, sino de sus propias interpretaciones subjetivas de la situación. Todos tienen su experiencia personal única desde el principio y durante toda su vida. No hay dos experiencias exactamente iguales. A partir de estas experiencias personales creamos suposiciones sobre nosotros, sobre el mundo y los demás. La interpretación de esa persona de la situación actual en la cual entras en escena ya estaba teñida por sus experiencias de vida anteriores y sus propios prejuicios.

Incluso en la infancia, todos formamos hipótesis tempranas y conclusiones acerca del mundo y las personas. ¿Es el mundo un lugar seguro? ¿Soy digno de amor? ¿Son las personas dignas de

---

[10] CBN. https://www1.cbn.com.

confianza? Incluso en el vientre hay experiencias que no están tan protegidas.[11] Quizás estés flotando en este abismo feliz, acunado por los sonidos del agua que fluye y el latido rítmico del corazón. Aun así, a medida que evolucionas en el vientre, la paz se ve interrumpida por un grito distante o quizás un empujón abrupto, ya sea accidental o no. Te sacuden de esta sensación de seguridad y paz. Quizás de tal experiencia absorbiste una impresión no verbal de que el mundo no es seguro y adoptaste conclusiones implícitas tempranas como estas:

No está bien sentirse seguro.

No merezco estar aquí.

Si las cosas están en paz, no confíes en que permanezcan así.

Esas primeras experiencias e impresiones no se experimentan en términos verbales y aun así tendemos a descargarlas en nuestra alma y mente.

Quizás los elementos estresantes fueron sutiles. Si tus padres estaban estresados acerca de las finanzas o estaban ansiosos por la responsabilidad que traería un recién nacido, este estrés puede experimentarse implícitamente de manera instintiva en el útero, según los escritores de "La Vida Secreta del Nonato".[12] Es posible que se hayan realizado algunas interpretaciones erróneas tras el nacimiento, donde la introducción del nuevo bebé al mundo se encuentra con caras tristes o preocupadas que reflejan miedo.[13] Aunque es reparable, una primera impresión involuntaria podría haber sido: "No soy bienvenido, querido, merecedor, etc.", o si continúa: "No merezco amor, respeto, provisiones, trato justo, etc.".

---

[11] Keller, Carrie, *Thomas Raphael Verny (1936–)*. Embryo Project Encyclopedia (2019-07-31). ISSN: 1940-5030. http://embryo.asu.edu/handle/10776/13116.
[12] Verny, Thomas, Kelly, John. *The Secret Life of the Unborn Child*. Dell Publishing: Nueva York, NY, 1981.
[13] Greenspan, Stanley and Thorndike, Nancy. *First Feelings*. Penguin Books, Nueva York, NY, 1986.

Los bebés nacen con un cierto grado de resiliencia y un impulso por sobrevivir, entonces si tu embarazo fue problemático, creo que Dios nos ha provisto con resiliencia desde el principio. En mi profesión me encuentro con muchos adultos que han sobrevivido a inicios aparentemente insuperables. Sin importar el comienzo que tuvimos, podemos entrenar nuestro cerebro para pensar de la manera que Dios quiere que pensemos. Que reconozcamos nuestra riqueza y valor *es algo bíblico*.

Salmos 139:14 (NVI)

"¡Te alabo porque soy una creación admirable!

¡Tus obras son maravillosas,

y esto lo sé muy bien!"

Incluso como adultos y a lo largo de nuestras vidas, tenemos la tendencia a asumir que conocemos las intenciones de los demás. A menudo concluimos que nos están rechazando o que la otra persona tiene mala voluntad sin tomarnos el tiempo para aclarar los detalles. Esto se aplica a todas las situaciones, ya sea en el matrimonio, el trabajo, la crianza de los hijos y otras relaciones. Desde que la comunicación sea posible o segura, vale la pena tenerla.

Algunas situaciones se complican. O bien la otra persona no te hablará, o ésta ya no está viva. En muchos casos la otra parte opta por ser muy terca, sin importar tus esfuerzos por pedirle que se comunique. Si el caso involucra un litigio, puede volverse aún más complicado e innecesariamente complicado.

Derek y Jacqueline

Derek y Jacqueline se divorciaron eventualmente debido al comportamiento de Derek y a sus problemas con el alcohol. Jacqueline había hecho la vista gorda durante años. El decreto, después de una serie de modificaciones, incluía una orden judicial que prohibía a Derek beber y conducir con su hijo menor, Charles. Después de protestas por parte de Derek, la orden judicial se redactó de tal manera que enmascaraba a Derek como el sujeto con el comportamiento, ya que se sintió presionada para proteger la imagen de Derek y su reputación profesional como piloto de línea aérea.

Una semana después de que el juez firmará el nuevo título, se descubrió que Derek había violado esa orden judicial. Jacqueline sabía que no podía quedarse quieta sin hacer nada, esperando que su hijo no sufriera ningún daño. Había perdido por completo ella anterior disposición a proteger la reputación de Derek. Encontró al único abogado que pudo pagar y gastó hasta ella último centavo que tenía, intentando hacer cumplir la protección legalmente ya que la negociación no había funcionado. Ella le dijo al abogado que su objetivo principal era hacer cumplir la orden judicial por la seguridad de su hijo y le pidió que presentara una moción para hacerla cumplir. En lugar de eso y sin ninguna explicación, este abogado presentó una moción para modificar la relación entre padres e hijos, una moción mucho más intimidante para los padres en el extremo receptor. Todo lo que Jacqueline quería era paz y seguridad para su hijo y estuvo de acuerdo con mantener el acuerdo de que el niño estuviera con ambos padres 50-50, siempre que el niño estuviera a salvo.

Cuando el abogado presentó este documento más sólido, estalló el drama. Derek, histérico, le dijo a su hijo "Tu mamá está tratando de alejarte de mí". Otro abogado le explicó luego a Jacqueline que presentar una moción para modificar le permite al juez tener más margen para hacer cumplir la orden. La moción para modificar la relación entre padres e hijos era exactamente el mismo documento que Derek había presentado en contra de Jacqueline solo unos meses antes. Aun así, la persona a la que más impactó fue Charles, su hijo. Jacqueline sabía que tenía que oponerse al problema que tenía Derek con el alcohol debido al impacto que pudiera tener esto sobre su hijo.

Todos los esfuerzos de comunicación e incluso la mediación no habían logrado que Derek dejara de beber y conducir con su hijo. Jacqueline creía que esta era la única forma en que podía asegurarse de que su hijo estuviera a salvo cuando *estaba con su padre. Buscó la oración antes de continuar y creyó que debía mantenerse firme sin importar cuán asustada la tenía la furia de Derek. Ella no tenía idea del gigantesco maremoto que estaba a punto de estallar.*

Pasando de la mitología a la realidad

Inicios

Volviendo a los primeros meses de nuestra existencia, incluso si tu experiencia en el vientre fue el lugar feliz perfecto durante los nueve meses completos, éste no duró. De repente, de la nada, comenzó una ruptura violenta. Comenzaron las contracciones y en cuestión de horas te empujaron y apretaron y tal vez incluso halaron de ti con horribles pinzas de metal frío. O tal vez para ti fue una cesárea, todo fue felicidad en el cálido refugio materno que se vio repentinamente interrumpida con luces brillantes. ¡Qué insulto! Y como si *eso* no fuera suficiente, luego vienen sondas invasivas en las fosas nasales y la boca con un extractor de mucosidad y más sondas y pinchazos, irónicamente, con exámenes médicos de "bienestar".

Mi punto es que *ninguno* de nosotros evita los insultos en esta vida, incluso en las circunstancias más perfectas. Las primeras experiencias de la vida nos introducen al insulto. La vida desde el principio no es perfecta, sin importar lo mucho que alguien intente protegernos.

Las experiencias de vida de cada persona son únicas. Incluso los hermanos del mismo sistema familiar pueden reportar tener experiencias diferentes de su niñez aun teniendo los mismos padres. El primer hijo/a puede llegar cuando los padres están recién casados y enamorados de la emoción de la paternidad, mientras que el segundo y tercer hijo llegan al mundo con la madre y el padre agotados, con exceso de trabajo o preocupados por las finanzas. En cambio, el primogénito puede encontrarse con un progenitor/a novato asustado, dudando de sus habilidades en este nuevo rol o encontrarse con una madre con depresión posparto. Este niño puede interpretar instintivamente estas señales de los padres como un mensaje de que algo no está bien con él, en lugar de que el problema sean los padres o la situación. Los niños pequeños y los que están en edad preescolar pueden tener la experiencia de un padre atrapado en la adicción, experimentando así un sinnúmero de interacciones inconsistentes, lo que lleva a confusión y malas interpretaciones. El resultado probable es un autoconcepto negativo y posiblemente una perspectiva contraproducente en su vida. Un niño puede venir al mundo con un trabajo implícito, una propuesta injusta desde el inicio. Quizá se suponía que este "trabajo" salvaría un matrimonio inestable con solo nacer. Si no se trata terapéuticamente, este niño podría sentirse como un fracasado en la vida adulta y no saber por qué; porque desde el inicio se le impuso lo imposible que no pudo cumplir.

Quizá otro fue consentido en exceso por un padre con una culpa infundada. Este niño o niña puede recibir casi todo lo que desea sin tener que trabajar o mostrar esfuerzo. Este individuo más adelante puede encontrarse un rudo despertar al enterarse de que la vida no es así y que el mundo no va a ser su ostra.

A veces, los comienzos son estupendos. El niño o niña es bendecido con padres razonablemente amorosos que atienden sus necesidades y operan con honestidad e integridad. Este niño puede llegar a creer que el mundo es un lugar seguro. Pero si a este chico no le enseñan algunas de las realidades del mundo exterior, podría volverse vulnerable a los lobos con piel de oveja, creyendo que *todos* son dignos de confianza.

Antecedentes de Derek y Jacqueline

Jacqueline creció en una familia que, como cualquier familia, no era perfecta, pero al menos estaba llena de amor y sus padres hicieron todo lo posible por enseñarle honestidad y buenas costumbres. Jacqueline se sintió amada y sabía que

podía confiar en sus padres. Ella crianza fue estricta y le ense-
ñaron mucho acerca de la humildad y sobre poner a los demás
en primer lugar. Aunque Jacqueline conoció a los padres de
Derek cuando su relación se volvió más seria, Derek nunca
hablaba de su infancia. Ella no insistió. Cuando Derek y
Jacqueline se unieron, inconscientemente transfirieron sus re-
spectivas percepciones de fondo el uno al otro. Jacqueline lo
puso en un pedestal y confió en él incondicionalmente igual
que hizo con sus padres.

Cómo Nuestros Inicios Dan Forma a Nuestra Visión del Mundo

A partir de esta educación, cada individuo forma su propio marco conceptual (único e individual) de la vida, de sí mismo, de los demás y del mundo que lo rodea. Estos individuos interactúan entre sí a ciegas (al menos al principio), asumiendo que su cónyuge, pareja y amigos cercanos comparten su misma idea del mundo. Como humanos tenemos una forma interesante de gravitar hacia lo familiar o conocido, por lo tanto, podemos casarnos con alguien que, consciente o inconscientemente, nos recuerde a nuestra madre o padre. Puedes aplicar tu propia situación con la descripción de tus padres o cuidadores. ¿Fueron cariñosos o abusivos? ¿Te dieron todo lo que necesitabas o a veces ignoraron tus necesidades? ¿Te abandonaron? ¿Estaban atentos, preocupados o no estaban disponibles? ¿Recibiste amor? Etcétera.

Sin una comunicación clara, las personas malinterpretan a los demás y concluyen que la otra persona piensa igual que ellos y que tiene el mismo marco conceptual de vida. Por ejemplo, ocurre un evento que conduce a un resultado negativo. El individuo cree que interpretó correctamente la intención de la otra persona y piensa que esta intención es dañina o egoísta. Ninguno de los dos se comunica para explorar la intención real del otro; en lugar de eso continúan en silencio, presumiendo y luego concluyendo que el otro es en verdad un idiota egoísta.

Así pues, el evento puede verse afectado por una conclusión incorrecta y la suposición de que el receptor sabe precisamente por qué el instigador hizo lo que hizo. Este es un mito que perpetúa la falsa interpretación y lleva a la destrucción incluso antes de que una relación tenga un chance. Sin revisar nuestras impresiones y suposiciones de los demás, podemos sacar conclusiones que están erróneamente sombreadas por nuestras experiencias anteriores que no tenían nada que ver con esa persona actualmente en nuestra vida. A partir del falso espejismo que hemos construido de esa persona, creamos barreras. A partir de estas barreras nos adentramos más en un resentimiento innecesario que se ha basado en la ficción. He visto parejas recorrer por años el camino del matrimonio, luchando contra una figura mítica que habían construido en sus mentes.

Cuando experimentamos dolor o decepción y evitamos revisar la validez de nuestras asunciones subjetivas, podemos asumir que el ofensor era consciente, tenía la intención de lastimarnos o sabía exactamente lo que nos hacía emocionalmente. Es posible que ni siquiera sepan, porque también permanecen envueltos en su propia visión sesgada del mundo.

Aprendiendo a Trascender

En situaciones en las que el daño no viene de un ser querido, sino de un desconocido o incluso de un comportamiento delictivo, necesitamos aprender a trascender nuestras percepciones subjetivas de lo que creemos que ellos piensan y de lo que pensamos que han sido sus experiencias de vida. Es muy probable que sus experiencias hayan sido tan negativas, tan vacías o tan devastadoramente desprovistas de amor genuino, que es casi como si su mundo fuese de otro planeta.

En este libro explorarás formas en las que puedes mirar a otras personas con visión láser, con ojos espirituales, incluso con los ojos de Dios. La persona que causa el dolor de otro podría tener dentro de su propia alma un rugiente tsunami de daño emocional.[14] Para ellos, la percepción errónea y la confusión ilógica pueden estar impulsando su comportamiento inadaptado. Esto no los disculpa, pero sirve como una herramienta de comprensión que puede liberarte para elevarte, ir más allá y superar lo que sucedió. No importa cuán heridos nos encontremos, todos tenemos la responsabilidad y la oportunidad de elegir y aprender cómo sanar.

La siguiente imagen y tabla resume la información descrita anteriormente. La tabla ilustra la dinámica de las percepciones erróneas negativas que se producen y perpetúan. La tabla también identifica verdades opuestas y varias escrituras que aclaran y desacreditan aún más cada una de las diez creencias míticas descritas anteriormente.

Las experiencias negativas con un cuidador pueden alterar nuestras percepciones de nosotros mismos, de Dios y de los demás, manchando de ese modo la forma en que interpretamos las interacciones y cómo elegimos responder. Incluso puede causar una percepción errónea de cómo nos ve Dios realmente. Lo que interpretamos y elegimos digerir en nuestra alma puede influir en todas nuestras posteriores relaciones y elecciones a menos que tomemos la decisión consciente de cambiar. La figura A muestra cómo puede ocurrir esta dinámica. Aquí, el creador está derramando amor en todos nosotros, pero a veces los humanos no lo detectan o malinterpretan el mensaje. A veces, los cuidadores que nos criaron u otras personas con las que nos encontramos, pueden haber visto distorsionada su percepción en el camino. A su vez transfieren a quienes les rodean mensajes incorrectos acerca del valor. Estos mensajes negativos se ilustran como lanzas o dagas en la imagen de abajo. La persona que ha recibido negatividad desde la infancia, o en otros momentos, puede desarrollar una mentalidad negativa y crecer siendo incapaz

---

[14] Bradshaw, John. *On Homecoming: Reclaiming and Championing/Healing Your Inner Child.* Bantam Books Nueva York, 1990.

de detectar el amor y el cariño genuinos de otras personas o de Dios. Como resultado, sus reacciones hacia los demás pueden verse teñidas por un lente de negatividad. A través de este lente o expectativa negativa es posible que malinterpreten un gesto de preocupación por parte otros y respondan de manera defensiva, como si fuera un ataque o algo sospechoso. La otra persona representada aquí, que recibió amor genuino al crecer, está sintonizada y receptiva a los mensajes de valor, amor y cuidado del Creador y de los demás. Estos mensajes de amor se representan como corazones en la imagen de abajo. Puede ser confuso encontrarse con una persona que ha sido herida severamente, a quien se le enseñó a tener un lente negativo a través del cual ver el mundo. Les resulta difícil confiar en un genuino acto de amor y, al esperar negatividad, pueden reaccionar con hostilidad. La persona que intenta brindar amor podría sentirse perpleja y no entender la razón de su dura respuesta.

A través de las siguientes páginas puedes ser más consciente de las percepciones sobre ti mismo, sobre los demás y el Creador. Se espera que sanes tanto espiritual como emocionalmente.

¿Qué fue derramado en ti? ¿Cómo quiere filtrar el amor que se le ofrece ahora?

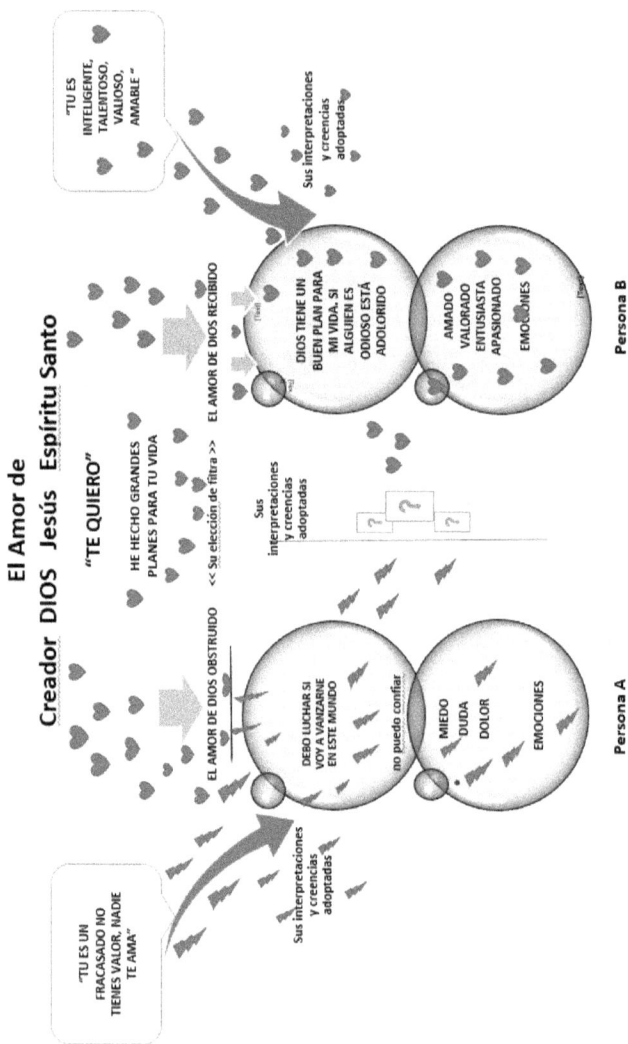

El Amor de
Creador DIOS Jesús Espíritu Santo

"TE QUIERO"

HE HECHO GRANDES
PLANES PARA TU VIDA

<< Su elección de filtra >>

EL AMOR DE DIOS RECIBIDO

"TU ES
INTELIGENTE,
TALENTOSO,
VALIOSO,
AMABLE"

Sus interpretaciones
y creencias adoptadas

DIOS TIENE UN
BUEN PLAN PARA
MI VIDA, SI
ALGUIEN ES
ODIOSO ESTÁ
ADOLORIDO

AMADO
VALORADO
ENTUSIASTA
APASIONADO
EMOCIONES

Persona B

Sus interpretaciones
y creencias
adoptadas

? ? ?

EL AMOR DE DIOS OBSTRUIDO

DEBO LUCHAR SI
VOY A VANZARME
EN ESTE MUNDO

no puedo confiar

MIEDO
DUDA
DOLOR

EMOCIONES

Persona A

"TU ES UN
FRACASADO NO
TIENES VALOR, NADIE
TE AMA"

Sus interpretaciones
y creencias
adoptadas

Tabla 1
Diez Mitos del Perdón

Mito vs. Verdad		Respaldo Bíblico	Referencia
1 El Mito de la Autoridad		¿Los estaré liberando de culpa?	
Verdad: **Solo tú te estás liberando.**		No se engañen: de Dios nadie se burla. Cada uno cosecha lo que siembra.	Gálatas 6:7
Hay consecuencias naturales que ya se han establecido.		No tomen venganza, hermanos míos, sino dejen el castigo en las manos de Dios, porque está escrito: «Mía es la venganza; yo pagaré», dice el Señor.	Romanos 12:19
Mito vs. Verdad		Respaldo Bíblico	Referencia
2 El Mito de la Amnesia		¿Tendré que olvidar lo que han hecho?	
Verdad: **Hay razones para recordar algunas infracciones, para recordar las limitaciones de la persona y para protegerte de ponerte en esa misma situación en el futuro.** **El conocimiento objetivo y la sabiduría no son lo mismo que el resentimiento.**		Los envío como ovejas en medio de lobos. Por tanto, sean astutos como serpientes y sencillos como palomas.	Mateo 10:16

*Dr. Joan Weathersbee Ellason, PhD, LPC, Oasis Workshops.

Tabla 1
Diez Mitos del Perdón
(Continuación)

Mito vs. Verdad		Respaldo Bíblico	Referencia
3 El Mito del Beso y el Maquillaje		¿Tendré que mantener exactamente la misma relación con ellos?	
Verdad: Después de una infracción, los límites y la dinámica de la relación a menudo necesitan cambiar. Es bíblico establecer límites con las personas que han demostrado ser perjudiciales.		No se dejen engañar: "Las malas compañías arruinan las buenas costumbres."	1 Corintios 15:33
		El que con sabios anda, sabio se vuelve; el que con necios se junta, saldrá mal parado.	Proverbios 13:20
		Ahora bien, ten en cuenta que en los últimos días vendrán tiempos difíciles. La gente estará llena de egoísmo y avaricia; serán jactanciosos, arrogantes, blasfemos, desobedientes a los padres, ingratos, impíos, insensibles, implacables, calumniadores, libertinos, despiadados, enemigos de todo lo bueno, traicioneros, impetuosos, vanidosos y más amigos del placer que de Dios. Aparentarán ser piadosos, pero su conducta desmentirá el poder de la piedad. ¡Con esa gente ni te metas!	2 Timoteo 3:1-5

*Dr. Joan Weathersbee Ellason, PhD, LPC, Oasis Workshops.

Tabla 1
Diez Mitos del Perdón
(Continuación)

Mito vs. Verdad	Respaldo Bíblico	Referencia
4 El Mito del Milagro	Tengo que hacer que se disculpen, que se arrepientan de lo que hicieron, que cambien.	
Verdad: Puedes perdonar incluso si la persona no tiene la actitud o respuesta apropiada	No juzguen a nadie, para que nadie los juzgue a ustedes.	Mateo 7:1
	Ahora bien, ten en cuenta que en los últimos días vendrán tiempos difíciles. La gente estará llena de egoísmo y avaricia; serán jactanciosos, arrogantes, blasfemos... Mientras que esos malvados embaucadores irán de mal en peor, engañando y siendo engañados. Pero tú permanece firme en lo que has aprendido y de lo cual estás convencido, pues sabes de quiénes lo aprendiste. Desde tu niñez conoces las Sagradas Escrituras, que pueden darte la sabiduría necesaria para la salvación mediante la fe en Cristo Jesús.	2 Timoteo 3:1-4, 13-15
Mito vs. Verdad	Respaldo Bíblico	Referencia
5 El Mito de la Omnisciencia	Deberían ser conscientes, actuar mejor, entender cómo me siento.	
Verdad: Puedes perdonar sin importar el nivel de madurez de la otra persona.	Yo, hermanos, no pude dirigirme a ustedes como a espirituales, sino como a inmaduros, apenas niños en Cristo. Les di leche porque no podían asimilar alimento sólido, ni pueden todavía.	1 Corintios 3:1-2

*Dr. Joan Weathersbee Ellason, PhD, LPC, Oasis Workshops.

Tabla 1
Diez Mitos del Perdón
(Continuación)

Mito vs. verdad		Respaldo Bíblico	Referencia
6 – El Mito del Auto-engaño	No puedo evitar (controlar, cambiar, prevenir) mis sentimientos.		
Verdad: La palabra "corazón" incluye la mente en la Biblia		Porque cual es su pensamiento en su corazón, tal es él.	Proverbios 23:7 (RVR1960)
Verdad: Se nos ordena elegir nuestros pensamientos y, por tanto, los sentimientos del corazón - Entonces debe ser posible.		Por último, hermanos, consideren bien todo lo verdadero, todo lo respetable, todo lo justo, todo lo puro, todo lo amable, todo lo digno de admiración, en fin, todo lo que sea excelente o merezca elogio.	Filipenses 4:8
Verdad: Si tenemos dificultad para cambiar nuestros pensamientos, emociones y corazón, podemos pedir ayuda.		Sean, pues, aceptables ante ti mis palabras y mis pensamientos, oh Señor, roca mía y redentor mío.	Salmos 19:14

*Dr. Joan Weathersbee Ellason, PhD, LPC, Oasis Workshops.

Tabla 1
Diez Mitos del Perdón
(Continuación)

Mito v. Verdad		Respaldo Bíblico	Referencia
7 – El Mito de la Omnipotencia	Si me aferro al (dolor, rabia, resentimiento), eso los compondrá, cambiará o me protegerá.		
Verdad: Tú no estás a cargo. Entonces no estás encadenado con el trabajo de gobernar el mundo. Esto es un gran alivio porque resulta que Dios es mucho mejor para hacer que la gente cambie y espera pacientemente a que estén listos y dispuestos.		Al que puede hacer muchísimo más que todo lo que podamos imaginarnos o pedir, por el poder que obra eficazmente en nosotros, ¡a él sea la gloria en la iglesia y en Cristo Jesús por todas las generaciones, por los siglos de los siglos! Amén.	Efesios 3:20-21
Verdad: Hay un permiso que podemos extender a otros, aceptando la realidad de dónde existen actualmente en su propio viaje personal, crecimiento y desarrollo con Dios (sin condonar su comportamiento). Verdad: Esto libera nuestra energía y espíritu para enfocarnos en el magnífico plan y destino que Dios tiene para nuestras vidas.		Los débiles y los fuertes Reciban al que es débil en la fe, pero no para entrar en discusiones. A algunos su fe les permite comer de todo, pero hay quienes son débiles en la fe, y solo comen verduras. El que come de todo no debe menospreciar al que no come ciertas cosas, y el que no come de todo no debe condenar al que lo hace, pues Dios lo ha aceptado. ¿Quién eres tú para juzgar al siervo de otro? Que se mantenga en pie, o que caiga, es asunto de su propio señor. Y se mantendrá en pie, porque el Señor tiene poder para sostenerlo.	Romanos 14:1-4

*Dr. Joan Weathersbee Ellason, PhD, LPC, Oasis Workshops.

Tabla 1
Diez Mitos del Perdón (Continuación)

Mito vs. Verdad		Respaldo Bíblico	Referencia
8 – El Mito del Martirio	No necesito perdonarme.		
Verdad: La falta de perdón hacia nosotros mismos nos debilita, drena nuestra energía y nos distrae de nuestro propósito en la vida.		Pues todos han pecado y están privados de la gloria de Dios.	Romanos 3:23
		No nos trata conforme a nuestros pecados ni nos paga según nuestras maldades	Salmos 103:10
		Por lo tanto, ya no hay ninguna condenación para los que están unidos a Cristo Jesús,	Romanos 8:1 (NVI)
Mito vs. Verdad		Respaldo Bíblico	Referencia
9 – El Mito de la Felicidad Perfecta	La vida no debería incluir estos problemas.		
Verdad: A veces suceden cosas terribles que no tienen ningún sentido y aun así podemos superarlas. Verdad: La luz tiene más poder que la oscuridad, así como una sola vela encendida en una habitación completamente oscura vencerá la oscuridad.		Queridos hermanos, no se extrañen del fuego de la prueba que están soportando, como si fuera algo insólito.	1 Pedro 4:12
		Nos vemos atribulados en todo, pero no abatidos; perplejos, pero no desesperados.	2 Corintios 4:8
Verdad: Dios es más poderoso que el mal.		Yo les he dicho estas cosas para que en mí hallen paz. En este mundo afrontarán aflicciones, pero ¡anímense! Yo he vencido al mundo.	Juan 16:33

*Dr. Joan Weathersbee Ellason, PhD, LPC, Oasis Workshops.

Tabla 1
Diez Mitos del Perdón
(Continuación)

Mito vs. Verdad		Respaldo Bíblico	Referencia
10 – El Mito de la Conclusión-Ilusión	Puedo interpretar con precisión tus intenciones.		
Verdad: **No lo sabemos todo y no podemos leer la mente de otras personas.**		Porque mis pensamientos no son los de ustedes, ni sus caminos son los míos —afirma el Señor—. Mis caminos y mis pensamientos son más altos que los de ustedes; ¡más altos que los cielos sobre la tierra!	Isaías 55:8-9
Verdad: **Algún día veremos y sabremos más que ahora.**		Porque en parte conocemos, y en parte profetizamos; más cuando venga lo perfecto, entonces lo que es en parte se acabará.	1 Corintios 13:9-10

*Dr. Joan Weathersbee Ellason, PhD, LPC, Oasis Workshops.

Qué Hacer Con Estos Conceptos

A medida que continúas leyendo, verás que las interacciones son complejas. Lo que otros te hacen es acerca de sus percepciones, interpretaciones y decisiones. Es saludable examinar si tú y yo tenemos alguna responsabilidad en instigar o perpetuar una situación negativa. Debemos caminar mostrando amabilidad, compasión y amor apropiado. Es sabio considerar siempre si tu o yo podemos haber desempeñado algún papel en una situación y, en consecuencia, hacer los ajustes necesarios en nuestras acciones. Puedes adoptar una perspectiva equilibrada de responsabilidad. No debemos asumir toda la culpa por las circunstancias, ni culpar completamente a otros en la dinámica.

Capítulo 3

☙

Herramientas Necesarias y Cómo Usarlas

Este capítulo proporciona la plataforma sobre la cual realizar el trabajo del perdón. Es esencial que entiendas cada uno de estos conceptos antes de embarcarte en el enfoque de tres niveles/grados y los niveles de perdón. Entonces por favor, tómate el tiempo para leer los siguientes conceptos y si necesitas apoyo adicional, comunícate con un pastor, maestro o consejero competente de tu elección.

Oración Preparatoria

La primera estrategia para participar es la oración. La oración es un recurso poderoso que llega a lo espiritual y adquiere dimensiones tangibles. Algunos de nosotros no hemos considerado la oración y otros la hemos escuchado durante toda nuestra vida y la hemos dado por sentado. Cuando oramos y ejercitamos nuestra fe, literalmente ponemos a andar un cambio sobrenatural y nos asociamos con Dios para mover situaciones que no podemos impactar por nuestra cuenta. Nosotros hacemos lo que podemos y Dios hace la parte que no podemos hacer. La oración es una forma en que podemos trascender lo natural y llegar a lo sobrenatural con la provisión de Dios.

Varios relatos personales indican que las oraciones se sienten literalmente en el cielo. En el libro "Proof of Heaven" ("Prueba del cielo")[xix][OBJ] un ateo que había sido resucitado de la muerte escribió acerca de sus experiencias. En este informe reportó que mientras pasaba de la vida al reino espiritual, sintió la realidad y el impacto de las oraciones de una manera tan intensa que cuando regresó a la vida, se convirtió en un creyente de que Dios existe y de que las oraciones son poderosas. En otro relato, un individuo escribió, en el libro "90 Minutes in Heaven: A True Story of Death & Life"(90 minutos en el cielo: una historia real de muerte y vida),[OBJ] que pudo escuchar las alabanzas de los santos mientras estaba en el cielo. También ha habido estudios científicos sobre la oración que han sido alentadores.[xx]

Un ejemplo profundo de oración preparatoria antes de una experiencia traumática esperada se encuentra en la hermosa oración que Jesús oró antes de su inminente crucifixión. Después de participar en oración preparatoria durante toda su crucifixión,[xxi] Jesús fue capaz de soportar todo el proceso sin permitirse sentir ni una pizca de ira emocional o insulto. A través de esta preparación (Mateo 26-27) Jesús pudo superar el insoportable desafío que tenía por delante. Este es un importante ejemplo para nosotros, ya que no creo que una persona pueda superar situaciones difíciles sin una oración preparatoria.

La oración preparatoria fue un ejercicio continuo durante toda su vida, así como la noche antes de su crucifixión. Superando la situación en un orden superior de perspectiva (H.O.P.E {ESPERANZA}., más en el Capítulo 7) estaba su lugar de existencia y su forma de vida. Durante la crucifixión, imagina la fuerza debió tomar para poder orar:

"Padre —dijo Jesús—, perdónalos, porque no saben lo que hacen." (Lucas 23:34 NVI) Creo que la aplicación de la oración preparatoria a lo largo de nuestras vidas puede ayudarnos a hacerle frente a *todos* sus desafíos.

Cuando Todos Tus Apoyos Parecen Desvanecerse

La oración en Mateo 26: 36-46 y Marcos 14:41, Juan 18: 4 es conocida como una de las oraciones más intensas de Jesús, comprensiblemente pues fue justo antes de ir a la cruz. Les había pedido a sus discípulos que oraran con él, aunque solo fuera una hora, pero continuaron durmiendo. Este fue un momento en que Jesús pidió el apoyo de sus discípulos, pero ellos parecían desconocer la gravedad de lo que estaba por ocurrir y las emociones por las que estaba pasando nuestro Señor. En un momento de su vida, cuando necesitaba no sentirse solo, Jesús experimentó el abandono por parte de sus amigos más cercanos.

¿Alguna vez has tenido un momento en el que nadie parecía entenderte cuándo necesitaba ayuda? Tenían otras cosas que hacer y aunque les pediste ayuda, no estuvieron ahí para ti. Jesús pasó toda la crucifixión sin poder depender de un solo ser humano. Si te preguntas por qué aquellos con los que contabas no estuvieron ahí para ti, puede ser útil saber que Jesús experimentó un abandono total durante esos críticos momentos por parte de sus seres más cercanos. Ninguno de ellos sentía empatía por lo que estaba pasando Cristo. Se dispersaron, corrieron asustados y uno de ellos incluso negó conocerlo. En el versículo 46 de Mateo 26, parece que después de pasar mucho tiempo en oración preparatoria, la fuerza de Cristo se fortaleció y se llenó de coraje, paz y poder. Al final de esta hermosa oración, parece estar completamente listo para enfrentar el desafío de frente. Citándolo dijo: "¡Levántense! ¡Vámonos! ¡Ahí viene el que me traiciona!" (Mateo 26:46 NVI).

Muchos maestros nos dicen que le pidamos a Dios que nos ayude con la tarea del perdón. Aunque este libro incluye varias herramientas y conceptos clínicos que van más allá de las enseñanzas generales acerca del perdón, coincido con esta instrucción. Pasar mucho tiempo en oración es la primera línea de defensa para ayudarnos a enfrentar enormes desafíos, muchos de los cuales no vemos venir.

En su oración en el huerto de Getsemaní (Mateo 26: 36-46, Marcos 14:41, Juan 18:4), Jesús ya sabía que iba a ocurrir una horrenda injusticia. Se puso a orar con más fervor y su sudor era como gotas de sangre (Lucas 22:44). Rara vez recibimos advertencias anticipadas sobre una calamidad específica que se avecina; aun así, sabemos que las injusticias les ocurren a los justos y también a los injustos. Con eso en mente, es buena idea comenzar todos los días con una oración para pedir protección, orientación y la fuerza para superar lo que sea que el día pueda traer.

Conciencia de Pensamientos y Sentimientos

¿Por qué es importante que estemos en contacto con nuestros pensamientos y sentimientos? Todos los tenemos. A veces pueden ser muy fuertes y otras veces pueden estar ocultos. Es importante saber que estás pensando y sintiendo de forma regular, pero no por las razones que podrás imaginar. Los sentimientos contienen información acerca de lo que sucede dentro de nuestros corazones y mentes para que podamos elegir las acciones adecuadas. No ser consciente de lo que sucede dentro de ti mismo es similar a tomar un medicamento sin saber lo que sucede dentro de tu cuerpo. ¿Cómo puedes saber qué medicamento necesitas si no sabes qué te duele? Es como manejar sin saber la ubicación del volante o si la batería de tu carro está completamente cargada. Si sabes lo que hay dentro de tu corazón, puedes ocuparte más eficazmente de una situación, de un ser querido y de ti mismo/a.

Conocer tus sentimientos y pensamientos no es lo mismo que permitirles que dicten tus acciones. Tus emociones no deben ser la autoridad sobre tus elecciones porque los sentimientos pueden ser inconstantes. A veces escapan a la lógica y más importante aún, pueden ocluir la guía del Espíritu Santo. El objetivo de este pasaje es ser consciente de ellos, pero no necesariamente regirse por ellos.

Entonces, ¿Por qué te diría que seas consciente de tus sentimientos? Dios nos dio emoción por una razón. Jesús experimentó emoción; por ejemplo, Jesús lloró (Juan 11:35), expresó desilusión (Mateo 8:26) e incluso mostró ira (Mateo 21: 12-13, Marcos 11: 15-18). Cada circunstancia está sujeta a discernimiento. Saber cuándo, dónde y cómo usar nuestras emociones requiere perspicacia, madurez y sabiduría. Debemos usarlas de manera responsable. La conciencia emocional puede facilitar decisiones acertadas de acción, pero no podemos emprender acciones juiciosas sin primero ser consciente de lo que ocurre dentro de nosotros y nuestro entorno. Más adelante en este libro discutiremos un enfoque multidimensional de la conciencia.

Esta conciencia se logra con equilibrio para que no estés continuamente ensimismado/a. No es saludable estar pensando constantemente solo en tus propios sentimientos y pensamientos. Necesitamos estar en contacto con lo que sucede dentro de nuestro corazón junto con las necesidades de la otra persona. Ajusta tus emociones cuando lo necesites y luego concéntrate también en las necesidades de los que le rodean. Cuando sea posible, pide información acerca de la situación y de los sentimientos de la otra persona. Ser consciente de las emociones de la otra persona puede darte claridad, ayudándote a evitar proyectar tu propio sesgo en la situación y ayudarte a determinar con más precisión la respuesta necesaria.

Por consiguiente, es de gran importancia que cultives la conciencia como una habitual forma de vida. Siempre estamos pensando y sintiendo algo. A veces evitamos sintonizarnos con nuestros pensamientos y sentimientos debido a los negocios, a la distracción o a la represión. Podemos tratar directamente de ignorar esta conciencia a través del sueño, la automedicación inapropiada (alcohol, adicción a las drogas o al trabajo) o alguna otra forma de evasión. Nuestros pensamientos y sentimientos son parte de los recursos que Dios nos ha dado para usarlos como barómetros de información sobre necesidades, intuiciones y otras perspectivas de la situación para ayudarnos a resolver problemas más efectivamente.

Puedes entrenarte para ser consciente de tus pensamientos y

sentimientos de momento a momento. Por ejemplo, cuando suena el despertador por la mañana y te das la vuelta para presionar el botón para repetir la alarma, ¿Qué estás pensando en ese momento? ¿Qué estás sintiendo? Posiblemente, ¿Temor por tener que enfrentar a esa presentación de trabajo, a tu jefe, la asignación escolar o la búsqueda de trabajo? Tal vez tengas pensamientos y sentimientos de gratitud porque tienes un trabajo a pesar de que el jefe de un poco de miedo. Posiblemente haya emoción y celebración porque este es tu día libre y puedes postergar la alarma.

Siempre hay un pensamiento o creencia que precede a cualquier emoción o sentimiento. La Teoría Racional Emotiva (TRE)[xxii] afirma que nuestras emociones no son causadas por el evento. Realmente nuestras emociones son causadas por lo que elegimos pensar, percibir e interpretar acerca del evento.

¿Cómo puede ser esto? Si alguien me grita o se enfurece públicamente conmigo, ¿No debo sentirme automáticamente humillado/a? ¿No se sentiría alguien herido, avergonzado, apenado o incluso mortificado? Aun así, la Biblia nos dice que pongamos nuestros pensamientos en cautiverio y que nos aseguremos de que sean pensamientos saludables. En 2 Corintios 10: 5 (NVI) dice: "Destruimos argumentos y toda altivez que se levanta contra el conocimiento de Dios, y llevamos cautivo todo pensamiento para que se someta a Cristo". Esta parte, "llevamos cautivo todo pensamiento para que se someta a Cristo", indica que somos responsables de lo que pensamos. Dios no nos da responsabilidad sin darnos también la *capacidad*. Si esto suena difícil, sigue leyendo. Este libro demuestra las herramientas que necesitamos para controlar nuestras emociones.

Dios no da una regla sin una herramienta.

A partir de ahora, sintonízate con tus pensamientos y sentimientos a diario. Pueda que desees comenzar a sintonizarte primero con lo que sea más fácil de notar. Quizá notes primero la emoción y luego la rastrees hasta el pensamiento que estaba conectado con ese sentimiento. Anota tus pensamientos y sentimientos o simplemente tómate cinco minutos para reflexionar. Cuando puedas, detente en el momento en el que ocurra algo para tomar nota de tus emociones y pensamientos. Podrás notar que te sientes ansioso, pero no sabes por qué. Rastrea ese sentimiento hasta el momento en que comenzaste a experimentarlo. Luego explora lo que estaba ocurriendo y tus pensamientos sobre ese evento. Por ejemplo, ¿el jefe te dijo inesperadamente que fueras a su oficina más tarde ese día? Quizá asentiste con la cabeza y luego procediste a dedicarte a la tarea en cuestión sin prestarle más atención, pero te pusiste cada vez más tenso a medida que avanzaba la mañana. La ansiedad y la preocupación son formas de miedo. ¿Cuáles son los pensamientos asociados a ese miedo? Si rastreas el miedo y te sintonizas contigo mismo y la situación, podrás descubrir que te estabas diciendo a ti mismo/a pensamientos que crearon ese miedo (preocupación, ansiedad, etc.). Por ejemplo: "No, ¿qué hice mal?" o, ¿Sabe él/ella que llegué tarde la semana pasada?

Recuerda que, durante nuestra vida, formamos percepciones y luego sacamos conclusiones sobre nosotros, sobre los demás y el mundo que nos rodea; ya sean precisas o no. De alguna forma ¿Tropezaste con un trabajo o un jefe que se parecía al sistema familiar de tu infancia o a tus padres? ¿Tu crianza estuvo llena de amor y apoyo o de dolor y decepción? Estas experiencias pueden manchar nuestras percepciones actuales del día a día y colorear nuestras elecciones en jefes, trabajos, amigos y socios.

Podrás notar que es más fácil detectar tus pensamientos que estar en contacto con tus sentimientos. Eso está bien. Rastrea los pensamientos hasta el evento y explora tus emociones asociadas. Pueda que no notes pensamientos ni sentimientos. Requiere práctica. Si tienes un arrebato, rastrea eso hasta los pensamientos silenciosos, orígenes emocionales y el/los eventos que pueden haberte resultado desagradables. Muchos de nosotros hemos aprendido a reprimir esta información como un mecanismo de afrontamiento, así que ten paciencia contigo mismo/a. Comienza solo con cinco minutos al día o designa un tiempo una vez por semana. A medida que empiezas a ponerte en contacto con tus pensamientos y emociones de a poco, eventualmente se volverá automático y requerirá poco esfuerzo.

La siguiente pregunta es qué hacer con tus pensamientos y emociones ahora que estás en contacto con ellos. Las siguientes secciones están diseñadas para ayudarte a entender lo que te ocurre y lo que puedes hacer al respecto.

Procesando Tu Dolor

Cuando creemos que perdonamos a alguien, pero solamente lo hemos reprimido y el sentimiento regresa rugiendo, a menudo significa que no hemos prestado suficiente atención al dolor. En Efesios 4:26 (RVR1960) dice: "Airaos, pero no pequéis...". A menudo necesitamos que se nos recuerde que no es pecado estar enojados por un período de tiempo. Este pasaje va más allá y dice que no dejemos que el sol se ponga sobre nuestra ira, lo que le da al diablo un asidero. En nuestros esfuerzos por perdonar inmediatamente sin procesar nuestro dolor y sin usar ninguna herramienta cognitiva, es posible que estemos dando un asidero al enemigo al reprimirlo. Reprimir nuestra ira la envía al interior, donde el resentimiento y la amargura pueden aumentar. Cuando la ira se interioriza, puede descarrilar nuestro caminar emocional y espiritual. Nos puede enfermar.

En Primer Lugar, ¿Cuál es el Propósito de la Ira?

¿Qué es la *ira*? La mejor definición clínica que he escuchado provino de una sabia colega, la Dra. Maryanne Watson, Ph.D., ABPP (Comunicación personal 18/1/2018). Ella dice: "La ira es un mensaje de que una relación necesita repararse". La ira es simplemente *energía diseñada para reparar*. El propósito original de la ira es darnos el coraje para superar nuestro miedo y permitirnos tomar una actitud protectora valiente cuando sea necesario. Nos entrega energía que puede dirigirse a hablar en contra de una injusticia. Este es el propósito saludable de la ira apropiada.

Ahora, si la ira (energía diseñada para reparar) por una injusticia aún está almacenada en tu cuerpo o alma, se vuelve un asunto inconcluso que te roba tu calidad de vida y tu destino. Si no hacemos uso apropiado de nuestra ira o si no disponemos de esta energía al procesar nuestro dolor a través de lágrimas, hablando, orando o haciendo un esfuerzo físico apropiado, puede internalizarse donde se vuelve *implosiva*. Esto puede llevar a una serie de problemas emocionales y físicos. Entonces, nuestra energía se desvía hacia la reparación perpetua de los síntomas mentales o físicos resultantes en lugar de dirigirse hacia la resolución del dolor original. Así es como roba nuestra energía y, por consiguiente, nuestro destino. También permanecemos atascados en el pasado, en lugar de vivir en el presente y el futuro.

Entonces, ¿Que Puede Hacer Una Persona Con La Ira?

Vale la pena mencionar repetidamente la escritura a través de este libro, en Efesios 4:26, "Airaos, pero no pequéis; no se ponga el sol sobre vuestro enojo," (RVR1960). Esto va en contra de lo que crecí pensando sobre la ira. Creía que era un pecado. Cuando creemos que se supone que no debemos sentir ira y que eso está mal, es probable que la reprimamos en nuestro esfuerzo por deshacernos de ella. Esto es porque algunas personas no saben qué hacer con la ira. Muchos de nosotros no aprendimos métodos constructivos para lidiar con esta emoción.

Entonces, ya que la ira es energía diseñada para reparar (reparar un problema, inconveniente, etc.), hay varias cosas que puedes hacer con esta emoción. Primero, pueda que quieras comenzar por notar que sientes ira. Podría ser leve, como una molestia, irritación o frustración. Primero sintonízala solo para ser consciente de ella. No puedes lidiar con nada si no eres consciente de ello. Segundo, si la ira o la rabia es fuerte es posible que debas manejarla suavemente, por ejemplo, dando un paseo, respirando lenta y profundamente o tomando un descanso para respirar y desviar tu atención del tema hasta que estés descansado/a y mejor equipado/a para manejar la emoción. Cuando estés listo/a para proceder a lidiar con la ira, examina que emociones cubre ésta. La ira es una emoción con una necesidad fundamental y un sentimiento subyacente. ¿También estás dolido, triste, asustado o decepcionado? Se honesto contigo mismo/a. Jesús sintió todas estas emociones en un momento u otro (Juan 11:35, Mateo 21:12, Mateo 26:39 NJKV). Ahora pregúntate, en estas emociones de base, ¿Qué necesitas? Con esta conciencia, considera opciones de qué hacer (*constructivamente*) con esa energía para producir una buena solución. Puede ser para hablar con la persona que te lastimó o hablar con un confidente. Pueda que debas tomarte un tiempo para llorar o desahogar las emociones a través de una actividad vigorosa y constructiva. Es posible que desees usar esa energía para tomar las medidas adecuadas para una causa social o invertirla en un curso formal de capacitación para aprender a corregir la injusticia. Si estás inusualmente enojado/a, el inventario subjetivo podría llevarte a descansar adecuadamente para mantener el equilibrio en tu vida. Si descubres que tienes una ira excesiva y prolongada, quizá necesites programar una cita con un consejero o profesional médico para explorar causas hormonales, bioquímicas o psicológicas de la ira prolongada. Debajo de la ira a menudo puede encontrarse la raíz del dolor.

La ira es una emoción con una necesidad central y un sentimiento bajo ella.

El ritmo al que necesitas procesar este dolor e ira (llorar, hablar con una persona de confianza, escribir, etc.) depende de la gravedad de la infracción y de la profundidad de tu herida. No existe una fórmula sencilla y el tiempo que necesitas es solo eso: el tiempo que necesitas. Se paciente contigo mismo mientras sufres. En el siguiente capítulo se habla más acerca del duelo.

Derek y Jacqueline

Jacqueline había aprendido formas de procesar la ira a través de su formación clínica. Había visto clientes a los que se les pedía que escribieran una carta que no iban a enviar para que pudiera contener expresiones muy sinceras y crudas de la ira de la persona. Luego esta carta se lee al perpetrador sin que éste esté realmente presente; solo a través de la imaginación del individuo. Posteriormente la carta se rompe y se desecha para librarse del dolor emocional.

Los eventos que siguieron en la historia de Derek y Jacqueline escaparon a su control en gran medida y aprendió a utilizar algunos de estos métodos en su propia vida por razones que verás a medida que avanzamos.

Descanso y Equilibrio

El descanso diario es necesario, especialmente para afrontar eventos difíciles. ¿Alguna vez te preguntaste por qué, desde el inicio de nuestra existencia, se establece un período de descanso de nueve meses (en el útero) antes de que nuestros pies toquen el planeta? Nuestro creador, Dios, hizo que tuviéramos aproximadamente tres cuartos de año antes de siquiera comenzar este viaje. Durante el descanso, creces y te desarrollas. Cuando equilibras tu vida con descanso periódico, recargas tu cerebro y repones tu alma y su espíritu. El descanso fomenta la buena salud mental y espiritual.

Si raramente descansas, ¿esperas lograr mucho o ser un superhéroe? Si es así, tengo una analogía solo para ti. En el séptimo día, Dios descansó (Génesis 2: 2-3). No solo se nos permite descansar, o modelado como un buen ejemplo, es un *imperativo absoluto*. Si en el séptimo día, incluso Dios descansó, ¿Quiénes somos nosotros para ser más fuertes que Dios? El descanso es una necesidad para cualquier trabajo que realices, especialmente el trabajo emocional sobre el dolor. El descanso también puede ser útil como un acto de sentarse para tomarse un momento y reconocer todo el arduo trabajo realizado. Se nos ordena descansar como se señala aquí en Hebreos 4: 10-11 (NVI): "porque el que entra en el reposo de Dios descansa también de sus obras, así como Dios descansó de las suyas. Esforcémonos, pues, por entrar en ese reposo, para que nadie caiga al seguir aquel ejemplo de desobediencia". Así pues, debemos equilibrar nuestras vidas ocupadas con *descanso* (un respiro, siestas, tiempo sentado, tiempo tranquilo, calidad y cantidad de sueño, pausas activas, días de vacaciones y una actitud de descanso) para permanecer preparados para las oleadas de sorpresas y desafíos que trae la vida y para recuperarse de factores estresantes pasados.

Genesis 2:2-3 (NVI)

"Al llegar el séptimo día, Dios descansó porque había terminado la obra que había emprendido.

Dios bendijo el séptimo día, y lo santificó, porque en ese día descansó de toda su obra creadora".

Otra cosa importante de la cual ser conscientes es el poder del descanso. Graham Cooke presenta el concepto de que el descanso es una guerra espiritual. En su trabajo, el descanso es un arma.[xxiii] Piénsalo. ¿Qué tan efectivo eres cuando estás cansado/a o emocionalmente agotado/a? En los capítulos 18 y 19 de 1 Reyes, a pesar de que Elías acababa de derrotar 450 falsos profetas, justo después de eso cuando Jezabel lo amenazó posteriormente, tuvo un colapso total. Se asustó, se deprimió e incluso se volvió suicida. ¿Por qué un hombre tan fuerte quedaría reducido a tal estado por una sola amenaza? Según un sermón del Dr. Paul Meier,[xxiv] puedes trabajar tan duro que arrastras con la serotonina (sustancia química que ayuda a prevenir la depresión). Clínicamente parece que el feroz esfuerzo de Elías lo había hecho vulnerable a una sola amenaza. ¿Cuál fue la medicina que Dios le recetó para su angustiada condición? Elías fue conducido al reposo de Dios. Durmió y fue despertado por ángeles que le trajeron comida. Después de comer, volvió a dormir. A veces el equilibrio del descanso en medio de nuestra vida es la simple medicina preventiva que necesitamos para renovar nuestras fuerzas.

Percepción Espiritual

Una de las herramientas más poderosas la cual me ayudó a aprender a perdonar inmediatamente, sin reprimir mi ira, es la idea de que el perpetrador *no* es necesariamente el perpetrador. Cuando aprendas más acerca de la dimensión espiritual que existe, verás que hay mucho más de lo que se ve a simple vista.

En Efesios 6:12 (NVI) dice: " Porque nuestra lucha no es contra seres humanos, sino contra poderes, contra autoridades, contra potestades que dominan este mundo de tinieblas, contra fuerzas espirituales malignas en las regiones celestiales." La persona que parece intentar ofenderte puede estar respondiendo a influencias que ni tú ni yo vemos. Piensa en una marioneta. Este títere, originario de la edad media, tiene un panel de cuerdas unido a todas sus partes móviles. Sus movimientos son manipulados por un operador que permanece oculto fuera de vista.

Esta es una imagen de lo que pienso sobre el conflicto humano. La única diferencia es que, aunque algunas personas no se den cuenta, podemos elegir sobre nuestras percepciones y acciones. El reino espiritual no es exactamente como las cuerdas de la marioneta. Aun así, su influencia puede ser real, presentando sutilmente pensamientos negativos y destructivos a un alma vulnerable que esté dispuesta a prestar atención y seguirla.

¿Realmente existe un reino espiritual cuando no podemos verlo? Pregúntate si crees en la electricidad o el oxígeno de los cuales te beneficias a diario. Las conexiones Wi-Fi se han convertido en una necesidad para trabajar más productivamente. ¿Ves esas señales a medida que se mueven a través de las ondas de radio? ¿Realmente crees que estas señales de comunicación viajan 22.000 millas sobre la tierra para llegar a un satélite antes de llegar a la computadora o al teléfono de su destinatario? ¿Ves las ondas de radio o la información que entra a tu TV o iPad? Hace un siglo todas estas ideas podrían haber sido consideradas psicóticas, pero la ciencia ha respaldado su existencia. Para que nuestros dispositivos sean influenciados por esas señales invisibles, deben tener un receptor activado. La escritura habla de influencias espirituales y nos enseña que debemos ser guiados por el Espíritu Santo y no influenciados por otros aportes nocivos. ¿Hacia qué influencia espiritual quieres estar activamente abierto o receptivo? ¿Tienes un receptor muy sensible que se sintoniza muy fácilmente con influencias inútiles como pensamientos negativos, autopercepciones distorsionadas o malas interpretaciones como se describe en Efesios 6:12? O, ¿Te gustaría sintonizarte con lo que Dios tiene que decir acerca de ti y de la situación?

La persona que intenta lastimarte puede estar consintiendo sin saberlo un pensamiento o idea negativa y distorsionada. Esta puede ser la verdadera culpable de la situación. El evento a nivel superficial es solo una dimensión que vemos con nuestros ojos y oímos con nuestros oídos. La persona puede ser reactiva, grosera o abusiva, pero algo puede estar ocurriendo con ella a otro nivel. La intención espiritual en un nivel más profundo es la dimensión invisible. No vemos sus percepciones, pensamientos, creencias o posibles influencias espirituales negativas que pueden haberlos asediado por años. Incluso otra dimensión coexistente puede ser una que no tenga nada que ver con ellos. Podría ser una distracción para desanimarte o desviarte del camino. Recuerda que Dios te ama y quiere que consigas tu propósito.

Una de las formas en las que el enemigo intenta descarrilar el cuerpo de Cristo es creando una ofensa. Piensa en cuántos grupos de iglesias, matrimonios, trabajos y relaciones se han destruido porque alguien percibió las acciones de otros como una ofensa intencional. El término clave aquí es "ofensa intencional". A menudo en las relaciones, *ambas* partes perciben una ofensa que no era intención de la otra persona. Solo pueden descubrir esta revelación cuando se comunican claramente entre sí.

Aun así, a veces la ofensa es intencionada. Considera un escenario en el que el drama de la ofensa opera en más de un nivel dentro de la misma persona. Por ejemplo, lo siguiente describe a una persona que intenta explotarte o lastimarte. Ninguna de estas explicaciones sirve como excusa para el inapropiado comportamiento del individuo; más bien, hay posibles raíces subyacentes bajo la superficie.

1. Puede que provengan de un pasado feo, por ejemplo, una infancia sin amor y una vida llena de abandono.

2. Pueden estar viviendo con un marco conceptual negativo de sí mismos, de otros (tú), del mundo (situación actual) y de la visión de la vida. Es posible que hayan proyectado incorrectamente esas percepciones negativas en la situación actual y en ti.

3. La influencia espiritual oscura (el enemigo, quizá te refieras a Satanás) ahora intenta aprovecharse de sus expectativas negativas (de sí mismo, de otros o de la vida), insertando o susurrando interpretaciones distorsionadas que se ajustan a la visión negativa de la vida de esa persona.

4. Si la persona elige creer la mentira de una percepción errónea o mala interpretación, viéndote como una amenaza, como un perdedor o un adversario, puede crear una narrativa fanatizada y falsa acerca de ti y de la situación que se ajusta a las mentiras.

5. Luego toman una decisión de comportamiento basada en la percepción errónea que eligieron.

6. Responden de acuerdo a las acciones percibidas necesarias para adaptar su propia visión subjetiva del mundo y, en consecuencia, su visión incorrecta de ti y de la situación (es decir, huir, pelear, mentir, esconderse, etc.).

Aquí está en juego una combinación de influencia emocional y espiritual. ¿Notaste que el problema puede tener muy poco o nada que ver contigo? En el ejemplo anterior todo se trataba acerca de las malas interpretaciones en sus mentes. Podemos aprender a evitar caer presas de la invitación de la ofensa al aprender a percibir situaciones a través de la sabiduría y los ojos de Dios.

Recuerda siempre que lo que otras personas te hacen es más acerca de ellos, que de ti. Aquellos que explotan y abusan de manera horrible de los demás frecuentemente son engañados abismalmente y tienen el alma herida. La persona que te lastimó, incluso intencionalmente, no tiene el poder para definir tu valor, ni la licencia para robar una sola onza de tu propósito y destino.

Obtén Apoyo

Busca apoyo en alguien de confianza mientras trabajas en los ejercicios de este libro. Es posible que tengas amigos dispuestos a ayudar o que no conozca a nadie en absoluto. Es posible que tengas amigos en los que no te sientas cómodo/a confiando. Escucha estas advertencias y busca a alguien de confianza. Puede ser conveniente buscar ayuda de un profesional capacitado.

Identificar la intensidad de tu dolor emocional es una decisión personal basada en que tanto dolor sientes subjetivamente. El dolor físico subjetivo se mide en una escala de cero a diez, donde cero indica la ausencia de dolor, 1 indica el grado más bajo de dolor y 10 representa el grado más alto de dolor. Por ejemplo, si tu dolor emocional es superior a cinco en la escala de cero a diez, es prudente que te asegure de no procesar estos ejercicios emocionales por tu cuenta. Si tu dolor es más significativo que un cinco en esta escala, por favor, haz los ejercicios de este libro únicamente en presencia de un consejero, psicoterapeuta, trabajador social o psicólogo capacitado. Otra razón para buscar un profesional con experiencia es que a veces los amigos no pueden ser objetivos y pueden intentar brindarte consejos erróneos. La presencia de un profesional capacitado no es para proporcionarte consejo, sino para ayudarte a mantenerte a salvo mientras procesas el dolor de manera productiva.

Al seleccionar al profesional, tienes derecho a entrevistarlo para ver si te siente cómodo/a y puedes confiar en él o ella. Esto no tiene que tomar más de unos pocos minutos por teléfono o a través de su sitio web. Ten tus preguntas listas y pídele al terapeuta que te dé cinco minutos. A menudo pueden tener un sitio web que te dé una idea de cómo trabajan. Si tienes seguro, puedes llamar a la línea gratuita para miembros para obtener una lista de terapeutas. Pregunta por varios nombres en caso de que alguno de los consejeros no acepte nuevos clientes.

Comienza Con el Auto-Perdón

No puedes dar nada a nadie que no te hayas dado primero a ti mismo/a. Esto es importante ya que no puedes realizar este trabajo si te vuelves punitivo contigo mismo. Es extremadamente contraproducente castigarse emocionalmente o criticarse por ser maltratado o abusado. Este es un ejemplo de procesamiento improductivo. No es de ayuda.

Además, ser duro contigo mismo es destructivo. **Recomiendo una y otra vez que te abstengas de insistir en el auto-arrepentimiento mientras trabajas con los ejercicios de este libro**. Por un lado, si estuvieras molesto/a porque alguien te trató mal, ¿por qué pasarías un momento maltratándote y reprendiéndote a ti mismo? Si te dices que fuiste tonto, ignorante, estúpido, etc., por confiar en ese abusador, simplemente te estás diciendo mentiras. No fue culpa tuya. Cualquier forma de hostilidad hacia uno mismo por cualquier motivo es innecesaria y es una forma de auto abuso. Haz un voto de ser amable y compasivo contigo mismo mientras superas el dolor.

En el planeta tierra las personas tienen libre albedrío y a veces las personas le hacen cosas malas a los demás. Esto es un hecho. Ya que no podemos controlar las decisiones de los demás, no puede ser tu culpa. El hecho de que te lastimes no te hace tonto/a. Si algo, probablemente significa que eres más generoso que el perpetrador que te lastimó, porque le brindaste generosidad al extenderle el regalo de la confianza. Dar confianza es ofrecer un regalo precioso. Es posible que no sepan cómo manejarlo adecuadamente o si abusan de ese privilegio. Si es así, la falta es de ellos, no tuya.

El establecimiento de límites se puede aprender pues no es necesario que continúes ofreciendo confianza si esta es explotada. Tomar clases de capacitación en asertividad y educación de límites también son formas de recibir apoyo al aprender cómo protegerte. Hay un momento para establecer límites a tu generosidad si esta continúa siendo pisoteada, y entender esto requiere práctica. Perdónate, aprende nuevas herramientas para protegerte a ti mismo y luego sigue tu camino.

Conoce Tu Valor

Si crees que la Palabra de Dios es veraz, comencemos con lo que Dios dice acerca de ti. Puede ser difícil no estar de acuerdo con lo que dice en su palabra. La primera sección de las Escrituras que te invito a ver son los capítulos uno y dos de Efesios. Con partes parafraseadas, veamos este tesoro del corazón de Dios y su actitud hacia ti y hacia mí. Somos bendecidos en los reinos del cielo con cada bendición espiritual en Cristo (Efesios 1: 4). Nuestra experiencia en este planeta puede ocultar esta verdad ya que las cosas no suelen salir como queremos. "Dios nos escogió en él antes de la creación del mundo, para que seamos santos y sin mancha delante de él". *Esa es la base y fundamento de nuestra propia existencia.* No podemos negar el hecho de que él nos eligió para ser santos y sin culpa desde el principio. No somos más grandes que él como para anular o cancelar lo que él ya ha fijado y establecido para nosotros. No hay nada que puedas hacer para que Dios deje de amarte. El versículo cinco dice: "En amor, nos predestinó para ser adoptados como hijos suyos por medio de Jesucristo, según el buen propósito de su voluntad". Él nos concedió gracia (versículo 6) y redención (versículo 7) mediante la sangre de Cristo. Tenemos el perdón de nuestros pecados. Este perdón no es como el que has experimentado en tu vida con las relaciones humanas, donde quizá obtuviste perdón acompañado de una mala mirada. Quizá alguien podría haberte hecho pagar sin piedad o un amigo amargado no te permitió vivir tu error. "Dios nos dio en abundancia con toda sabiduría y entendimiento" (versículo ocho). Con toda *sabiduría* y *entendimiento*, nos dio a conocer el misterio de su voluntad según su beneplácito, que se propuso en Cristo, puesto en práctica cuando los tiempos lleguen a su cumplimiento; para traer unidad en Cristo a todas las cosas en el cielo y en la tierra. De hecho, esto es un misterio porque el amor de Dios por nosotros, el valor que nos dio desde el principio supera todo lo que hemos experimentado de otro ser humano, incluso del mejor progenitor.

La mayoría de nosotros crecemos con una teoría de nuestro valor y riqueza que ha sido formada tanto directa como indirectamente por nuestras interpretaciones de infancia de nuestras experiencias e interacciones. Si nuestros padres, cuidadores, maestros u otros líderes nos maltrataron, podríamos tender a descargar y digerir esa percepción en nuestro autoconcepto como si fuera cierta. Si tu padre te trató con dureza o dijo cosas malas sobre, ese progenitor no es Dios y no puede cancelar el valor que Dios puso en ti desde el principio. Cuanto más tempranas sean las relaciones y las experiencias, más formativo puede ser el autoconcepto. El liderazgo deficiente por parte de un ser humano equivocado es probablemente resultado de problemas y asuntos de su propia vida que no tienen nada que ver contigo. La buena noticia es que sin importar la edad en la que recibiste comentarios negativos, puedes deshacerte de esas percepciones y reemplazarlas todas con la verdad: **Tu** eres valioso/a sin importar lo que digan los demás.

Estos mensajes negativos son totalmente involuntarios y no son para nosotros. Una madre con depresión posparto puede reflejar tristeza en la cara de su bebé. Aunque esta tristeza no tiene nada que ver con el niño/a, esa criatura puede interpretar e internalizar percepciones negativas de sí mismo/a. Estas malas interpretaciones pueden incluir la impresión de que, tomando como ejemplo el caso anterior, la progenitora no está satisfecha con él o ella; por lo tanto, deben ser malos, indignos o no deseados. Todos los padres del planeta cometerán un error varias veces a lo largo de la vida del niño/a, así que no te castigues por ser un progenitor imperfecto. La buena noticia es que Dios ha proporcionado resiliencia a cada niño. A medida que crecemos asumimos la responsabilidad de aferrarnos a lo que es cierto acerca de nosotros y descartar cualquier falsa percepción negativa.

Si creciste sintiéndote indeseado/a, puedes saber que Dios en su palabra dice claramente que también fuimos *elegidos* en él... "En él también ustedes, cuando oyeron el mensaje de la verdad, el evangelio que les trajo la salvación, y lo creyeron, fueron marcados con el sello que es el Espíritu Santo prometido. Este garantiza nuestra herencia hasta que llegue la redención final del pueblo adquirido por Dios, para alabanza de su gloria." (Efesios 1: 11-14 NVI). Para una lista más extensa de cómo Dios nos ve a ti y a mí, Joyce Meyer ha proporcionado una lista en un artículo de Internet.[xxv]

No importa quién te dijo que no eres digno de amor, suficientemente bueno/a, valioso/a o perdonable, Dios te ve como querido/a, valorado y elegido por él. Eres *amado/a* con más pasión, sinceridad y profundidad que cualquier progenitor, cónyuge, hijo o ser humano en la tierra. Puedes decidir rechazar las mentiras que te han ofrecido directa o indirectamente personas heridas, ya sea intencionalmente o no, o si las malinterpretas. Puedes reemplazar viejas autopercepciones negativas con la *verdad irrefutable* de que eres eternamente precioso/a y que eres apreciado/a profunda e infinitamente por tu creador.

Ahora mismo, ¿Tomarás la decisión de darte cuenta, de descargar y aceptar

lo valioso que eres

a medida que avanzamos en este proceso?

Parte II

❦

Ahora Sigamos Con la Descripción General del "CÓMO". Enfoque de Tres Niveles Para el Perdón

Este libro esbozará tres niveles diferentes en el proceso del perdón. No hay una solución sencilla para el perdón que se ajuste a todos o cada situación de la misma forma. En mi crianza solo se me enseñó un método, que era perdonar inmediatamente sin importar qué e ignorar mis sentimientos. Afortunadamente, hay más para aprender con mayores beneficios para disfrutar. En la Parte II describiré los tres niveles de perdón con herramientas para cada uno. Todos los tres niveles se entrelazan y construyen entre sí.

Nivel I

Algunos eventos son tan horrendos que te estarías mintiendo a ti mismo/a si pensaras que puedes perdonar inmediatamente. Estas situaciones requieren un proceso de duelo. ¿Cuánto debería durar ese proceso de duelo? Eso depende de la situación, de la gravedad de la ofensa y de tus necesidades y crecimiento.

El Capítulo 4 está diseñado para enseñarte métodos saludables de duelo. Un número significativo de situaciones requiere que nos sanemos y hagamos duelo para superar lo ocurrido. He identificado el dolor como un nivel de perdón porque a menudo es necesario procesar muchas emociones antes de que una persona pueda superar el trauma y el dolor. Este es el Nivel I porque considero que es el nivel básico del perdón. Es difícil subir a otros niveles si todavía tienes dolor sin procesar. El duelo implica sentir los sentimientos que tienes. Esto parecería contradictorio ya que muchos de nosotros hemos sido educados para perdonar inmediatamente, sin dejar que el sol se ponga sobre nuestra ira. Si reprimimos nuestra tristeza o enojo, creo que en realidad estamos dejando que el sol se ponga sobre la ira. Los siguientes capítulos te ayudarán a comprender el uso y el propósito correcto de la ira y la tristeza que, de hecho, son bíblicos; como dice en las escrituras: "Airaos, pero no pequéis…." (Efesios 4:26, NVI) y "Jesús lloró". (Juan 11:35 NVI).

El duelo, como nivel primario del perdón, se procesa para transgresiones más importantes. La pérdida de un ser querido, la pérdida de un sueño de toda la vida y la victimización criminal son ejemplos de eventos que causan un dolor emocional significativo. Si alguien a quien amas fue abusado o violado por alguien, ¿Estas siendo realmente honesto/a si de inmediato le dices "te perdono" al perpetrador? A veces en nuestros más sinceros esfuerzos por ser buenos cristianos, sin querer nos engañamos a nosotros mismos. Interpreto Efesios 4:26, que nos dice que no dejemos que el sol se ponga sobre nuestra ira, como que debemos lidiar con nuestras emociones tan rápido como sea posible, en lugar de reprimirlas.

Perdonar inmediatamente recitando una declaración como "Te perdono", es un acto de obediencia altamente moral y respetable, y creo que Dios lo honra y ve la sinceridad de tu intención. Clínicamente, si saltamos a ese punto sin procesar el dolor, podría simplemente sur reprimido y enterrado. El capítulo 4 puede mostrar cómo lidiar con el dolor emocional en un nivel más profundo para que no se acumule en nuestro cuerpo, mente y corazón. Cuando el dolor se reprime como se mencionó en la Parte I, lleva a una recurrencia de emociones que pueden resurgir con el menor recordatorio o provocación. Es importante examinar si te has permitido hacer duelo.

Los ejercicios en el capítulo 6 involucran imágenes y procesamiento emocional para ayudarte a hacer duelo. Algunas de las técnicas de procesamiento se originaron en la Teoría Gestalt, fundada por Frederick Perls, el padre de la terapia Gestalt. [OBJ] Estos ejercicios de procesamiento emocional incluyen componentes que se expanden más allá de los métodos tradicionales con imágenes diseñadas para brindar más alivio y ayuda. Como se mencionó de manera repetida, esta sección puede requerir la ayuda de un terapeuta capacitado para situaciones que involucran dolor intenso.

Nivel II

El nivel II del capítulo 5 supone un cambio en tus pensamientos y percepciones a través del entrenamiento. Este concepto de cambio cognitivo ha sido escrito durante años, de manera prolífica, en las enseñanzas clínicas de Ellis,[xxvi] Beck,[xxvii] y otros, algunos usando la aplicación cristiana.[xxviii] Esta información se basa en estas enseñanzas establecidas al ponerlas en una aplicación y lenguaje prácticos. Cambiar tus cogniciones puede hacer que sus períodos de duelo sean menos difíciles y posiblemente más cortos, cuanto más desarrolles esta habilidad.

Primero debemos saber qué es la cognición en primer lugar. El diccionario Oxford define la cognición como "la acción o proceso mental de adquirir conocimiento y comprensión a través del pensamiento, de la experiencia y los sentidos".[xxix] Me gusta usar la palabra cognición porque abarca la totalidad de tus pensamientos, percepciones e interpretaciones de las experiencias de vida. La cognición también incluye lo que eliges creer acerca de una situación y la percepción o perspectiva que decides adoptar. Durante todo este libro, la cognición, el pensamiento y la percepción se usarán de manera intercambiable.

La cognición es una herramienta muy poderosa que, cuando se aplica apropiadamente, puede aliviar significativamente el dolor. El capítulo 5 te mostrará cómo cambiar tu forma de pensar apropiadamente para cambiar tu vida emocional y tus reacciones ante situaciones difíciles. A veces esto puede reducir el impacto traumático y mejorar tu poder personal en esas situaciones.

Este proceso, al que llamo "cambio cognitivo", en realidad toma tiempo y práctica. Las nuevas cogniciones que reemplazan las anteriores percepciones negativas también deben ser creíbles y realistas para que sean efectivas. Puedes aprender a reemplazar el pensamiento anterior con creencias que promuevan tu curación. Este capítulo también provee tablas con ejemplos de cogniciones de reemplazo que pueden ayudarte a alcanzar una nueva perspectiva.

Nivel III

El Nivel III integra los otros dos niveles de perdón (Niveles I y II) entrelazados. A medida que empieces a reentrenarte para usar cogniciones constructivas que conduzcan a la curación, y hayas superado gran parte del dolor mediante los ejercicios del capítulo 6, una nueva perspectiva puede convertirse en una forma cada vez más automática de existir. El tercer nivel implica un desarrollo mental y espiritual que te ayuda a superar muchos de los eventos que suceden en la vida. En Filipenses 4:7, Dios desea que tengamos una paz que sobrepase todo entendimiento. Este es un nivel que me gusta describir como *de diez pies de altura y a prueba de balas*; los dardos del enemigo simplemente rebotan. Los ejercicios del Capítulo 6 están diseñados para ayudarte a pasar a este nivel de existencia.

Esto puede parecer heroico, permitir que una persona vaya por la vida con un nivel de resiliencia invencible y continua. Jesús hizo esto perfectamente. Nosotros, por supuesto, no podemos lograrlo perfectamente porque somos humanos y siempre podemos encontrar eventos en la vida que nos agarren desprevenidos. Podemos esforzarnos por desarrollar esta habilidad con práctica, oración y crecimiento.

El nivel III es lo más cercano al *auténtico* perdón inmediato por el cual luchan los cristianos. Es donde nos hemos entrenado para ver emocionalmente al agresor con visión láser, ojos espirituales y a través de los ojos de Dios. Esto puede convertirse en la perspectiva emocional, mental y espiritual que permanece como constante para nosotros como un lugar de orden superior en el que existir la mayor parte del tiempo. Es un nivel de funcionamiento en el que vemos el panorama general desde una perspectiva multidimensional. Esto puede ser liberador ya que nos hace pasar de la antigua y limitada perspectiva que nos mantenía obstaculizados por interpretaciones limitadas sobre nosotros mismos y los demás. En este nivel podemos liberarnos de muchos de nuestros desalentadores grilletes.

A medida que crecemos en este nivel de perdón, comenzamos a ver la situación con una perspectiva multidimensional, conscientes de muchos factores que intervienen, los cuales posiblemente llevaron al evento. Podemos ver muchas causas potenciales de un alma herida que intenta lastimarnos. Se hace más evidente el por qué Dios nos pide que oremos por esa persona.

El nivel III requiere la ayuda del Espíritu Santo. He sabido de personas que alcanzaron este nivel sin aprenderlo de libros ni de terapia; solo con el Espíritu Santo de Dios. Este es el nivel más liberador porque involucra una perspectiva de orden superior en la cual puedes existir. Esto significa caminar continuamente con perspectiva, permitiendo que Dios te enseñe a percibir cosas, día a día, a través de sus ojos. Cada vez más. Ya que esta forma de vivir, de pensar y percibir conduce a un lugar supremo de esperanza y paz, he utilizado el acrónimo H.O.P.E. (en inglés) para la existencia de perspectiva de orden superior.

Este nivel está anclado en las escrituras y se describirá en más detalle en el Capítulo 7. Somos humanos y es comprensible que no existamos a este nivel todo el tiempo. Sin embargo, entre más cambiamos nuestra perspectiva y percepción para alcanzar este nivel, más tiempo pasamos en libertad emocional, paz y productividad; podemos ir hacia adelante por más tiempo, libres de artimañas y distracciones. Estaremos tan concentrados en nuestro propósito en la vida que casi nos volveremos invencibles.

Juan 16:33 (NVI)

"Yo les he dicho estas cosas para que en mí hallen paz. En este mundo afrontarán aflicciones, pero ¡anímense! Yo he vencido al mundo."

Hay límites para todos nosotros en la condición humana y *no* te diré que este libro te hará inmune a los traumas que ocurren en la tierra. Todos los tres niveles son necesarios en un momento u otro. Todos los tres niveles están entrelazados, ya que algunas situaciones pueden tratarse en el Nivel III y otras pueden requerir el duelo en el Nivel I y el replanteamiento cognitivo empleado en el Nivel II. En el planeta Tierra suceden cosas sin importar quiénes seamos tú y yo. Las herramientas descritas en estos capítulos están diseñadas para mostrarte cómo superar las injusticias para que puedas concentrar tus energías en cumplir el propósito y destino de tu vida.

Capítulo 4

✑

Nivel I:
Cómo Pasar La Aflicción
(Nivel I de Perdón)

Como sabemos, hay momentos en los que el acto de verbalizar el perdón cerebral, aunque sea con sincera intención, no parece evitar la enorme ola de lágrimas que inundan como océano cada vez que recordamos a esa persona, matrimonio o sueño que se perdió. Algunos eventos son simplemente devastadores; no hay otra forma de decirlo. ¿Qué hacemos por los padres de un hijo o hija atrapados en la adicción o la adolescente que fue secuestrada para tráfico sexual? ¿Qué podemos decirle a la madre que perdió a su querido hijo en un tiroteo al azar? ¿Qué decimos del padre al cual alejaron de su hijo a través de un errado proceso de divorcio y que se está perdiendo de toda la vida de su hijo? Las injusticias siguen y siguen. El proceso de duelo y la superación de sus etapas son necesarios. Se espera que las próximas páginas te muestren cómo atravesar el proceso de duelo para ayudarte a sanar. Que puedas transformarte de víctima a vencedor, de cansado y rendido a guerrero.

Isaías 41:15 (NVI)

"Te convertiré en una trilladora nueva y afilada, de doble filo. Trillarás las montañas y las harás polvo; convertirás en paja las colinas."

Este proceso puede tomar tiempo. El hecho de que estés trabajando en tu dolor indica que estás en el proceso de perdón. Las siguientes páginas describen herramientas que pueden ayudarte a afligirte de manera constructiva.

Reconocimiento de Tu Dolor

El primer paso es reconocer que estás pasando por un proceso de duelo. Esto te da permiso para no tener que haber superado cosas todavía. Sé paciente contigo mismo y date el tiempo que necesites.

Nos afligimos por una variedad de pérdidas que no necesariamente implican la pérdida de la vida de un ser querido. El dolor puede incluir la pérdida de una oportunidad, una posesión preciada, pérdida de finanzas o la pérdida de una situación. En tu dolor también has perdido el significado asociado con esa persona o situación. Por ejemplo, puedes lamentar la pérdida del sueño que tenías si el ser querido hubiera vivido o se hubiera quedado. Está la pérdida de no poder hacer planes con esa persona, como disfrutar juntos de la jubilación, viajar o tener otras experiencias significativas juntos. Podrás no haber perdido medios materiales, pero en cambio, podrás sentir que has perdido tu dignidad si te traicionan, si no lograste desempeñarte al nivel esperado o si te roban. Otras pérdidas, como el robo de identidad, pueden implicar perder tu sentido de privacidad y seguridad financiera. La violación sexual lleva a una sensación de pérdida de seguridad, inocencia y/o poder personal. Una aventura, incluso si la relación se repara, puede suponer la pérdida de ese sagrado sentido de confianza, el cual puede no volver nunca a su nivel original. Si alguien te dejó o alguien te fue arrebatado a través de la muerte, no solo lo has perdido, sino que también puedes lamentarte por el sueño de lo que habría sido el futuro si hubiera permanecido a tu lado.

Date Tiempo

No hay un calendario específico para el duelo y cada persona necesita diferentes períodos de tiempo para sanar. No te presiones; en lugar de eso se amable y gentil contigo mismo, tal como lo serías con un niño o un ser querido que está en duelo. Este es momento de convertirte en tu mejor amigo.

Qué Hacer Con Tus Sentimientos

Si todavía no lo has hecho, sintoniza tus sentimientos con regularidad y date tiempo y espacio para expresar las emociones. Dios nos dio emociones por una razón. Hay un propósito para su expresión a través del habla, el llanto, la escritura, el arte y la música, por ejemplo. En el Antiguo Testamento, Dios reconoció que se necesitaba un período de tiempo para que sus hijos trabajaran en su proceso de duelo. Jesús ha caminado sobre esta tierra para saber en realidad lo que es estar en la condición humana, con todas las luchas que experimentamos. No estás solo en tu duelo. A veces sirve llamar a un amigo o simplemente sentarse con Dios.

Nuestras emociones, cuando se manejan adecuadamente, nos pueden brindar alivio. Hay una diferencia entre ser consciente de tus emociones y procesarlas de manera constructiva, versus permitir que te controlen. De hecho, es más probable que te controlen cuando intentas reprimirlas o bloquearlas. Permanecerán dentro, esperando ser atendidos de una forma u otra. Estar en contacto y ser consciente de tus emociones te permite saber que algo ocurre en tu interior y que necesita atención. Las emociones están diseñadas para ser señales que nos muestran una necesidad que tenemos. Un ejemplo paralelo es el tablero de tu automóvil. Hoy en día nos brindan multitud de información. Algunos vehículos tienen una luz que se enciende si el vehículo tiene poco aceite. Esta luz se enciende cuando el motor necesita aceite para seguir funcionando correctamente. Si continúas ignorando la luz el tiempo suficiente, el motor se quemará y tu vehículo dejará de funcionar. Los vehículos modernos tienen una ventana que muestra qué tan cerca estás de los objetos detrás tuyo cuando retrocedes. Si ignoras estas señales de advertencia mientras retrocedes, puedes dañar tu vehículo o peor aún, lesionar a alguien gravemente.

Al igual que las señales en nuestro vehículo, diseñadas para preservar y proteger, nuestras emociones fueron diseñadas por Dios para brindarnos una señal cuando necesitemos algo. Si nos sintonizamos con sentirnos cansados, necesitamos descansar. Si nos sintonizamos con la ira, necesitamos ocuparnos de algo que está mal. Si tenemos algo dentro de nosotros y continuamos ignorando el hecho de que estamos sufriendo, podemos descomponernos eventualmente. Podemos quemarnos al igual que nuestro vehículo si agotamos demasiado nuestros recursos necesarios. El miedo puede ser una prudente señal intuitiva de advertencia para que nos detengamos o elijamos un camino diferente.

Si bien los sentimientos tienen un propósito, también necesitan manejarse en equilibrio. La mayoría de nosotros entiende claramente que hay que evitar exhibir emociones extremas. Alternativamente, algunos de nosotros no prestamos la debida atención a las emociones. ¿Nos atreveremos a regañar a nuestro vehículo por tener la luz de aceite encendida o ignorar los ruidosos sensores de obstáculos? Usualmente nuestras emociones están ahí para hacernos saber que estamos sufriendo y que necesitamos curarnos, o para advertirnos antes de que hagamos algo que pudiera ser perjudicial. Ignorarnos o incluso avergonzarnos por tener una emoción es tan improductivo como regañar a nuestro vehículo por que se encienda la luz de advertencia.

Estas emociones dadas por Dios pueden ayudar a navegar nuestra elección de acción. Si estás triste, puede que necesites llorar. Si estás asustado, quizá debas detenerte, irte, correr, cancelar una transacción o establecer un límite con alguien. Si estás enojado, es importante saber que siempre hay una emoción original, primaria, de raíz bajo tu enojo, la cual contiene la base de la información necesaria. Aprende a rastrear tu ira hasta la raíz, que a menudo es dolor, miedo o tristeza. La emoción que se encuentra bajo la ira te dirá lo que necesitas. Recuerda que la ira es energía diseñada para reparar, así que considera los métodos constructivos necesarios para reparar el dolor o la lesión. Es posible que necesites seguridad, confort, aliento, perspectiva o un cambio de decisión. Respeta la información que te puedan dar tus señales emocionales.

Equilibrio Bíblico En Cuanto a la Ira

También es importante discutir las perspectivas espirituales de la ira. Aclaremos lo que la escritura dice acerca de la ira. La Biblia dice que seamos lentos para enojarnos (Santiago 1:19), por lo que cuando sentimos un poco de enojo, podemos tratar de no tener ira en absoluto en nuestro esfuerzo por ser obedientes. No obstante, dado que ya está allí, podemos suprimir y negar su existencia. Cuando la reprimimos de esa manera, aún está dentro de nosotros esperando a ser procesada y drenada, o esperando a salir a la superficie cuando no queremos.

Hay varias formas poco saludables de manejar la ira. Una es suprimirla. Esto se compara con permitir que el sol se ponga sobre tu ira. Las otras dos formas de manejar mal la ira son permitir que tenga un nivel de intensidad poco saludable y permitir que dure por mucho tiempo. Reprimir, intensificar y extender la ira permite al enemigo afianzarse en nuestra vida emocional y espiritual. Santiago 1:20 dice que "pues la ira humana no produce la vida justa que Dios quiere" (NVI). Debemos lidiar con la ira lo más rápido posible. Los ejercicios del capítulo 6 te muestran cómo darle tu ira y dolor a Dios. Ya que

Efesios 4:26 dice: "Si se enojan, no pequen. No permitan que el enojo les dure hasta la puesta del sol," (NVI), se nos permite tener ira, pero debemos lidiar con ella rápidamente y manejarla apropiadamente. Por lo tanto, la clave es el equilibrio y el manejo sabio y saludable de esa ira (energía diseñada para reparar) para que de verdad pueda lograr una reparación.

Podemos aprender a sentir enojo y seguir siendo constructivos. El procesamiento de emociones se puede realizar de varias formas. Hablar con un amigo de confianza, rezar, llorar, caminar y hacer ejercicio son algunos métodos. Quizá también quieras llevar un diario de tus emociones. Escribir un diario es una forma de mover las emociones a través de ti y de sacarlas. Tómate el tiempo para sentir tus sentimientos por un período de tiempo en pequeñas dosis. Date tiempo para llorar, gritar (no a una persona) o quizá tener una conversación cálida y apasionada con Dios.

Cinco Etapas Básicas del Duelo

Elisabeth Kübler-Ross es una escritora legendaria acerca del duelo; una psiquiatra nacida en Suiza que, en 1969, conceptualizó las famosas cinco etapas del duelo.[15] He integrado las cinco etapas del duelo de la Dra. Kübler-Ross en este proceso de perdón porque provee un marco excelente y un paralelo para los pasos necesarios para recuperarse de experiencias difíciles. Es una consideración válida que en muchos eventos requiere un proceso de duelo antes de que podamos liberarnos por completo. Algunas infracciones son tan impactantes, tan dolorosas y devastadoras, que no seríamos humanos si no hiciéramos duelo. Procesar el dolor puede ayudarte a llegar al punto de ser más impermeable a las provocaciones y recordatorios sobre el evento doloroso. La siguiente sección proporciona una correspondencia del trabajo del perdón con las cinco etapas del duelo.

---

[15] "Five Stages of Grief." Wikipedia. November 17, 2020. Accedido el 17 de noviembre de 2020. https://en.wikipedia.org/wiki/Five_stages_of_grief.

La primera etapa es la *negación* (a veces llamada "shock" o entumecimiento), seguida de la *ira* (que va de la frustración a la rabia), luego la *negociación* (preguntar por qué e intentar llegar a un acuerdo o reflexionar sobre lo que se pudo haber hecho para prevenirlo), luego la *depresión* (tristeza, dolor emocional) y finalmente la *aceptación* (paz). Estas cinco etapas fundamentales no ocurren necesariamente en ese mismo orden y pueden volver a experimentarse en diferentes secuencias y niveles a lo largo del proceso de duelo. También puede haber momentos en los que sientas dos o más a la vez. No hay un orden específico para recorrerlos. Es importante entender que muchas de estas emociones y etapas pueden manifestarse en nuestro cuerpo físico. Por ejemplo, la fatiga puede ser una manifestación de llevar la ira o la tristeza hacia adentro. ¿Alguna vez recibiste noticias impactantes o tristes y después notaste que tenías poca o nada de energía? A menudo, la fatiga prolongada, el sueño excesivo y el letargo son parte de los síntomas asociados con el estrés, ya que las emociones impactan el cuerpo, el corazón y la mente. Puedes estar manifestando dolor en forma de poca energía física. Se paciente contigo mismo y también considera la posibilidad de brindarte cuidado físico adecuado y consuelo emocional.

Si bien podemos comenzar con entumecimiento o shock y negación, podemos sentir primero tristeza o ira, luego shock nuevamente, o todo al mismo tiempo, antes de comenzar a ver un poco de aceptación. La aceptación no significa que estemos felices y emocionados por lo que ocurrió. Puede que nunca lo seamos. La aceptación es una etapa donde el dolor ya no domina nuestra vida emocional como solía hacerlo. La etapa de aceptación del duelo se trata más acerca de llegar a un nivel de paz o tener una perspectiva de esperanza a pesar de lo ocurrido. La siguiente sección describe ejemplos de formas de procesar el dolor a través de cada una de estas etapas.

Tabla 2
El Proceso de Duelo del Trabajo del Perdón

Negación, Shock, Entumecimiento	**Formas Poco Saludables** Pensar "no estoy enojado/a" Pensar "Ya perdoné" (a él, a ella o a mí) Reprimir la ira lleva a problemas físicos
	Formas Saludables Reconocer el entumecimiento inicial como una forma de protección y amortiguador emocional que da tiempo para que los sentimientos afloren gradualmente
Ira, Frustración	**Formas Poco Saludables** Mantener el rencor, resentimiento o amargura. Furia.
	Formas Saludables Procesar el enojo de manera apropiada, hablando, escribiendo, gastando energía,
Negociación, Preguntas	**Formas Poco Saludables** (Directa o Indirecta) Realizar esfuerzos destructivos para arreglar, evitar o deshacer el problema; obsesionarse, preocuparse, trabajar, beber o comer de manera excesiva. Automedicarse a través de la adicción.
	Formas Saludables Explorar las lecciones de la tragedia, contemplar métodos de prevención en el futuro, tomar decisiones para cambiar

*Dr. Joan Weathersbee Ellason, PhD, LPC, Oasis Workshops.

Tabla 2
El Proceso de Duelo del Trabajo del Perdón
(Continuación)

Depresión, Tristeza	Formas Poco Saludables
	Tristeza prolongada, baja energía severa, Llevar una pesada carga emocional sobre tus hombros
	Formas Saludables
	Conectarse con sentimientos de tristeza, llorar cuando sea necesario
Aceptación, Avanzar	**Formas Poco Saludables**
	Regresar a la negación, suprimir tus emociones, abandonar toda esperanza, perspectiva de tristeza y perdición
	Formas Saludables
	Entregarle la situación a Dios
	Dejar ir el dolor y la ira
	Continuar/seguir tu destino
	Invitar/permitir/recibir bendiciones
	Encontrar el regalo o lecciones en el evento
	Asignar tiempo y energía para ayudar a quien esté en circunstancias similares

*Dr. Joan Weathersbee Ellason, PhD, LPC, Oasis Workshops.

Procesando la Tristeza

Después del shock las emociones comienzan a emerger. Una de ellas es la tristeza. A muchos de nosotros se nos enseñó a evitar llorar. ¿Por qué? Todos necesitamos llorar en un momento u otro. A algunos de nosotros nos enseñaron a *ser rudos, a ser fuertes*. Estos mandatos son recetas para un choque de trenes físico y emocional. No es natural no llorar. Muchas culturas imponen esto más a los hombres que a las mujeres. Jesús, que vino a la tierra como varón y señor del universo, también lloró (Juan 11:35). Por lo tanto, se puede desacreditar la base de género por la cual evitar las lágrimas.

Date permiso para llorar. Quizás prefieras llorar en privado o evitar situaciones en las que no sea fructífero; sin embargo, está bien llorar. Puede elegir llorar frente a alguien en quien confíes, como un amigo cercano o un profesional de la consejería. También puedes presentarte ante Dios y exponerlo todo con cándida honestidad. ¿Piensas que él no sabe ya cómo te sientes y los pensamientos negativos que han estado dando vueltas en tu mente? Hagas lo que hagas, saca de ti esos sentimientos de manera apropiada.

Necesitamos mantenernos al nivel y cantidad de dolor que podemos tolerar en un momento dado. Todos sufren de forma diferente y no existe una fórmula sencilla. La clave es el equilibrio. Asegúrate de estar sufriendo de manera saludable y no dudes consultar con un profesional cuando sea necesario.

Si notas que estás teniendo una intensidad emocional que interfiere con tu funcionamiento, busca a un profesional para que te ayude a retomar el equilibrio de tu dolor. Hay situaciones legítimas en las que la medicación es una herramienta necesaria. Consulta con un proveedor de confianza.

Hay algunas diferencias químicas de género en el duelo. Recientes hallazgos fisiológicos muestran una base biológica para las diferencias de género a la hora de llorar. Aproximadamente a la edad de 12 años, los hombres y las mujeres experimentan cambios hormonales que los diferencian en la cantidad de lágrimas producidas. A medida que aumenta la testosterona en los hombres, disminuye la prolactina la cual es productora de lágrimas. Esto explica por qué, a partir de la adolescencia, los hombres parecen no llorar tanto como las mujeres. Esto no significa que *no puedan* llorar; solo que tienden a llorar *menos* en comparación con las mujeres. Esto puede ayudarte a liberarte de la culpa innecesaria si eres hombre y con la presión de llorar como tus contrapartes femeninas. El pozo está seco. Que no estés derramando tantas lágrimas no significa que sientas menos dolor.

En la mayoría de los casos, los hombres procesan el dolor reconociendo primero que hay dolor, tristeza, ira o todo lo anterior. Después del reconocimiento, los hombres tienden a buscar acción constructiva; un paso esencial para la sanación. Esta manifestación puede aplicarse tanto a hombres como a mujeres. Si no reconoces, sientes y no permites que tu tristeza y dolor tomen acción constructiva, es posible que se agrave y se convierta en una depresión o duelo complicado.

Acción Constructiva

Después de un período de sanación apropiado, algunas personas se ofrecen como voluntarias para ayudar a las víctimas que atraviesan una situación similar. Otros pueden sentirse motivados para enseñar lecciones constructivas con el propósito de prevenir. Tomar medidas o acciones constructivas puede aliviar los sentimientos de impotencia y puede proveer sanación a medida que transformamos nuestro dolor en esfuerzos que están bajo nuestro control.

Autocuidado General

Cuida bien de tu físico, emociones, mente y espíritu. El cuidado físico incluye una nutrición saludable, actividad física que esté dentro del rango de lo aconsejado por tu médico y mucho descanso. El autocuidado emocional incluye ejercicios de relajación que involucran respiración lenta y profunda y visualización positiva o pacífica. Quizás usted también necesite liberar sus emociones, incluso si eso significa gritar en una almohada o ir a un lugar privado y hacer ruido sollozando, llorando o posiblemente incluso cantando (sí, algunas culturas incluyen el canto). Después de cualquier liberación intensa, necesitarás descansar y dedicarte a una actividad relajante.

Auto calmante

La actividad relajante es a través del pensamiento y la acción. Esto es muy importante. La vida de pensamiento durante este tiempo es una forma de medicina para tu alma. Trátate como tratarías a un ser querido muy especial, tanto en acción como en pensamiento. ¿Cómo lidias con un amigo muy querido que está de duelo? Lo más probable es que intentes consolarlo con palabras tranquilizadoras. Haz lo mismo por ti. Aquí es donde necesitas ser tu mejor amigo o amiga.

Los pensamientos internos, aunque sutiles y de fondo, son muy poderosos. Date mensajes de apoyo. Por ejemplo, date permiso para descansar más o permiso para reducir la presión de desempeñarte a tu anterior nivel por un tiempo. Otros mensajes de apoyo incluyen recordatorios de que lo que pasó no fue culpa tuya o mensajes de cómo puede repararse o resolverse la decepción. El siguiente capítulo acerca del cambio cognitivo ofrece varios ejemplos específicos de pensamientos esperanzadores basados en la realidad con los cuales reemplazar los pensamientos desalentadores.

Las actividades de cuidado están en el ojo del espectador. Escoge actividades que te parezcan relajantes y recargables personalmente. Para muchas personas, cuidarse o consentirse puede ser salir a caminar, encontrar un lugar tranquilo para leer, orar y meditar, apagar toda la tecnología durante una hora, recibir un masaje o tratamiento facial, ejercitarse o pasar tiempo con amigos. Sea lo que sea lo que más te tranquilice, comprométete a incluir estas actividades con regularidad. Prográmalo con el mismo nivel de prioridad que programarías una reunión con tu jefe y cúmplelo. Tus necesidades son importantes y si esperas llenar tu reserva espiritual y emocional con sanación y fuerza, entonces la actividad relajante es imperativa.

Empoderamiento Creativo

Una vez que el dolor original ya no consume tu concentración o enfoque y no te sientes provocado fácilmente por él, quizá te resulte más curativo brindar apoyo a los demás. Es importante lidiar primero con la intensidad inicial de tu dolor.

Es posible que desees crear una ceremonia que te ayude a reconocer la pérdida de una manera saludable. Los funerales son útiles para ayudar a reconocer la pérdida o para celebrar la vida de un ser querido. Si es un tipo de pérdida en la que no ha habido una ceremonia para ayudar a hacer duelo, crea una ceremonia. Invita a quien desees y honra a esa persona o situación que se perdió. Puede ser un período de tu vida que ya terminó, un sueño profesional que tal vez no se hizo realidad, pero que en realidad se ha quitado del camino para mostrarte algo mejor. Lamenta la pérdida de ese sueño, persona, plan, expectativa o identidad que tenías, para poder cerrar ese capítulo y abrirte a la próxima misión en tu futuro.

En muchos casos podrás encontrar sanación al tomar medidas para estudiar el fenómeno que te lastimó. Es cierto eso de que "el conocimiento es poder". A menudo, solo el comprender la dinámica o los problemas puede darte una sensación de control y empoderamiento. Cuando tenía 11 años, mi padre murió inesperadamente de un infarto. Para mi tarea de investigación de séptimo grado, escribí un reporte muy extenso sobre el corazón. No me convertí en cardióloga, pero solo con enfrentar el problema de frente y estudiar acerca de ello, adquirí cierta sensación de control a través del conocimiento.

La tabla a continuación esboza algunos ejemplos de acciones que pueden tomarse tanto con el pensamiento como con los hechos. Algunos de los hechos implican profundizar acerca de la mentalidad del perpetrador, la raíz de su comportamiento, lo cual puede ser revelador. El conocimiento psicológico y emocional del perpetrador a veces puede reducir su poder en tu mente y ayudarte a recobrar tu poder sobre él o ella.

Apoyo Para el Duelo

No es necesario que pases solo por este proceso. El apoyo saludable puede ser un amigo cercano o un profesional. Es posible que no tengas a nadie con quien te sientas cómodo compartiendo tus dolores más profundos. Esto no es infrecuente. Es por eso que en todo el país hay líneas de ayuda las 24 horas del día, los 7 días de la semana, en la mayoría de los condados principales. Las personas que contestan esos teléfonos generalmente están capacitadas y a menudo, tienen una lista de recursos de apoyo en tu área, como grupos de duelo, iglesias, hospitales y otras fuentes en la comunidad. Puedes ingresar palabras clave en tu navegador de Internet tales como "24/7", "crisis" y "____" (el nombre de tu condado o ciudad) para encontrar una línea de crisis cercana, además de marcar el 911 en caso de emergencia.

Mantén conexiones saludables y de apoyo durante tu duelo, ya sean personales o profesionales. Alimenta esas relaciones cuando las encuentres, ya que son preciosas. Las personas que te apoyan son aquellas que no te culpan ni señalan lo que pudiste o debiste haber hecho de manera diferente. Los verdaderos recursos de apoyo escuchan sin juzgar. También pueden proporcionar algunas palabras comprensivas o pueden no tener algo que decir, pero pueden mostrar una empatía genuina. Toma tiempo y esfuerzo para cultivar este tipo de apoyo, y cuando los tengas, trata esas relaciones con aprecio y respeto. A veces se vuelven más familia que algunos de los miembros de tu propia familia biológica.

Duelo Dentro de Tu Propio Ritmo y Proceso

Nadie puede decirte la forma correcta de hacer el duelo ni cuánto tiempo debería tomar. Es un viaje individual y personal. Algunas pérdidas pueden parecer que nunca terminarán, como la pérdida de un hijo. Sé gentil contigo mismo. Es posible que experimentes cada una de las cinco etapas en oleadas, y que disminuyan en intensidad cada vez que vuelvas a ellas de nuevo. Quizá de repente encuentres una emoción inesperada y sorprendentemente fuerte cuando pensaste que ya deberías haberlo superado. No te presiones. En lugar de eso, cuídate, ámate y conéctate con apoyos que puedan estar contigo mientras pasas por esto.

A veces el duelo se hace de antemano, ya que sabes lo que se avecina. Otras veces el duelo ocurre de manera continua ya que nuevos eventos ocurren una y otra vez. A menudo descubrimos que, una vez más, sin saberlo, hemos reprimido algunas de las emociones. Todos hacemos esto hasta cierto punto. Todo duelo es un proceso individual.

Derek y Jacqueline

Jacqueline había perdido a su padre cuando tenía 11 años. Ellla padre estaba conduciendo solo de camino a la iglesia un domingo por la noche. Se detuvo para estracionar en al lado del caminp y estacionado justo a tiempo antes de sufrir un ataque cardíaco fatal. En ese momento nadie en ella familia sabía cómo lamentarse, entonc-es todos reprimieron sus sentimientos. Esto condujo a un dol-or reprimido en la familia el cual resultó en todo tipo de difi-cultades.

Desde entonces, Jacqueline había aprendido, en su mayor parte, a abstenerse de reprimir sus emociones. Después de nueve años de matrimonio, éste había comenzado a deterio-rarse gradualmente. Todo desde el principio había sido muy dulce, pero aun así hubo una progresión de negligencia sin im-portar sus esfuerzos por comunicarse a lo largo de los años. Esta dinámica finalmente se había erosionado en lo que parecía ser la expectativa de intimidad de Derek, sin el esfuerzo o el compromiso con la relación. Derek salía con frecuencia con sus amigos de bar en bar, dejándola a ella y a su hijo en casa por la noche. En esta etapa de su vida, ir de bar en bar no era su actividad favorita, pero quería nutrir su relación a través de otras formas de tiempo de calidad. Sus esfuerzos cayeron en saco roto, ya que él ni siquiera se sentó en el sofá con ella para ver una película, y mucho menos invitarla a salir oa cenar.

Un domingo durante el almuerzo, finalmente la había llevado a un restaurante decente. Después de comer la factura llegó y notó que era de aproximadamente $ 20. Cuando procedió a pagar, surgió el tema de si ella iba a tener intimidad física con él después de que él le comprara el almuerzo. Ella respondió indicando que no quería que las dos cosas dependieran la una de la otra. Él respondió que, si hubiera sabido que ella no iba a tener intimidad con él, entonces no se habría molestado en llevarla a almorzar. Jacqueline se sintió profundamente mortificada, como reducida al nivel de un trabajador de 20 dólares que tenía que producir tales favores para poder siquiera tener alimento. No le dijo nada a Derek en ese momento, pero su ira la atravesó y la suprimió en su cuerpo esa noche.

Más tarde esa noche, mientras Derek estaba de viaje, la despertó un dolor paralizante en la espalda entre los hombros. Ella pidió ayuda, y como su hijo pequeño era el único allí, Charles corrió hacia el teléfono y llamó al 911. La ambulancia llegó y descartó un ataque al corazón. Jacqueline se había lastimado tanto la espalda y reprimido su ira tan profundamente en los músculos entre los omóplatos que se había dislocado esa área y estaba teniendo espasmos arriba y abajo de la espalda. Esto tomó meses para sanar. A lo largo de los años, los continuos actos de devaluación y desprecio de Derek hacia ella continuaron y ella se volvió cada vez más retraída emocionalmente de Derek. Ella dirigió sus energías cada vez más hacia el trabajo y la escuela, y comenzó a procesar su dolor en momentos de privacidad.

¿Cómo pudo matrimonio deteriorarse a este nivel cuando todo había sido tan verdadero y sólido? La espiral descendente progresó. Ella buscó su sentido de valor perdido en su carrera y en la escuela, mientras Derek se enamoraba cada vez más de la botella. Cuanto más progresaba ella en la escuela, más se acercaba él al alcohol. El matrimonio al principio (o al menos eso pensaba ella), se había fundado originalmente en el acuerdo mutuo de estar juntos para fortalecerse el uno al otro y cumplir el propósito de Dios. Sin embargo, eso parecía haberse acabado. Para sobrellevar la situación y evitar más dolor y decepción, relegó ella definición de matrimonio a una situación en la cual no esperas recibir apoyo emocional ni que satisfagan tus necesidades. Ella estaba comprometida a cumplir con sus votos, pero se volvió tan vacío como un acuerdo comercial. Decidió que tal vez el matrimonio solo es un arreglo neutral en el que caminas obedientemente con esa persona a través de sus altibajos en la vida, sin esperar nada a cambio.

Lo que una vez fue, ya no era. El sueño había muerto. Jacqueline estaba de duelo por la muerte de un matrimonio y por lo que una vez había sido tan dulce y amoroso. Ella sabía que necesitaba lamentar lo que veía escabullirse gradualmente. Todos los días mientras iba a la escuela, cantaba la canción de Whitney Houston "I Believe in You and Me" (creo en ti y en mí) con lágrimas en sus ojos. Ella fe en la relación, esa confianza implícita, iba a la tumba de manera prematura. La fe incondicional y completa sin cuestionar y la inocencia se habían ido. Se comprometió a permanecer en el matrimonio por la estabilidad de su hijo. Después de un tiempo dejó ir Jacqueline dolor y fue más neutral con Derek. Eventualmente se divorciaron varios años después.

¿Fue inteligente Jacqueline al afligirse o pasar duelo de antemano? Quizás. Sabía que era inevitable y quería deshacerse de todos esos sentimientos desagradables.

Hubo períodos en los que Derek expresó su voluntad de moderar su forma de tomar y de mejorar la relación. De buena gana, ella lo intentó de nuevo cada vez. Un fin de semana durante uno de esos períodos de intentarlo de nuevo, Jacqueline llevó a su hijo fuera de la ciudad a un evento educativo. Cuando cumplió con ella parte, decidió regresar a casa antes de lo planeado. Derek había hablado con ella por teléfono justo la noche anterior y dijo que no tenía planes para la noche siguiente. Su relación parecía esperanzadora. Cuando ella y su hijo llegaron a casa la noche siguiente, se dio cuenta de que había caído en una mentira. Jacqueline notó dos botes de basura, incluyendo uno extra grande lleno de latas de cerveza vacías. En el dormitorio, la laptop en su cama con la cámara web activada con visitas recientes a sitios web para adultos. Pasaron las horas y Dertek no volvió a casa en toda la noche.

Cuando entró por la puerta a las 6 a.m. del día siguiente, el shock lo dejó blanco como una sábana. Tenía que ir a trabajar para entrenar a un piloto esa misma mañana; sin embargo, Derek expresó su preocupación de que, si iba a trabajar, podría regresar a una casa vacía, sin Jacqueline y sin su hijo. En cambio, ella le aseguró: "Ve a trabajar y cuando regreses Charles y yo estaremos aquí" (para hablar, etc.). La habían criado para ser lenta con la ira, entonces ser reactiva no era su estilo, aunque a menudo deseaba que así fuera. Cuando regresó, su actitud había cambiado y le dijo que, si ella no estaba dispuesta a compromiso a su manerra, no funcionaría. ¿Qué compromiso? ¿Qué pudiera seguir disfrutando de la pornografía, tomando toda la cerveza que quisiera y dejándola sola por la noche mientras él estaba de fiesta? ¿Qué tipo de compromiso era ese? Quizá el compromiso era que Derek se saliera con la suya, mientras que Jacqueline no podía opinar. Ella no discutió ni intentó detenerlo mientras lo vio empacar todas sus cosas y mudarse.

Jacqueline todavía tenía mucho que aprender acerca de la adicción. Ella creció en un hogar en el que no tomaban. El tabaco fue la única adicción ella presenció.

Cuando Derek empacó y se mudó de la casa, Jacqueline ya había pasado su duelo. Después de encontrarse cara a cara con una mentira tan abrupta, terminó por completo de intentar salvar el matrimonio. Se sintió aliviada e incluso feliz de que finalmente hubiera terminado. Tenía a su pequeño hijo sentado al lado y necesitaba silenciar estas emociones para no confundirlo.

El proceso de divorcio avanzó sin problemas al principio. No quería nada de él, excepto poder criar a Charles en un ambiente que no incluyera exceso de alcohol y poder quedarse en la casa para criar a su hijo donde él estaba acostumbrado. Cuando solicitó el divorcio, el abogado le preguntó si quería dinero por parte de Derek, además de la manutención del hijo. A pesar de que ella calificaba para pensión alimenticia, se negó a recibir asistencia financiera adicional de Derek.

Durante su separación y antes de que se escribieran los acuerdos finales, Jacqueline tuvo un rudo despertar. Un miércoles en la noche, Derek había sacado a su hijo en la motocicleta en la autopoista. Jacqueline siempre había asumido que Derek usaría su buen juicio si su hijo Charles estaba con él; sin embargo, cuando regresaron y entraron a la casa, Derek estaba borracho. Jacqueline, atónita, se enfrentó a él. Derek respondió con una palabras arrastradas: "Ya no importa". Jacqueline estaba furiosa, exasperada "¿QUÉ? ¿Ya no importa? Entonces, ¿ahora vas a matar a nuestro hijo?" Los ojos de Jacqueline se abrieron de par en par. Jacqueline consultó con abogado, quien con mucho gusto añadió mandatos al borrador del decreto, indicando que Derek debía abstenerse de beber y conducir con su hijo. Esta no fue la única vez que se presentó problema. Un tiempo después, una niñera y amiga de la familia llamó a Jacqueline mientras estaba en el trabajo y le dijo que Derek, quien olía a alcohol, había recogido a Charles en la casa. Más tarde esa misma noche, con Charles a su cuidado, Derek le dejó a Jacqueline mordaces mensajes de voz, con un habla muy abusivo, exigiendo que Charles estaría en su casa cuando quisiera que estuviera. Cuando habló con Derek acerca del problema del alcohol y de la seguridad, él amenazó con poner a Charles en contra Jacqueline. El comportamiento de Derek estaba fuera de control y Jacqueline no sabía qué hacer. Quería que ella hijo estuviera a salvo y *protegido de las influencias del alcohol cuando estuviera con su padre. A partir de ese momento, supo que tenía que concentrar ella energías en la seguridad de su hijo, porque aprendió que no podía confiar en Derek pa-ra hacerlo.*

Otro problema tenía que ver con las finanzas. Jacqueline pidió que las deudas se dividieran equitativamente. Jacqueline tomaría toda la hipoteca, pues ella estaría en la casa y tomaría una porción adicional de deudas de tarjetas de crédito que coincidieran con su salario, mientras que Derek sería responsable de la cantidad congruente con su salario. En el matrimonio, ella había usado toda su herencia de la muerte de su madre para pagar el y ella deudas, pensando que los libraría de deudas. Y casi lo estaban. Pero, a medida que surgió la disfunción en el matrimonio, las nuevas deudas crecieron como un cáncer. Descubrió que Derek permitía que sus amigos le aportaran dinero en efectivo para sus cuentas del bar y él estaba poniendo la cuenta de toda la mesa en sus tarjetas de crédito. Jacqueline no había pedido un reembolso de su herencia, usada para cubrir sus deudas y las de él.

Cuando él vio el primer borrador del decreto que el abogado de Jacqueline había redactado con responsabi-lidades de Derek deuda de tarjetas de crédito, se produjeron mensajes de acoso mas. La atormentaba implacablemente con ame-nazas de hacerla perder la casa, perder a su hijo Charles y perderlo todo. En estos mensajes de voz amenazó con destruirla fi-nancieramente, lo cual la aterrorizó porque ella solo ganaba alrededor de $24,000 por año, muy por debajo al salario de Derek como piloto. Ella ya no tenía idea de cómo iba a sobrevivir adelante económicamente en el barrio al cual su hijo estaba acostumbrado. Con estas amenazas se vio atormentada, despertaba en la noche con fuertes calambres y ti-rones en su garganta. ¿Cómo podía amenazar su sentido de seguridad de esa manera? Quedó petrificada por la rabia de Derek y tenía miedo de hacer algo que pudiera hacerlo enojar.

Finalmente, el decreto estaba a punto de firmarse y Jacqueline esta-ba exhausta. Derek la había desgastado con su acoso. Exigió que no se escribiera nada en un documento público acerca de Derek conducir en estado de embriaguez, pues esto per-judicaría su carrera como piloto de aerolinea. Ella no quería hacer nada que lo lastimara profesionalmente ni de ninguna otra manera. A ella se le eliminó una medida cautelar del decreto antes de presentarse al juez, creyendo que, si ella se comprometía con él, él respetaría su preocupación y se apegaría a su acuerdo de abstenerse de beber y conducir con su hijo.

Ella había perdonado a Derek por lo que había hecho que los llevó a su separación, pero no tenía idea de las cosas que vendrían. Esto fue solo una gota en ella cubo del aprendizaje en el que estaba a punto de embarcarse. A medida que pasaron los siguientes años, ella enfrentaría a cosas mucho más allá de lo que jamás hubiera imaginado y se enojaría y preocuparía una y otra vez.

Procesa las etapas del duelo a medida que estés listo y no te esfuerces demasiado. La siguiente tabla puede proporcionar algunas herramientas cognitivas y conductuales para varias situaciones a medida que tomas la decisión de cuidar de ti mismo a través de tu proceso de duelo.

Tabla 3
Ejemplos de cuidado de sí mismo a través de la acción y pensamiento positivos

Evento Traumát-ico	Auto-Pensamiento Positivo	Posibles Acciones Externas
Abandono	Me niego a interpretar esto como un fracaso personal. Me convertiré en mi mejor amigo. Recordaré mis buenas cualidades de las cuales otra persona o situación se está perdiendo. Soy un buen cónyuge, socio y amigo. Dios está conmigo, por lo tanto, nunca estoy solo.	Asiste a un grupo de apoyo y/o consejería. Encuentra tu pasión, llena tu vida y ocupa tu tiempo disponible en actividades con propósito. Haz un inventario constructivo de cualquier habilidad que puedas aplicar a la próxima amistad o situación para reducir el riesgo de repetir errores pasados. Ofrécete a ayudar a otros en situaciones similares.

*Dr. Joan Weathersbee Ellason, PhD, LPC, Oasis Workshops.

Tabla 3
Ejemplos de cuidado de sí mismo a través de la acción y pensamiento positivos
(Continuación)

Evento Traumático	Auto-Pensamiento Positivo	Posibles Acciones Externas
Robo/Hurto	Me niego a ser una víctima. Lo que me pasó es culpa del ladrón, no mía. Puedo tomar medidas para aumentar mi protección. Tendré presente lo que el ladrón no pudo robarse. Reconoceré y apreciaré que todavía estoy vivo. Dios puede reemplazar todas las cosas que necesito. Estoy agradecido de que esto no le haya pasado a quienes amo y quiero proteger. Pensamiento en la eternidad: en últimas, nadie tiene el poder de quitarme nada.	Asiste a un grupo de apoyo y/o consejería. Presenta cargos. Inscríbete en un curso de defensa personal. Instala un sistema de seguridad y/o un sistema de cámaras. Ofrécete a ayudar a aquellos que han sufrido un robo (cuando estés listo). Capacítate o mejora tus habilidades profesionales para ayudar a otros sobrevivientes de delitos. Estudia para comprender mejor lo que lleva a una persona a robar.

*Dr. Joan Weathersbee Ellason, PhD, LPC, Oasis Workshops.

Tabla 3
Ejemplos de cuidado de sí mismo a través de la acción y pensamiento positivos

Evento Traumático	Auto-Pensamiento Positivo	Posibles Acciones Externas
Violación	No es mi culpa. Me niego a avergonzarme por lo que pasó. Me niego a permitir que esto me defina. No tienen el poder de mancharme de ninguna manera, forma o aspecto. Sigo siendo virgen, pura e inocente a los ojos de Dios.	Asiste a un grupo de apoyo y / o consejería. Presenta cargos. Ayuda a otras sobrevivientes de violación (después de que sanes). Capacítate para ayudar profesionalmente a sobrevivientes de violación. Estudia para aprender que lleva a alguien a convertirse en violador.
Evento Traumático	Auto-Pensamiento Positivo	Posibles Acciones Externas
Pérdida del empleo, un sueño u oportunidad de carrera	Esta no fue la única oportunidad para mí. Tengo otros talentos. Cuando una puerta se cierra, otra se abrirá. Haré una lista de los atributos que me hacen un candidato fuerte para futuras oportunidades. Haré un inventario constructivo de cualquier área en la que necesite trabajar. Revisaré las formas en las que puedo mejorar y crear un mejor resultado para la próxima oportunidad.	Haz una lista de todas tus habilidades y atributos positivos Considera esto como un ensayo de práctica, identifica cualquier error y crea una estrategia para desempeñarte mejor en el futuro. Crea un tablero con imágenes, palabras, escrituras y dibujos que representen los planes positivos que deseas poner en tu vida para superar la pérdida. Hazte cargo de la situación aprendiendo más de lo que sabías, para que puedas regresar más fuerte que antes.

*Dr. Joan Weathersbee Ellason, PhD, LPC, Oasis Workshops.

Tabla 3
Ejemplos de cuidado de sí mismo a través de la acción y pensamiento positivos
(Continuación)

Evento Traumático	Auto pensamiento Positivo	Posibles Acciones Externas
Pérdida de un ser querido	Me daré tiempo para llorar y recibir apoyo saludable. No fue mi culpa ("No hay quien tenga poder sobre el aliento de vida, como para retenerlo" - Eclesiastés 8:8). Los mantendré en mi corazón. Creo que podré verlos de nuevo algún día en el cielo. Me aferraré a los recuerdos positivos. Ayudaré a que su legado continúe. Elegiré vivir una vida plena para honrarlos, porque sé que ellos querrían que lo hiciera. Pensamiento en la eternidad: en últimas, nadie tiene el poder de arrebatarme a mi ser querido.	Asiste a un grupo de apoyo y/o consejería. Crea un ritual que honre su memoria, como un monumento o un santuario en una ubicación especial. Mantén relaciones con apoyos saludables. Comunícate con los miembros de su familia para ayudarlos también. Aumenta tu educación sobre el duelo y las formas de lidiar con él. Coloca flores frescas en su lugar conmemorativo. Suelta globos de helio para llegar a ellos y honrarlos espiritual y simbólicamente.

*Dr. Joan Weathersbee Ellason, PhD, LPC, Oasis Workshops.

Table 3
Examples of Taking Care of Yourself Through Positive Thought and Action
(Continued)

Traumatic Event	Positive Self-Thought	Possible Outward Actions
Robbery/Theft	I refuse to be a victim. What happened to me was not about me – it was about the robber. I can take action to increase my protection. I will remind myself of what the robber couldn't/didn't steal. I will acknowledge and appreciate that: I am still alive. God can replace all of the things I need. I am grateful that this did not happen to those I love and want to protect. Eternity Thinking -No one has the power to ultimately take anything from me.	Attend a support group and/or counseling. Press charges. Enroll in a self-defense course. Install a security system and/or camera system. Volunteer to help those who have experienced a robbery (when you are ready). Receive training or enhance professional skills to help other survivors of crime. Study to increase insight into what leads a person to rob or steal.

*Dr. Joan Weathersbee Ellason, PhD, LPC, Oasis Workshops.

No importa que tan buenos seamos para cuidarnos a nosotros mismos o incluso si aún no nos hemos aferrado a estos principios, a veces esta ayuda viene de arriba. Puede venir a través de personas que responden en obediencia al impulso de Dios.

El Resto de La Historia de William

¿Recuerdas a William, quien renunció a todo por su hija y su familia para verse expulsado de la casa que compró para ellos, prácticamente solo con la camisa en su espalda? Cu-ando alguien vio lo que le estaba pasando a William, el Espíritu Santo apretó el corazón de su amigo. Esto pareció agarrarse y no soltarse. El amigo no tenían un gran salario y tenían dos trabajos para poder subsistir, por lo que no era lógico que fueran el tipo de persona que interviene y ayuda. La lógica no importó. No podían quedarse quietos y no hacer nada. El amigo encontró una manera de contratar a un abogado en nombre de William. También recaudaron fondos para cubrir los gastos de mudan-za y lo ayudaron a encontrar un lugar modesto en donde vivir. William finalmente tuvo que mudarse con un amigo hasta que llegó el momento de necesitar vida asistida. Este nivel de atención fue un gasto asombroso, por lo que el amigo tuvo que idear maneras de ayudar a recaudar finanzas para él. En cada punto, cuando la hazaña financiera parecía imposible, emergieron soluciones. A medida que William envejecía y necesitaba un nivel más alto de atención de enfermería, su falta de fondos le permitió acceder a un centro de enfermería muy limpio y amable. Hasta el día de hoy, William continúa siendo bien cuidado, protegido y cuidado por los profesionales que lo rodean. De hecho, se lo cuida más eficazmente de lo que podría haber sido con su plan original de quedarse en casa con su familia.

A menudo cuando los que nos rodean nos defraudan, aún podemos contar con que Dios saldrá delante de ti con maneras inesperadas. Salmos 27:10 dice: "Aunque mi padre y mi madre me abandonen, el Señor me recibirá en sus brazos." (NVI). También, otra promesa increíble se encuentra en Isaías 46:3-4 (NVI), donde dice, "... a quienes he cargado desde el vientre, y he llevado desde la cuna. Aun en la vejez, cuando ya peinen canas, yo seré el mismo, yo los sostendré. Yo los hice, y cuidaré de ustedes; los sostendré y los libraré". No importa quién te haya abandonado, rechazado o echado del trabajo, hogar, grupo social o lo que sea, Dios no te rechaza. No estás solo.

Capítulo 5

❧

Nivel II:
El Cambio Cognitivo
(Nivel II del Perdón)

Después de haber superado gran parte del dolor, puedes empezar a considerar reemplazar muchas de las emociones dolorosas. Este capítulo te mostrará cómo llevar tu mente del pensamiento vacío o pensamientos inútiles al pensamiento de abundancia, aprendiendo a renovar tu mente con creencias y percepciones alentadoras, ordenadas por Dios. Este capítulo involucra la construcción de una lista de pensamientos, creencias y perspectivas constructivas que pueden volverse un recurso desde adentro, además de tus apoyos externos. Al principio, esto usualmente resulta difícil, pero con tiempo, podrá llegar hacerse automático. En verdad puedes llegar al punto de tener automáticamente pensamientos basados en la esperanza. Cambiar su perspectiva y conciencia de la derrota y el pensamiento inútil hacia la abundancia y la victoria es bíblico (Juan 10:10, Juan 16:33,

1 Juan 5:4, Romanos 8:31, Efesios 6:13, Josué 1:1-9, Isaías 61: 3, Jeremías 29:11, Zacarías 9:12).

Cambia Tu Pensamiento Vacío a Pensamientos de Abundancia

Los nuevos pensamientos positivos y las percepciones también deberán ser realistas y estar anclados en la verdad. Intercambiar pensamientos negativos por útiles pensamientos positivos implica aprender a dejar de lado tus antiguas creencias negativas, que a menudo no son ciertas, y alinearlas con la realidad positiva. Si te parece imposible este trabajo, seria de beneficio darte un poco más de tiempo de duelo. También podrías beneficiarte de prescripciones recomendadas por un médico competente. Recuerda tenerte paciencia. Todos sanan a diferentes ritmos y necesitan diferentes recursos.

Pasar del pensamiento negativo al positivo no es lo mismo que ser crédulo o ingenuo. Aun estás firmemente plantado/a en la realidad. El hecho de que la persona haya hecho daño no se niega. Puedes capacitarte para obtener mayor conocimiento y moverte más allá de las circunstancias inmediatas. Puedes aprender a aferrarte a la restauración de tu mente, alma y espíritu mientras mantienes tu comprensión de la realidad. Un ejemplo específico de este cambio de pensamiento es, por ejemplo, "Sí, esa persona en realidad me golpeó", "Sí, es probable que esa persona tiene graves problemas no relacionados conmigo" y "No, me niego a ser su víctima". Entonces, es cierto que lo que la persona hizo está mal, es injusto y no debió haberte pasado a ti. También es cierto que su acción no se trata de ti, sino de muchas otras cosas posibles, como su pasado, su interpretación de la situación o una antigua némesis a la cual les recuerdas, y su propio lista de acciones elegido individualmente. También es cierto que no tienen que controlar ni un poco tu vida emocional. Alternativamente, podrías haber contribuido al resultado, pero no eres la causa de todo. No tienes el poder de causar las acciones de esa persona. Ellos eligen sus acciones, no tú.

Después de practicar este nuevo método de pensamiento y de percibir la realidad, tus nuevos pensamientos y creencias se convierten en un poderoso arsenal de defensa y protección que te brinda resiliencia y te recupera. Este proceso a veces supone un ajuste.

¿Por Qué a Veces Quedamos Atrapados en Una Mentalidad Negativa?

Hay muchas razones por las que podemos optar por mantener una mentalidad negativa. Una de las recompensas de las creencias y percepciones negativas es mantener la sensación de poder. Este, sin embargo, es un poder falso.

Para algunos, estar triste e indefenso les ayudó en el pasado. Tal vez alguien te rescató de ese malvado acosador. Posiblemente, ha sido una forma indirecta para que recibas amor y protección. Tal vez una mentalidad negativa te ha servido de protección cuando tomaste la decisión hace mucho tiempo de no confiar en nadie debido a las decepciones. La creencia de que tienes que hacerlo todo por tu cuenta parece independiente y noble, pero puede hacerte sentir solo/a.

Hay partes de estas creencias que tienen algo de verdad, pero no son totalmente ciertas. Primero, las personas son humanas y, a veces te decepcionarán. Es bueno ser independiente y no necesitar ayuda, pero también es bueno permitir algo de ayuda cuando sea apropiado. Equilibrar estas creencias es importante. Cuando vivimos demasiado en lo negativo, en realidad nos robamos el verdadero poder.

Para tener una idea de este nivel de perdón, te animo a que primero comiences los ejercicios de este y los siguientes capítulos con ejemplos moderados de frustración y tareas moderadas de perdón. Entonces, comencemos con algunos ejemplos.

Comencemos de Manera Ligera

Aquí hay un ejemplo de cambio de una mentalidad negativa a una positiva. Así lidié con una frustración que experimenté recientemente. A principios de este año ordené una película recién estrenada para mi hermana. Estaba orgullosa de que mi falta de mi conocimiento técnica esfuerzo logró hacer que la enviaran a su casa en lugar de a mi dirección habitual. La actualización indicaba que llegaría el próximo domingo en la noche, por lo que le pedí que la esperara por correo.

Cuando no llegó al tiempo de determinado, de esta conocida empresa de mensajería, comencé con pensamientos negativos. Me di cuenta que una posible suposición negativa que observé, es que la persona que se tenía que realizar la entrega debía ser torpe o idiota. También podría asumir que el repartidor era un vago o simplemente un perdedor en general. Ahora, con esta percepción cognitiva, podría sentarme superior y regodearme con orgullo, pero solo estaría envenenándome con sustancias químicas tóxicas asociadas al pensamiento negativo.

Mi primera interpretación fue imaginar al repartidor como un individuo incompetente. ¿Por qué? No lo sé, ya que ni siquiera conocía a esa persona. El hecho es que no tenía ni idea de lo que había pasado. ¿Falló la comunicación y el individuo no recibió la información necesaria acerca de la entrega pendiente? ¿El repartidor se enfermó? ¿Recuerdas la conclusión-ilusión mencionada en el capítulo 2? Estuve tentada a caer en ese mito, pero elegí reemplazar ese pensamiento con mejores percepciones. Cuando asumimos que la otra persona es un idiota, tenemos una falsa sensación de poder, pero ¿Qué tan poderosos somos realmente cuando operamos bajo pensamientos delirantes y llenamos nuestro cuerpo con un exceso de cortisol?

Otra mentalidad cognitiva negativa en la que podemos caer es creer que todo es culpa nuestra y que no podemos hacer nada bien. Por ejemplo, podría haberme reprendido por no ordenarla correctamente y tener muchos pensamientos de autodesprecio. Si te inclinas a ir en esta dirección, la recompensa subyacente de esta forma de pensar puede ser reforzar una autopercepción negativa. Es posible que eso te haya funcionado en el pasado, pero ahora no te es de ayuda. Esta pudo haber sido una forma en la que lograste mantener la paz en tu hogar, mientras crecías, o la forma de apaciguar a un individuo condescendiente. La creencia de que todo es tu culpa o de que no puedes hacer nada bien, es una mentira. Simple y llanamente. A menos que tengas superpoderes para hacer que los demás hagan lo que quieres, las decisiones externas de los demás no pueden ser tu culpa. Recuerda que cada individuo elige sus propias acciones por libre albedrío y que ni tú ni yo podemos controlarlas; porque ni tú ni yo somos Dios, y dale gracias a Dios por eso.

Situaciones Difíciles

A menudo nuestras circunstancias son mucho más serias que el no recibir un simple paquete. A menudo la vida trae cambios inesperados. Algunos eventos desafían toda lógica y expectativa.

Derek y Jacqueline

El divorcio fue definitivo, pero hubo amargura entre Derek y Jacqueline. Jacqueline aún no perdonaba a Derek por sus mensajes de acoso durante la separación. Derek le había cedido custodia exclusiva porque ella le informó que todos sus comportamientos relacionados con el alcohol saldrían a la luz si el caso llegaba a los tribunales. Él también estaba resentido con Jacqueline porque cuando ella presentó la última declaración de impuestos de casados, no le había dado la mitad del reembolso. Jacqueline había pasado días sumando y contando cada recibo que pensó que podría aplicarse en preparación para sus impuestos. Derek aparecía mientras ella trabajaba en la declaración de impuestos, diciendo que contribuiría trayendo recibos deducibles que podrían ayudarlos, pero nunca cumplió. Sólo mostró interés casual y no se esforzó en el tedioso trabajo de buscar en sus propios registros financieros. Jacqueline, sin embargo, pasó horas y días buscando recibos, organizando y tabulando todo lo que posiblemente podría clasificarse como deducción, y llenó los formularios para que se archivaran. Cuando se enteró de que de hecho obtuvieron un reembolso, porque ella respondió honestamente cuando él preguntó, de repente tuvo un interés intenso al respecto. Derek de repente se llenó de motivación, exigiendo su mitad. A ella le sorprendió la falta de esfuerzo de Derek para ayudar con el arduo trabajo que requirió obtener un reembolso, en contraste con su esfuerzo por sacar provecho del resultado. Jacqueline tenía miedo de entregarle la mitad porque era la primera vez que recordaba haber recibido un reembolso y no estaba segura de sí se había hecho de manera correcta. Jacqueline sabía que, si le daba el dinero y tenía que devolverlo a causa de un error, no podría recuperarlo de sus manos. Ella mantuvo su posición y todo estuvo en paz por un tiempo después de esto. Jacqueline comenzó a intentar dejar a un lado su enojo con Derek, pero lo que estaba a punto de ocurrir dejo ver que el enojo de Derek hacia ella no había terminado.

Pasó el tiempo. Jacqueline tenía al menos dos trabajos para poder llegar a fin de mes y Derek tenía un patrón estándar de tiempo con su hijo Charles. Derek no se comunicaba con Jacqueline directamente, pero cuando él y su nueva esposa (a quien llamaré Lucy) querían hacer un cambio en el horario padre-hijo, le enviaban esa información a través del niño, en lugar de discutirlo con Jacqueline. Pronto, Jacqueline comenzó a notar que surgía un creciente patrón de falta de respeto por parte de su hijo. Jacqueline aún no lo sabía, pero Derek y Lucy estaban intentando hacer que Charles quisiera vivir con ellos a tiempo completo. Esto se hizo evidente a medida que se desarrollaban los eventos.

Un día encontró un sobre certificado en la cocina. Charles había abierto la puerta y firmado la entrega mientras Jacqueline estaba ocupada. Charles se quedó junto a él, mirándola *nerviosamente abrirlo. Al ver que era de un abogado, ella pensó que podría ser una solicitud profesional para testificar en nombre de alguien. Cuando lo abrió, vio una declaración jurada de un abogado, firmada por su hijo, que decía que quería que Derek tuviera la custodia exclusiva.*

El documento contenía jerga legal que, estaba segura, un niño de 12 años no podría entender. Jacqueline también se enteró más tarde de que fue Lucy quien llevó a Charles a la oficina del abogado para firmar la declaración, sin la presencia de Derek ni Jacqueline. Además, Derek y Lucy conocían el horario de Charles - los días que estaba con mamá y los días que estaba con papá. ¿Por qué permitieron que la carta se entregara un día en que el niño estaría allí con su madre, para lidiar con cualquier reacción que ella tuviera? ¿Qué estaban pensando? o ¿No estaban pensando? Si Jacqueline era la pesadilla que Derek había retratado, ¿No Derek and Lucy habría estado poniendo deliberadamente a un niño de 12 años en una posición difícil para lidiar con las consecuencias por sí mismo? Charles miró a su madre con preocupación, intentando leer sus emociones. Jacqueline no estaba enojada con Charles, ella sabía que había sido manipulado. Jacqueline se excusó para llamar a una amiga; ella estaba devastada.

¿Por qué quería Derek alejar a Charles de Jacqueline? ¿Y cómo pudo Lucy, que era madre - sí misma, hacer algo tan clandestino y tortuoso contra otra madre? Esto parecía imperdonable. Para superar esto, Jacqueline tuvo que aprender a cambiar sus pensamientos, percepciones e interpretaciones de esta situación. Ella necesitaba hacer ese cambio cognitivo en su mente.

Haciendo el Cambio Cognitivo

Los pensamientos cognitivos (creencias, percepciones e interpretaciones) que invito a que considere aquí en este capítulo son más empoderadores que los negativos. Hay muchos pensamientos cognitivos alternativos para elegir, todos basados en la realidad.

Esta no es una estrategia de mente débil, de flotar en una nube sin estar en contacto con la gravedad de lo que está ocurriendo. Estas nuevas alternativas cognitivas no lo alejan de las opciones (a menudo necesarias) para cuidarte o protegerte a ti mismo y a tus seres queridos. La siguiente sección describe algunas de las cogniciones alternativas. Esta sección también te invita a trascender el presente aquí y ahora, al aprender cómo ver los eventos en varios niveles y a través de los ojos de Dios.

El hecho de que este proceso de reentrenamiento cognitivo tome tiempo y práctica está respaldado por hallazgos científicos. Aprender a practicar nuevos pensamientos y percepciones a través de la repetición cambia nuestros patrones de pensamiento habituales, según ha mostrado repetidamente la investigación cognitiva. Los neurocientíficos han verificado sustancialmente que, cuando repites una nueva percepción o forma de pensar una y otra vez, fortaleces esas conexiones neuronales particulares de ese nuevo patrón de pensamiento dentro del cerebro. Los procesos de pensamiento más antiguos se debilitan cuando dejas de pensar en ellos y los reemplazas con nuevos pensamientos más saludables.

Dios ya sabía que podíamos cambiar nuestro cerebro; lo supo antes que la ciencia. Por eso Dios nos pide que tengamos pensamientos saludables, porque (1) él sabe que podemos, y (2) él sabe que es sanador hacerlo. Pero si recurres a los antiguos pensamientos negativos, estos se fortalecen a medida que vuelves a pensar en ellos. Dios preparó nuestros cerebros con la capacidad de sanar, y nosotros decidimos en qué dirección ir a través de lo que elegimos vivir en nuestras mentes: mentiras destructivas o hechos sanadores.

Filipenses 4:8 (NVI)

"Por último, hermanos, consideren bien todo lo verdadero, todo lo respetable, todo lo justo, todo lo puro, todo lo amable, todo lo digno de admiración, en fin, todo lo que sea excelente o merezca elogio".

Permisos Para Otros

Como ya se mencionó, Dios concede libre albedrío. Esta es una de las respuestas a la pregunta de por qué a veces ocurren cosas malas en la tierra. Si incluso Dios no es un controlador compulsivo, ¿Por qué culparnos por lo que hizo la otra persona? Y ¿Por qué Dios no hace que se detengan? Francamente, Dios no considera amoroso forzar a una persona a elegir el comportamiento correcto. Él quiere que elijamos lo que es correcto y a veces no lo hacemos. Si otra persona te hace daño, no es tu culpa. No puedes controlar a esa persona ya que ni siquiera Dios impone el control a la fuerza.

Este permiso, por lo tanto, es una liberación. Liberamos a esa persona para que tenga razón donde sea que se estén en su propio proceso de crecimiento (o falta de éste). Dios les ha dado la libertad de elegir si crecer, progresar, retroceder, quedar estancados o enfermos, o recuperarse. Ser capaz de dar permiso a otros para que tomen sus propias decisiones puede brindarte libertad y es un sello distintivo de una buena salud mental.

Cuando decidimos otorgar este tipo de permisos a otros, nos libera. Lucas 6:28 dice que bendigamos a los que nos maldicen y que oremos por los que nos maltratan. Los ejercicios que aparecen más adelante pueden ayudarte a obtener una comprensión más profunda de por qué Dios quiere que oremos por los que nos lastiman. Francamente, es porque lo necesitan terriblemente.

Como se mencionó anteriormente, este tipo de permiso no es lo mismo que condonar ese comportamiento negativo. Tampoco niega la necesidad de enfrentarse al mal en ocasiones. A menudo, mientras estas simultáneamente en un estado de perdón, aún puedes levantar la mano para decir que no, sacar al niño de esa situación, llamar a la policía o cerrar la puerta. Por consiguiente, esta forma de permiso no significa permisividad. Las siguientes secciones describen tipos más específicos de permisos que se otorgan a otros, así como a nosotros mismos.

Los permisos que podemos conceder a otros nos empoderan y liberan para continuar poniendo nuestra energía en nuestro propio destino, en lugar de desperdiciarla en el perpetrador. La tarea cognitiva en este tipo de permiso es un reconocimiento de que nadie es perfecto, la gente está en un proceso y que este es el planeta Tierra, lugar donde las cosas no son perfectas. La persona que ha iniciado la ofensa no está eximida de consecuencias naturales. Es solo que la carga de imponer esas consecuencias no necesariamente tiene que recaer sobre tus hombros, drenando tu propio tiempo y energía.

Recuerda, en un capítulo anterior se discutió que, si estamos renunciando a nuestro propio derecho de venganza, eso no significa que Dios de repente cancele la consecuencia natural que les toca. Las consecuencias son lecciones poderosas que ayudan a las personas a crecer. Este permiso es para nuestro propio beneficio, no el de ellos. Entonces no estás respaldando su comportamiento incorrecto, solo te estás librando de tener que ser el único que haga el trabajo de componerlas.

Los intentos indirectos de componer a esas personas (o la situación) vienen en formas de pensar incesantemente en ellos, enfurecerse por lo ocurrido, obsesionarse y preocuparse, lo que a menudo puede llevar a una letanía de problemas médicos y emocionales que pueden robarte la felicidad. Repitiendo lo que dije antes: esta ira, que es energía diseñada para *reparar* la situación o la persona, se desplaza hacia afuera (explosiva) o se vuelve hacia adentro, reprimida (implosiva). Esto no solo nos puede afectar a nosotros mismos, sino también a nuestros seres queridos, mientras que la persona no tiene ni idea y no se ve afectada por nuestro dolor.

Cuando le das permiso a otros para permanecer enfermos, ignorantes, egoístas o, en otras palabras, impedidos, haces esto al reemplazar tus pensamientos negativos sobre ellos con pensamientos que te liberan de tener que componerlos. Tus pensamientos de reemplazo pueden ser interpretaciones como "me niego a asumir la tarea de arreglarlos, porque probablemente tengan el alma herida o algo realmente terrible les haya sucedido que los lleve a comportarse de esta manera". Los ejercicios que siguen más adelante pueden mostrarte más acerca de cómo realizar este cambio y moverse hacia una perspectiva para liberar.

Arreglar o no arreglar es una decisión caso por caso. Puede haber ocasiones en las que intentar componer o arreglar a otra persona esté motivado por los esfuerzos para proteger a un ser querido. Este libro no está diseñado para guiarte sobre si tomar una posición o no, ni las estrategias a utilizar para lograr un resultado deseado. Incluso si has invertido energías para intentar arreglar una situación y fue difícil, recuerda que nada se desperdicia y Dios tiene una manera de tomar nuestro esfuerzo y cambiar nuestras situaciones nuevamente. Lo siguiente involucra una de esas historias, un esfuerzo por arreglar una situación.

Derek y Jacqueline

Jacqueline le dijo a Derek que quería tener una mediación y discutir los asuntos con alguien imparcial. Cuando se sentaron por primera vez en la reunión de mediación, Derek les dijo a los abogados que cuando Jacqueline había presentado su impuesto sobre la renta, no le había dado su mitad por Derek, que era menos de medio mes de salario), entonces Derek quería que Charles se mudara con él, para que a cambio Jacqueline tuviera que pagarle la pensión manutención de los hijos. Realmente, ¿Se trataba acerca de la custodia o del dinero?

Esto fue un shock. Mediaron y terminaron con el mismo arreglo de 50% de tiempo padres-hijos que Jacqueline ya habían estado aplicando más allá del tiempo estándar de Derek, excepto que esta vez, Jacqueline pidió que la medida cautelar se volviera a incluir en el nuevo decreto modificado. Ella se había enterado de que el acuerdo verbal anterior sobre esto no había funcionado y esperaba que esto asegurara que Derek se abstuviera de beber y conducir con su hijo. Estaba redactado de tal manera que no revelaba que Derek era el tema de esa orden judicial para proteger su reputación.

Mediaron durante todo el día y también quedó claro que Lucy no quería que Jacqueline recibiera más manutención infantil por parte de Derek. ¿Se trataba de esto después de todo? ¿Pasaron a Charles a través de una dinámica de división con su madre, solo por el dinero? Era irónico porque su hogar tenía dos ingresos de adultos separados, además Lucy estaba recibiendo manutención de los dos hijos de su exmarido, sin embargo, Jacqueline tenía dos empleos para tratar de cubrir los gastos.

Durante este extenso período de drama, Charles comenzó a ser cada vez más irrespetuoso con su madre al regresar de la casa de su padre. A medida que esto escalaba, Jacqueline, queriendo que Charles recordara el tipo de persona que realmente el era, le dijo en medio de una de el diatribas: "Sigues siendo buena persona a pesar de estar actuando así". Charles respondió con lágrimas en los ojos y dijo: "¿Cómo puedo ser cuando actúo de esta manera?" Jacqueline sabía que la animosidad de Derek hacia ella se canalizaba a través de su hijo, y lo estaba impactando de forma tóxica en muchos niveles. Aparte de orar por él, Jacqueline mantuvo a Charles conectado con la iglesia, con asesoramiento y otros apoyos saludables para ayudarlo a aliviar esa presión. A menudo se disculpaba con su madre por su comportamiento, pero aún le estaba pasando factura pues no se perdonaba a sí mismo y no quería lastimar a su padre ni a su madre.

Un niño naturalmente ama y necesita a ambos padres, pero cuando existe una actitud de desprecio hacia el padre o madre, el niño/a se ubica en una posición de pérdida emocional. El niño o la niña necesita amor, aceptación y aprobación por parte de ambos padres, entonces cuando uno de ellos promueve una cultura anti-mamá o anti-papá, el joven de cualquier edad puede sentirse como dividido en dos. Debido a la necesidad del niño de ser aceptado por sus padres, el ridículo exterior o la crítica abierta en contra del padre o madre *crea una atmósfera implícita de "presión de grupo" para que el niño también rechace al padre/madre. Esta no es solo la simple presión de grupo que puede suceder en la escuela. Es presión de grupo que proviene de un progenitor cuya aprobación y apego son cruciales para la supervivencia emocional, la seguridad, el desarrollo y (a nivel subconsciente) la vida. A nivel de supervivencia inconsciente, particularmente durante la niñez, estamos biológicamente programados para necesitar el apego y la aprobación de nuestros padres. El rechazo percibido por parte de cualquiera de los padres golpea el núcleo de la existencia del niño. Como este apego está profundamente arraigado en la fibra más íntima de nuestro ser, el rechazo (externo o incluso tácito) de un progenitor hacia el otro puede llevar al niño a sentir que una parte de sí mismo, en su núcleo básico, esta fundamentalmente incorrecta o defectuosa. No sorprende que Charles saliera de esta situación etiquetándose a sí mismo como un "niño problemático" y "la oveja negra" de la familia.*

Jacqueline se preguntaba por qué Derek and Lucy harían pasar a Charles por esto. La infancia de Derek fue prácticamente un secreto. Más tarde supo que Derek tenía resentimiento hacia su propia madre. Derek se había separado de su propia madre durante la edad adulta, pero Jacqueline se enteró de que quizá ya existía una dinámica de división cuando Derek era joven. Durante el matrimonio, Jacqueline intentó sin resultado que Derek llamara a su madre. La madre de Derek murió, todavía desconcertada, sin saber qué fue eso tan terrible que hizo que él se separara de ella. Su madre llamaba llorando y le rogaba a Derek que la llamara, pero aun así él no lo hacía. Derek nunca dio una razón, excepto que ella era "controladora". Este era un término común el cual Derek usaba a menudo para describir a cualquier persona con la que tuviera una pelea o desacuerdo. Había otros misterios en ese sistema familiar que nunca se habían explicado por completo. El punto es que Derek había aprendido a desconfiar mucho antes de que llegara Jacqueline. Derek tenía la tendencia de poner a las personas en una de dos categorías: todas buenas o todas malas. Si eras una de las personas que veía como "buenas", recibías su calidez y carisma. Si te colocaba en la categoría "malo", te rechazaba y despreciaba. En su posición contra el comportamiento de Derek, Jacqueline se había movido de la categoría buena a la mala, y como su propia madre, él parecía querer que Charles también excluyera a Jacqueline.

¿Por qué los personajes de esta historia actuarían así? Las personas que lastiman a otras operan a partir de un alma herida. En casos en los que no puedas persuadir a la otra persona para que cambie, puedes hacerte cargo de los aspectos de la situación que están bajo tu control y responsabilidad. Luego le entregas el resto a Dios.

Para problemas menos graves, se puede usar el humor para disipar una situación desagradable. Lo he usado a veces en mi pensamiento privado. Dependiendo de la situación, puede usarse externamente para disipar desacuerdos. El permiso cognitivo de "te doy permiso para equivocarte" se puede usar de forma privada en tus pensamientos o, a veces, exteriormente a manera de broma. En muchas situaciones el uso del humor puede necesitar permanecer en el silencio de tu propia mente. En una relación en la que se me permitiera usar esta estrategia exteriormente, diría: "Te amo lo suficiente como para permitir que estés equivocado/a", y luego sonreiría un poco.

Y ¿Los Permisos Para Ti Mismo/a?

Quítate esa carga. No tienes que hacer que todos vean las cosas igual que tú. Puedes considerarte igual de valorado, exitoso y correcto incluso si no están de acuerdo o no lo ven de esa manera. ¿Cuántas personas conoces que no estén de acuerdo con Dios? Y él aun es el Señor del universo... ¿Eso lo hace de menor valor o valor? No. El que alguien rechace su opinión, ¿hace que no esté en lo correcto? ¡Absolutamente no!

También date un descanso. Es importante darse la gracia de aprender de los errores y darse permiso para no haber manejado una situación a la perfección. Frecuentemente toma varios intentos el dominar una tarea, y la práctica aumentará tus posibilidades de tener éxito en el futuro. En lugar de perder el tiempo autocriticándote, llena el espacio cognitivo de tu mente con pensamientos de lo que hiciste que estuvo bien y las áreas que cambiarán en el futuro. Esta forma de autoevaluación conlleva aceptación.

La película de ficción "Twister" (director Jan de Bont, 1996, Warner Bros., Universal Pictures) muestra científicos que intentan crear sensores que pueden enviarse al interior de un tornado y medir la dinámica de la velocidad y predecir sus patrones. Crearon una herramienta a la que llamaron Dorothy. En cada tornado que encontraban, Dorothy era destruida o levantada y arrojada al suelo, con los sensores y todo esparcido por todo el camino. Desperdiciándolo todo. Con cada falla, identificaron lo que hacía falta y pudieron plantear una nueva estrategia que los acercó poco a poco a su objetivo. Una estrategia era anclar a Dorothy para permitir que el tornado se llevara los sensores únicamente. La siguiente falla les mostró que los sensores debían estar hechos de aluminio porque el material original no era del tipo correcto.

¿Ficción? Si. ¿Metáfora útil? Definitivamente. No te dejes atascar por la pesadez de tus fallas/equivocaciones. Utiliza esas equivocaciones como ladrillos para el éxito. No pierdas tiempo castigándote a ti mismo. La Dra. Judith Wilkins PhD, LMFT, LPC afirma que la única culpa que un cristiano necesita sentir dura solo unos minutos; lo suficiente para disculparse y enmendarse, sin causar daño. [xxx] Identifica tu error sin avergonzarte. Sigue regresando al camino y no te rinda. Los consejeros de adicciones con los que he trabajado han dicho en consenso que se necesitan más de uno y, a menudo, más de varios períodos de tratamiento para que una persona supere su adicción. Cualquiera sea el área de crecimiento en la que te esfuerces, elige darte gracia y permiso para intentarlo una y otra vez.

"Nunca he visto a una persona fuerte

con un pasado fácil."

Jay Shetty

¿Como Envío el Auto-perdón de Mi Cabeza a Mi Corazón?

Además de algunos de los ejercicios descritos en el siguiente capítulo, aquí hay algunas claves básicas que pueden serte útiles:

1 Concédete permisos adecuados. Date permiso para las imperfecciones. Esta no es una licencia para obrar mal deliberadamente. Solo reconoce el hecho de que eres humano y Jesús ya sabía que te equivocarías. Sino no se habría tomado la molestia de morir por ti. Dios sabe que estás en un proceso.

2 Conoce a Dios. Reconoce a Dios como realmente es: un Dios amoroso. Si lo percibes como punitivo, severo o condenatorio como algunas de las personas que has conocido, no tienes una imagen real de Dios. ¿Lo conoces realmente? ¿Tienes una imagen precisa de la personalidad de Dios? Jesús dijo en Juan 14: 9 que el que ha visto a Jesús, ha visto al Padre. Lee el Nuevo Testamento para seguir las enseñanzas y acciones de Jesús; para aprender cómo piensa realmente y como demuestra el perdón el creador.

3 Se consciente del pensamiento-vida dentro de tu cabeza. Sintonízate con tus pensamientos. ¿Te juzgas o castigas a ti mismo/a? ¿Deseas asustarte? Se consciente de esto y haz los cambios necesarios en tu percepción.

4 Desarrolla una conexión relacional precisa con Dios. Empieza a verte a ti mismo como el niño que Dios está criando y al cual ama sin condición. Luego

comienza a recordarte una y otra vez lo precioso/a que eres en verdad (sí, lo eres). Piensa en una persona por la que hayas tenido tanta compasión, como uno de tus propios hijos o familiares, a quien perdonaste de buena gana y sin remordimientos. Nota el amor y la misericordia que sientes hacia él/ella. Esta es solo una pequeña fracción del abundante amor que Dios tiene por ti, incluso si no eres consciente de ello. Empieza a verte como aquel niño/a en tu interior. La única razón por la que hiciste algo mal fue porque tenías heridas que aún no habían sanado, o porque estabas equivocado/a. Permítete estar en un proceso de crecimiento en el cual Dios está trabajando contigo.

5   Desarrolla una conexión relacional precisa contigo mismo. Toma la decisión de tener una relación parental positiva contigo mismo. Esto se hace al brindarte deliberadamente (en la privacidad de tu mente y en voz alta) pensamientos amorosos basados en la realidad. A menudo nos juzgamos internamente a nosotros mismos como alguien que pudiera habernos criado o influido. Si tuviste un padre o maestro punitivo, es probable que te estés dando el mismo maltrato con el que creciste. Por otro lado, puedes ser duro/a contigo mismo para compensar un padre o madre permisiva. De cualquier manera, comienza a ver a ese niño tierno, dulce e inocente que una vez fuiste (y todavía eres por dentro) y permite que Dios te ayude a crecer. Deja de abusar de ti emocionalmente y decide tratarte con amor; establece límites apropiados y se paciente.

6   Usa la autogestión apropiadamente. Así como la crianza puede considerarse abusiva o muy indulgente, la crianza excesivamente permisiva puede considerarse negligente. Contrólate de manera adecuada mediante el establecimiento constructivo de límites, el aprendizaje y los consejos

sabios. Cuando cometas un error, revisa de manera constructiva los comportamientos a cambiar, enmiéndate y procede con nuevas elecciones constructivas.

7   <u>Reconoce que la factura ya está pagada en su totalidad.</u> Finalmente, deje de intentar pagar la deuda que Jesús ya eliminó. Rumiar una y otra vez, decirnos mentiras auto-punitivas en nuestras mentes, pensar que somos malos y auto-avergonzarnos es una inútil pérdida de tiempo. Tu propósito es demasiado valioso para desperdiciarlo.

Entonces, imagina que eres extremadamente rico/a y que alguien a quien amas profundamente ha estado luchando durante años con una deuda insuperable. Mantuvo a esta persona atada e incapaz de avanzar productivamente en su vida. Tienes tal cantidad de fondos, que solo restaría una pequeña fracción de tu cuenta bancaria el eliminar por completo todas sus deudas, dándole un nuevo comienzo. Imagina que pagas *toda* la deuda y llevas todos los saldos a cero. Imagina el júbilo y la emoción que sientes al poder hacer eso: liberarlos por completo para que puedan concentrarse en su propósito y vivir su vida sin esa carga. ¡Es de mucha alegría para ti poder hacer eso por ellos! Ahora míralos gastar toda su energía a medida que comienzan a pagar todo el dinero que tanto les ha costado ganar en esas cuentas, aunque hayan pagado la totalidad. El dinero que continúan poniendo en esas cuentas no crea un nuevo crédito en esas cuentas; ese dinero se desperdicia y no se usa en nada. ¿Qué tan frustrante puede ser esto para Jesús, quien dio todo lo que tenía para liberarnos, si todavía llevamos la culpa sobre nuestras espaldas?

Dios tiene una abundancia de misericordia, gracia y compasión por nosotros. Él quiere que aceptes y recibas su perdón para que te conviertas en una vasija desbordante por la que él pueda moverse a medida que te elevas a tu propósito aquí en la tierra. Tu desborde puede derramar bien a los demás. Debes permitir el *auto-perdón* para que tu energía pueda extender el perdón a los demás. Esto hace que el auto-perdón sea un acto _no_ _egoísta_. El auto-perdón no es solo para ti; también es para otros y para que Dios fluya completamente a través de ti ilimitadamente y sin inhibiciones.

Reentrenando Tu Pensamiento

Entrénate para notar lo que estás pensando en un momento determinado. ¿Qué te estás diciendo acerca de la situación o de las acciones de esa persona? ¿Qué te estás diciendo sobre ti mismo/a? Continuamente sacamos conclusiones y hacemos interpretaciones acerca de situaciones. Pero a menudo no somos conscientes de ello. A menudo estas conclusiones provienen de nuestras suposiciones no comprobadas, así que no te juzgue a ti mismo con tanta dureza. Solo comienza a sintonizarte con lo que estás pensando para que puedas examinar esos pensamientos.

Si alguien te lastima, ¿Qué piensas sobre esa persona, sobre la situación o sobre ti mismo? Si otra persona no está de acuerdo contigo, ¿lo interpretas como un rechazo personal hacia ti? ¿Piensas que eres estúpido/a o que no le agradas? Estas percepciones no son útiles para ti, ni para ellos.

¿Qué pasa si una alta autoridad rechaza tu opinión? ¿Esperamos que los tribunales siempre tengan la razón? Por el contrario, vemos a gente inocentes ser condenada erróneamente en los tribunales porque el juez no puede saber cuándo alguien está mintiendo en el estrado bajo juramento, y el juez es completamente ciego a la evidencia si se retiene de manera poco ética. A menudo los tres elementos de moralidad, ética y asuntos legales pueden chocar cuando deberían coincidir. Los ojos del juez y del jurado tanto en el tribunal penal como en el tribunal civil, son simples ojos humanos y tienen limitaciones. No siempre puedes contar con ellos como vindicadores. Incluso si una figura de autoridad falla en tu caso, no asumas que esta entidad tiene poder sobre tu destino final. Solo Dios tiene ese poder.

"Cualquier rechazo es solo redirección"

Jay Shetty[xxxi]

Creo que cuando aprendes a ver las barreras o las puertas cerradas como la redirección de Dios e incluso a veces como tu protección, tus emociones pueden cambiar fácilmente. A esto se le llama "reencuadre cognitivo" y se discutirá más adelante. Cambias el marco con el que ves la situación. Replantear para perdonar un rechazo, por ejemplo, podría suponer la idea de que ser aceptado por esa persona, trabajo, banco, autoridad, etc., puede haberte obstaculizado con una relación, entorno de trabajo o préstamo que te habría alejado de una mejor oportunidad. La verdad es que, con algunas puertas cerradas, quizá hayas esquivado una bala.

Empieza a notar tus interpretaciones en tu mente para cada situación que encuentres. ¿Qué pasa si en verdad no le agradas a esa persona? ¿Quién les dio autoridad sobre tu vida y valor? ¿Y si son más educados que tú? Cada persona tiene sus propios dones y talentos. No necesitas tener los mismos que ellos tienen para ser valioso/a.

Explora más opciones más allá de tus autopercepciones habituales. Sentir algo (que seas tonto, feo, malo) no significa que sea cierto. Incluso si otra persona cree algo negativo sobre ti, eso tampoco significa que sea así. Que esa persona te haya lastimado o explotado no te convierte en un tonto.

Los primeros momentos después del nacimiento de mi hijo, después de nueve meses del oasis protector del vientre (mimado y envuelto en un capullo de seguridad, escuchando una orquesta de latidos rítmicos y el sonido ahogado de mi voz cantando), una enfermera agresiva ¡lo quitó abruptamente de mi pecho! Nunca olvidaré la expresión de su rostro cuando ella lo giró para mirarla. Era como si estuviera pensando: "¿Quién eres? ¿De qué planeta vienes?" Fue una mirada interesante que implicaba que parecía suponer que algo andaba mal con ella, no con él. Me pregunto si desde el principio contamos con esta sabiduría, antes de que la vida, el entorno y la socialización nos lleven en la dirección equivocada de errar hacia la auto-culpa.

La respuesta inmediata de mi hijo recién nacido pareció ser la conciencia, después del shock inicial, de que algo andaba mal con esa persona. Más allá de esos primeros segundos de introducción al mundo exterior, los bebés internalizan su sentido de autoconciencia y valor a partir de los reflejos que los demás les reflejan. Aun así, en ese momento inicial, parecía ser una evaluación correcta que algo andaba mal con ella, no con él. Todos necesitamos saber que, lo que otras personas te hacen no se trata de ti sino de ellos.

Lo que otras personas te hacen <u>NO</u> se trata de ti, se trata de ELLOS.

Sin importar lo que aprendimos al crecer y cualquier impacto que podamos haber tenido en otros, todos podemos y tenemos la responsabilidad de reentrenar nuestro pensamiento. Las siguientes tablas están diseñadas para ayudarte en ese proceso. La primera tabla tiene ejemplos de situaciones seguidas de una percepción negativa en la primera columna y algunas cogniciones positivas sugeridas en la segunda columna. Escoge creencias alternativas basadas en la realidad para tu situación y siéntete libre de inventar algunas propias. Desde que sean constructivas y positivas, pueden transformar tu dolor en sanación. Echa un vistazo a algunos ejemplos de cambios que puedes hacer en tu perspectiva y vida mental.

Tabla 4
Situaciones para Formas Alternativas de Pensar

A. Audicionaste para un trabajo o te entrevistaron para un puesto profesional y no te eligieron.

Pensamientos Negativos	Pensamientos basados en la esperanza
Soy un perdedor, un fracasado, etc.	Tengo buenas habilidades para ofrecer.
Son tontos o estúpidos por haberme rechazado.	Quizá están buscando un tipo diferente de persona.
Nunca me van a elegir.	Hay un cargo adecuado para mí y lo encontraré.
Esa gente no es lo suficientemente buena para mí.	Esta posición no era para mí y sé que hay algo que se ajustará mejor a mí.
No hay esperanza.	Dios tiene un plan para mi
Me doy por vencido/a	Confío en Dios; Elegiré creer en mí mismo y seguiré buscando.

*Dr. Joan Weathersbee Ellason, PhD, LPC, Oasis Workshops.

Tabla 4
Situaciones para Formas Alternativas de Pensar
(Continuación)

B. Te ha explotado alguien en quien confiabas

Pensamientos Negativos	Pensamientos basados en la esperanza
¿Cómo pude ser así de estúpido/a?	Esto no es mi culpa. No le pedí a esa persona que me robara.
¡Que tonto/a fui al confiar en él/ella!	Cuando les di la confianza/beneficio de la duda, les ofrecí una oportunidad preciosa que manejaron terriblemente.
Me lo han quitado todo.	No pudieron quitarme mi vida, mi salud, mis seres queridos, mi dignidad ni mi destino.
Esas personas que me robaron son malas y merecen que les sobrevenga una calamidad horrible.	Algo les debe haber pasado que les hizo hacer esto, aunque no es excusa. Qué triste existencia deben tener.
Los buscaré y los haré pagar.	Vengarme no es mi trabajo, Dios lo hace mucho mejor. No robarán más mi tiempo ni mi energía.
Me llevó toda una vida adquirir todas esas cosas, nunca podré volver a ser el mismo.	Dios se encarga de esto. Él restaurará todo lo que necesito e incluso duplicará lo que me quitaron de una forma u otra.

*Dr. Joan Weathersbee Ellason, PhD, LPC, Oasis Workshops.

Tabla 4
Situaciones para Formas Alternativas de Pensar
(Continuación)

C. Tu compañero/a, esposo/a te engañó.

Pensamientos Negativos	Pensamientos basados en la esperanza
Estoy tan apenado y avergonzado.	Me niego a avergonzarme a mí mismo. Cualquiera que también me avergüence no es mi amigo/a.
Esto pasó porque no debo ser suficiente, no soy suficientemente inteligente, bonito, guapo, atractivo o bueno.	No causé el que eligieran engañarme. No tengo que ser perfecto/a para ser amado/a o para que alguien me sea fiel.
Todo es culpa mía.	A veces se engaña a los socios buenos y fieles, sin que sea su culpa. Hay individuos que eligen engañar a manera de mecanismo de afrontamiento o escotilla de escape, y yo no hice que tomaran esa elección.
Debo haberlo merecido.	Nadie merece que lo engañen. Me rehúso a culparme.

*Dr. Joan Weathersbee Ellason, PhD, LPC, Oasis Workshops.

Tabla 4
Situaciones para Formas Alternativas de Pensar
(Continuación)

C. Tu compañero/a, esposo/a te engañó.

No puedo vivir sin esa persona.	Aprenderé a vivir sin tener que depender de una persona en la que no puedo confiar. Mi pareja me ha perdido, no al revés, y su pérdida es mayor que la mía.
Me vengaré de la persona que invadió nuestra relación.	Tal vez el intruso se llevó a mi pareja, pero no permitiré que se lleven mi tiempo, energía o poder; no necesito desperdiciar mi precioso tiempo o energía en ellos. Dios es mi vindicador.
Esto ha devastado toda mi vida.	No permitiré que esto me defina a mi o a mi vida.
Soy un fracaso.	No lo/la engañé (y/o) fui un buen compañero en ___(lista)___ formas - por lo tanto, tuve éxito en lo que a mi parte se refiere. Me tomaré el tiempo para reconocer todo lo que hice correctamente. También examinaré cualquier crecimiento necesario para evitar que la misma situación se repita en el futuro. Me abrazaré, seré cariñoso conmigo mismo y me tomaré el tiempo para sanar.

*Dr. Joan Weathersbee Ellason, PhD, LPC, Oasis Workshops.

Mientras revisas algunas de esas opciones negativas, advierte cómo podrías haberte sentido físicamente si alguna vez estuviste en esos lugares de pensamiento. Los pensamientos negativos son tóxicos por naturaleza. Observa cómo los pensamientos alternativos positivos basados en la esperanza (columna derecha) también pueden entenderse como basados en la realidad; veraces y también vivificantes. Cuando imaginas que aplicas algunas de estas opciones positivas, observa cómo te sientes en tu mente, cuerpo, espíritu y alma. Cuando selecciones una creencia positiva que se ajuste a la realidad, advierte que se siente mejor no solo emocionalmente sino también físicamente. Por eso Dios quiere que nos vivamos en el pensamiento basado en la esperanza. Dios quiere que estemos saludables.

Estas son solo algunas situaciones que pueden requerir duelo y tiempo para recuperarse antes de cambiar a la percepción alternativa y esperanzadora. Un cambio cognitivo de lo negativo a lo positivo no es un evento instantáneo y superficial. A menudo toma tiempo y práctica además de un poco más de duelo. Esto no ignora el hecho de que ocurren eventos horrendos, como violaciones, abuso físico y sexual, pérdida de seres queridos o hijos, etc., que claramente ameritan un proceso de duelo considerable. Examina el Capítulo 5 y otros recursos (consulta la lista de lecturas sugeridas al final de este libro) siempre que sientas que necesitas hacerlo.

Replanteación Cognitiva

Después del duelo, podemos aplicar una replanteación cognitiva. Esta es una herramienta que supone un cambio en el marco o lente a través del cual ves la situación. Cuando reentrenamos nuestros pensamientos a este nivel, nos damos gran cantidad de perspectivas que pueden reformar nuestra percepción y aliviar nuestro dolor. El desarrollo de esta habilidad cognitiva también puede ayudarnos a amortiguar una cantidad de tormentas emocionales o interpersonales.

Derek y Jacqueline

A lo largo de los siguientes años, cada esfuerzo que hizo Jacqueline para oponerse al problema adicción, hizo que aumentaran los esfuerzos de Derek por vilipendiar a Jacqueline ante los ojos de su hijo. Cada vez que su hijo regresaba de la casa de su padre, se enfurecía con Jacqueline, le gritaba, le decía que saliera de su habitación e ignoraba todas sus reglas. Ella era un equipo de una sola persona; ella padres y abuelos habían muerto, no tenía local hermanos, pareja, ni cónyuge. Jacqueline tuvo que lidiar con esto sin ayuda de nadie. Aparte de confiar en algunos amigos a quienes ella podía llamar, no había nadie que interviniera como co-padre para ayudar a fortalecer los estándares morales que intentaba inculcarle a Charles. Como estaba sola, sin respaldo en el frente de batalla, necesitaba elegir las batallas más críticas. Parecía que casi todo encontraba una batalla. Jacqueline no se rindió porque, aunque sabía que los adolescentes son responsables de su propio comportamiento, esta dinámica era más que rebelión adolescente. Este era el efecto de una persona joven que necesitaba profundamente creer en su padre, siendo engañado por un adulto rebelde. Charles estaba siendo influenciado y manipulado negativamente por quien se suponía debía guiarlo, liderarlo y enseñarlo a ser un hombre y buen ciudadano. En cambio, al adoctrinar emocionalmente a su hijo contra su madre, Derek estaba vertiendo veneno emocional en Charles y estaba dañando su alma. Jacqueline se comprometió a no permitir que sus efectos prevalecieran.

En algún momento durante esta pesadilla, Jacqueline estaba en su oficina lamentando cómo su hijo había sido llevado a tener tanto desprecio por ella cuando ella puso todo su corazón en él. Ella había sido quien dejó todo a un lado cuando inesperadamente necesitó ir al doctor, quien pago todo y quien lo llevó a todas sus clases y actividades extracurriculares. Ella compró todo el costoso equipo musical, clases, tratamiento médico, útiles escolares y transporte para él. Con muy pocos ingresos, priorizó sus responsabilidades como madre para su hijo y retrasó la finalización de ella educación en este proceso. Se aseguró de que las necesidades de Charles estuvieran cubiertas antes que las suyas.

Con el fondo de todos estos sacrificios, oró a Dios, preguntando por qué su hijo parecía rechazarla a ella y a sus valores de manera tan injusta. Inmediatamente a su mente vino una imagen de Jesús, parado en medio de la ciudad, con las multitudes por las que estaba a punto de sacrificarse. Gritaban: "¡Crucifícalo! ¡Crucifícalo! Esta imagen cambió repentinamente toda ella perspectiva. Si Jesús, el Hijo de Dios, pudo encontrar semejante rechazo por parte de quienes amaba lo suficiente como para dar su vida, ¿Cómo podía ella asumir que debería estar exenta de este rechazo, comparativamente pequeño, por parte de una sola persona? En ella mente, esto se normalizó inmediatamente y redujo el poder de la campaña de Derek en su contra. Emergió de esta revelación teniendo una nueva fuerza que la ayudó a superar la situación. Jacqueline de repente se dio cuenta de que incluso a Dios le faltan al respeto. En ese momento entonces los esfuerzos de Derek perdieron su poder de impactarla.

Este es un ejemplo de un replanteamiento dramático que puede cambiar completamente el panorama perceptivo de lo que te está ocurriendo. Una posible perspectiva a tomar cuando otros nos están maltratando es la escena en la que Jesús estaba a punto de ser crucificado. El Señor de señores y creador del universo fue rechazado por los mismos que él Amaba y por quienes estaba a punto de rescatar. En esta replanteación comparada con las cosas que nos ocurren, ¿Quiénes somos para estar por encima de experimentar el rechazo?

Las personas que se dedican a odiar están siendo mal guiadas, engañadas y manipuladas por un enemigo; ya sea un enemigo humano, un dominio espiritual o ambos. Es importante verlos como alguien que está siendo engañado gravemente y, por consiguiente, victimizado, como si estuviera siendo infectado por un virus y necesitara ayuda.

Cuando utilizas replanteaciones cognitivas, te permiten adoptar una perspectiva superior que trasciende el nivel inmediato y tangible de percepción. A menudo hay partes de un evento, fuera de nuestro conocimiento, que entran en juego. Sin saberlo algunas veces nos libramos de un peor resultado cuando las cosas no salen como queremos. Usar este tipo de replanteación cognitiva al cambiar a una perspectiva más esperanzadora puede ahorrarte mucho tiempo valioso, energía emocional y angustia.

Situaciones Complicadas

Hay casos en los que te lastime una persona que no deseas excluir de tu vida; un cónyuge, pariente o hijo adulto, por ejemplo. A veces, estos seres queridos pueden ser tóxicos o dañinos intencionalmente o no. Revisa sus esfuerzos positivos y recuerda la cantidad de momentos en los que tal vez se esforzaron por ser amables contigo y cómo esos eventos pueden superar con creces (si es cierto) los momentos en los que se equivocaron. Enfatiza en tu mente el peso abundante de las buenas intenciones y acciones positivas de esa persona sobre sus errores. Observa cuando sus acciones equivocadas pueden haber tenido una intención constructiva subyacente. Dios se fija en el corazón (I Samuel 16:7).

Considera si puede que aun estén en medio de un proceso de crecimiento. Pide a Dios que te dé una idea de sus intenciones, aunque hayan arruinado la situación completamente. A menudo esperamos que los adultos jóvenes hayan crecido por completo a los 18 años, cuando el cerebro no completa su crecimiento en la madurez hasta al menos los 25 años. Está bien tener expectativas para nuestros hijos adultos, pero recuerda que aún no han tenido las experiencias que tú has tenido. Recuerda cuál era tu perspectiva cuando eras más joven. Quizá no hayan crecido al mismo ritmo que tú. El viaje de vida de cada persona es diferente, entonces no te decepciones si no manejan las decisiones exactamente de la misma forma que tú. También puede que hayan tenido diferentes eventos y contratiempos que tu no tuviste que soportar. Pídele a Dios que te ayude a verlos a través de sus ojos.

Hay eventos que parecen ir tan lejos en la dirección equivocada que es muy difícil entender el por qué. Estos eventos tienden a estirarnos y expandirnos en más dimensiones de las que podríamos haber imaginado. Cuando ocurren cosas que están tan fuera del alcance de lo que tiene sentido, es posible que estemos en el proceso de un campo de entrenamiento diseñado para lanzarnos a un destino más alto de lo que creíamos posible. Los capítulos 37-42 de Génesis tratan lo que parecería ser una historia de traición acerca José; terriblemente traicionado una y otra vez primero por sus propios hermanos, lo negaron injustamente, fue encarcelado, pero terminó siendo un gobernante con riqueza y su familia restaurada a él. Su ascenso final no habría ocurrido sin esas dificultades significativas. Cuando nuestra vida se convierte en uno de estos desastres, ¿queremos celebrarlo y saltar de un lado a otro? Claro que no. A veces nos lleva mucho tiempo ver el propósito tras esos giros y vueltas inexplicables.

Cambiar tu perspectiva sirve para darte una paz que sobrepasa todo entendimiento (Filipenses 4: 7). Cuando sepas que realmente *puedes* confiar en Dios, podrás descansar sabiendo que él tiene un plan más grande que aún no podemos ver (Isaías 55: 8-9). La experiencia de conocerlo me ha enseñado que podemos confiar en que él hará que todo lo que salió mal salga bien al final (Romanos 8:28). Un día veremos esto (1 Corintios 13:12). Todas nuestras perplejidades y preguntas serán respondidas y todo tendrá sentido. Aquí en el planeta tierra, ciertamente no saltamos de alegría cuando la vida toma giros y vueltas extrañas; pero entre más conozcas al creador, más paz y confianza tendrás en que lo que te sucedió a ti, a tus seres queridos o a tus sueños, no tendrá la última palabra. Tu mundo puede volver a estar del lado correcto.

Herramientas, Recursos y Puntos Finales en Preparación Para Afrontar Esto

A continuación, algunas herramientas y ejercicios para ayudarte a reentrenar tu cerebro y aprender a realizar el cambio cognitivo. A medida que te sintonizas con sus pensamientos y emociones, podrás obtener información sobre lo que necesitas. Equilibrar esta conciencia con buen juicio puede ayudarte a tener una mejor perspectiva sobre las acciones apropiadas a tomar. La conciencia de tus pensamientos y emociones junto con una sabia toma de decisiones, puede transformar tu vida.

Recibe Apoyo

Mientras trabajas en algo doloroso, es importante reiterar que necesitas permitir apoyos sólidos en tu vida. Desde el inicio de la creación, Dios dijo que no es bueno que el hombre esté solo (Génesis 2:18). Es posible que no tengas amigos por una u otra razón o quizá no conozcas a alguien en quien confiar. Si ese es el caso, busca apoyo profesional. Esto no solo es útil, sino que es una parte importante de la sanación. Puedes aprender cómo seleccionar y filtrar a personas tóxicas con la ayuda de la consejería. Los seres humanos necesitan personas.

Recibe Recursos

Hay tres niveles de recursos a partir de los cuales puedes buscar para suplir tus necesidades. Mira la siguiente tabla titulada "Tres Vías de Recursos". Puedes ver que el panel del lado izquierdo te representa a TI (el receptor) y tres áreas donde puedes elegir recibir cuidado (física, emocional, intelectual y espiritualmente). La fila horizontal en la parte superior muestra tres dominios de recursos desde los que recibir apoyo. Estos te incluyen a ti, a los demás y a Dios.

Esta tabla muestra algunos ejemplos de maneras de cuidarte desde adentro, desde los demás y desde el creador. Podrás tener ideas aún más útiles para agregar a tu propio repertorio personal sobre cómo cuidarte bien, usando todos los tres dominios de recursos.

Tabla 5
Tres Vías de Recursos

Necesidades	Tres dominios de los cuales recibir la satisfacción de las necesidades		
Dentro de Ti	**De Ti**	**De Otros**	**De Dios**
Necesidades físicas	Elige comida y nutrición saludable. Elige dormir bien y obtener suficiente descanso. Elige ejercicios apropiados.	Pide un abrazo a un amigo/a. Recibe un masaje. Busca atención por parte de un profesional médico.	Pide a Dios por sanación física. Asiste a un servicio de sanación. Estudia pasajes Escrituras bíblicas sobre la sanación.
Necesidades emocionales/intelectuales	Genera pensamientos y conversaciones internas enriquecedoras. Reconoce tus sentimientos. Procesa las emociones apropiadamente.	Confía en un amigo cercano Consulta con un experto acerca de tu problema. Asiste a consejería o a un grupo de apoyo.	Clama a Dios por tus sentimientos. Pasa un tiempo tranquilo con Dios. Participa en conversaciones abiertas y honestas con Dios sobre lo que te está afectando.

Necesidades Espirituales	Oración y meditación	Escucha sermones.	Oración espiritual y meditación
	Estudia las lecturas inspiradoras de la Biblia.	Consulta con un pastor.	Estudia la Biblia acerca del crecimiento espiritual
	Tómate el tiempo para descansar en los brazos de Dios.	Participa en adoración colectiva.	Bautismo de agua y del Espíritu.
		Pasa tiempo con personas que te apoyen	Tómate el tiempo para descansar en los brazos de Dios.

*Dr. Joan Weathersbee Ellason, PhD, LPC, Oasis Workshops.

Ten en cuenta que usualmente buscamos apoyo y validación en la columna del medio (otros). Este es el dominio social. Observa cómo podemos tender a dar un significado personal y un poder tan altos a la arena social. Por ejemplo, frecuentemente le damos la mayor importancia a si tenemos pareja o una vida social con muchos amigos. Esta columna también tiene el término general "otro" porque muchos de nosotros buscamos nuestro valor en la riqueza, en el prestigio, el dinero o las posesiones. Si ponemos toda nuestra esperanza solo en este recurso, nos estaremos preparando para la decepción, porque estos recursos externos a veces no están disponibles. A veces encontramos pérdida en esta área.

Todos necesitamos conexión social. Solo necesitamos mantenerla en equilibrio. Algunas personas tienen relaciones codependientes y se aferran a una pareja tóxica por miedo a estar solas. Alternativamente, otros pueden aislarse de las personas por completo, recurriendo para su realización a las cosas, en lugar de a las personas. Si alguien nos ha lastimado, podemos ocuparnos en trabajo excesivo o volvernos motivados y ambiciosos al punto de que casi nunca llegamos a ver a nuestra familia. Podríamos sumergirnos en adicciones al alcohol, las drogas, a las compras, a comer en exceso, a los juegos de azar o a la pornografía. Sanar viejas heridas puede ayudarnos a equilibrar el uso de nuestros recursos.

Otras personas podrán tener muchos, muchos buenos amigos con relaciones saludables, pero ese es su único recurso seleccionado. Si se pierden de la tercera columna, puede que realmente no conozcan el lado personal de Dios y lo verdaderamente amados y apreciados que son. Esta columna es, en mi experiencia, el recurso más poderoso. La tercera columna, Dios/Creador, es el recurso que podemos encontrar disponible constantemente y es capaz de atender de manera extendida todos los niveles de nuestras necesidades.

La columna que más se descuida es la primera. Muchos no saben cómo tener una relación conectada, enriquecedora, amorosa y saludable con ellos mismos. El saludable amor propio es diferente del egoísmo. Este recurso implica pensamientos conscientes de amor y apoyo que uno genera en su propia mente, y también elegir cuidarse a sí mismos física, emocional y espiritualmente. Se espera que nos amemos a nosotros mismos, *es algo bíblico* "…Ama a tu prójimo como a ti mismo…" (Marcos 12:31 NVI). Entre más nutrientes emocionales viertes en tu alma, más respuestas amorosas positivas tienes para dar a los demás. Tener un alma llena de amor genuino y percepción positiva hace que sea más fácil perdonarte a ti mismo/a, lo que hace que sea tremendamente más fácil dar misericordia a los demás. No puedes dar nada a nadie con el corazón vacío.

Entonces pregúntate, ¿Qué estás haciendo para conectarte con el creador? ¿Qué estás haciendo para nutrirte y te preocupas por elegir recursos externos saludables (otros)? ¿Cómo te estás tratando a diario? ¿Has considerado la tarea de convertirte en un buen padre para ti mismo?

Cuando nos sintonizamos con nuestros pensamientos y emociones, esto nos da información acerca de lo que estamos necesitando. Un buen padre/madre se sintoniza con la persona, escucha sus necesidades, discierne qué recursos son apropiados y luego suministra esos recursos. Cuando crecemos, todos podemos elegir convertirnos en el progenitor que necesitamos (tengamos buenos padres o no). Primero, sintonizándonos con lo que necesitamos (a veces a través de la conciencia de nuestros pensamientos y sentimientos) y segundo, discerniendo y decidiendo los mejores y más sabios recursos y opciones que podamos tomar. ¿Qué tipo de cuidado te estás dando ahora? ¿Te consuelas a ti mismo/a cuando no hay nadie? Puedes hacerlo. ¿Te fijas límites apropiados a cuando te ves tentado a cruzar la línea hacia un comportamiento imprudente? En tu vida de pensamiento, ¿te comunicas con verdades enriquecedoras y esperanzadoras? Decidir ser bueno contigo mismo es crucial.

Herramientas Cognitivas

Muchos de los siguientes ejercicios te mostrarán cómo examinar y repensar los pensamientos que puedes haber estado pensando. Stephen Post y Jull Neimark, en su libro "Why Good Things Happen to Good People" (¿Por Que Ocurren Cosas Buenas a La Gente Buena?)[obj] relatan relato tras relato, actitudes positivas que se han asociado con una vida más sana, una mayor longevidad y mejor calidad de vida. Estos autores hallaron que las emociones y actitudes asociadas con estas cualidades de vida saludable son: pasión llena de propósito, amor, celebración, generatividad (ayudar a otros a crecer), coraje (hablar, no callar), respeto (procesamiento profundo para encontrar el valor), compasión, lealtad, escuchar a los demás con una presencia profunda, creatividad (usa tu creatividad e innovación) y perdón. Estos estados de actitud se originan a partir de pensamientos y emociones positivas.

Ejercicio Instructivo Nivel II

Cómo hacer esto es con simple práctica y repetición. Comienza con uno o dos conceptos que quieras usar como reemplazo. Elige pensamientos que puedas creer o que al menos sepas que son ciertos, incluso si creer es un poco desafiante. *Asegúrate de que sea un pensamiento o creencia saludable.* Luego, repítelo una y otra vez a lo largo del día, todos los días. Es como tomar suplementos vitamínicos: varias veces al día. La neurociencia ha demostrado que esos nuevos pensamientos se harán más fuertes por la repetición, y los antiguos pensamientos, si se ignoran, se debilitarán.[xxxii]

Puedes sanar al aprender a examinar, tomar autoridad y hacerte cargo de tus cogniciones. También puedes aprender a crear alrededor de tu corazón y mente, una barrera de protección constante y continua que el enemigo no puede penetrar. Además, puedes desarrollar esta habilidad a un punto en el que la mayoría de las veces permanezca libre frente a una ofensa en curso. Claro, hay momentos para salir de una situación negativa; sin embargo, para aquellas situaciones continuas en las que necesitas permanecer por un tiempo, el poder de tus cogniciones combinado con Dios y los recursos disponibles, puede ser ilimitado.

Cambiar a Cogniciones Positivas No Significa Evitar la Asertividad

Uno de mis libros favoritos (el cual va directo al punto) es "Do It Afraid" (lo que significa, haz lo que es sabio, incluso se todavía tiene miedo), de Joyce Meyer. Su título indica que, cuando te enfrentas a una decisión sabia pero aun así sientes miedo, no tienes que esperar hasta que el miedo se vaya antes de realizar esa sabia acción. Puedes seguir adelante sintiéndote tímido/a, asustado/a, inseguro/a e incluso temblando de miedo. Este paso puede ser 1. Hablar y decir que no a un acosador. 2. Tomar medidas para llamar a la policía, o 3. Comenzar un programa de recuperación, aunque no tengas ganas de hacerlo. Una vez tuve que enfrentarme a una persona que me había estado acosando por meses, intentando hacerme retroceder en un asunto de seguridad. Recuerdo sentir mis piernas casi paralizadas cuando comencé a poner un pie delante del otro, casi con piernas de madera, entrando a la sala del tribunal con mi testigo. Con respiraciones lentas y profundas fui capaz de enfrentar al agresor. Puedes cambiar tus percepciones y creencias negativas en positivas sin dejar de enfrentarte a un adversario. A veces solo "hazlo asustado/a" [xxxiii]

Continuando con Derek y Jacqueline

Después del proceso de mediación mencionado anteriormente y menos de una semana después de que el juez firmara el nuevo acuerdo, Jacqueline se enteró de que Derek había sido visto bebiendo y conduciendo con un menor, que Jacqueline pensó que era Charles. Derek según los informes también casi provoca una colisión. Jacqueline estaba aterrorizada de enfrentarse a Derek porque él había sido muy vengativo y había amenazado con quitarle a su hijo si hablaba al respecto. Sabía que Derek tenía un don único de persuasión. Podía mirarte directamente a los ojos con convicción, dándote su falsa versión de la verdad. Tenía encanto e influencia y ella temía que usara eso en la corte. Aun así, también Jacqueline sabía que no podía quedarse sin hacer nada. Incluso si fallaba en su postura contra esto, no podía simplemente aguantarse cada vez que Charles iba a la casa de su padre y esperar que no se accidentaran.

Ella reunió todo el dinero que tenía (menos de $ 1,000) y se lo llevó al único abogado que podía pagar. Le pidió al abogado que presentara una moción para hacer cumplir la orden judicial como su primera prioridad. Cuando el abogado presentó una moción para modificar la relación entre padres e hijos en lugar de la moción para hacer cumplir, ella sabía que esto conduciría a repercusiones por parte de Derek; pero ella no tenía idea de la tormenta que vendría. Derek recibió la misma moción que había presentado contra a Jacqueline unos meses antes.

A menudo toma mucho coraje cuando se defiende lo que es correcto. Aquí es donde necesitas aplicar pensamientos y creencias cognitivas que te den esperanza frente al miedo. El tipo de pensamientos en los que necesitas concentrarte no necesariamente eliminarán el miedo. Las cogniciones que se necesitan aquí son aquellas que pueden ampliar tu perspectiva, examinar una gama de opciones y llevar a una reducción del miedo original.

Por ejemplo, en la historia anterior, Jacqueline era bien consciente de que tomar una posición implicaba el riesgo de una mayor retaliación por parte de Derek. Sin embargo, esta situación suponía elegir entre dejar que Derek siguiera bebiendo y conduciendo con su hijo (lo que le permitiría mantener el favor de Derek y su grupo), o tomar posición para proteger la vida de su hijo incluso si la trataban terriblemente. Esto fue una obviedad. Decidió que prefería tener un ex enojado con ella <u>mientras su hijo siguiera vivo y sano</u>. Tomar las medidas adecuadas sin dejar de sentir la emoción del miedo es la definición misma de coraje.

Los pensamientos y las percepciones constructivas pueden ayudarte a apoyar tu fuerza emocional sin cambiar la realidad. Aun así, hay muchos casos y situaciones que son extremadamente difíciles y pueden ameritar la adición de más recursos, como consejeros y, a veces, medicamentos. Si te parece que es demasiado difícil cambiar a pensamientos y emociones constructivas, no estás solo/a. La necesidad de consultar a un doctor acerca de la posibilidad de incluir medicamentos para ayudarte en un momento difícil no debería ser más vergonzoso que tomar una aspirina para el dolor de cabeza o tomar un suplemento vitamínico.

Emplea Recursos Razonables

Vale la pena revisar de nuevo el punto de que los medicamentos son a menudo herramientas necesarias y que no hay nada que no sea bíblico acerca de tomarlos cuando sea apropiado. Si observas el planeta entero, no encontrarás muchas personas que no estén tomando algún tipo de medicamento, ya sea un suplemento o incluso una vitamina. Puede ser una aspirina para el dolor de cabeza, una pastilla para perder peso o medicamento para la hipertensión. Los medicamentos son parte de la condición humana, y personas de todos los ámbitos de la vida han encontrado ayuda a través de esta vía. También, no seas duro/a contigo mismo/a si te resulta difícil practicar nuevos pensamientos. Toma práctica y aplicación de algunas de las herramientas y apoyos descritos en este libro. Elije las herramientas y los recursos que funcionen para ti personalmente.

Herramientas Espirituales

Las Escrituras son poderosas y creo que no hay nada más poderoso que hablar la palabra de Dios sobre tu vida y contra una ofensa. Esto es lo que hizo Jesús para que Satanás lo dejara en paz (Mateo 4, Marcos 1 y Lucas 4). Respondió con la palabra de Dios. Más acerca de esto en el Capítulo 7.

¿Qué Pasa Si Confiaste En Un Recurso Equivocado?

Derek y Jacqueline

Jacqueline siempre había creído que los tribunales dictaban justamente. Ella provenía de un sistema familiar donde el padre era sabio, paciente y amable. Ella creía que la corte finalmente podría ser su refugio de todo el acoso de Derek y del desprecio por la seguridad de su hijo. De hecho, todos en su familia creían que los tribunales operarían con sabiduría y percepción.

Si bien Jacqueline había crecido confiando en la autoridad, también temía que Derek pudiera tratar de manipular los tribunales, entonces aún tenía mucho miedo. Ella le expresó esta preocupación a su abogado, pero él le dijo que lo peor que podría pasar no sería nada. Jacqueline confió en este abogado porque era un profesional y pensó que debía saber más que ella. Por consejo de un abogado anterior, fue un investigador privado quien había presenciado y denunciado la infracción de Derek muy pocos días después de su acuerdo final firmado que contenía la orden judicial.

Como se mencionó anteriormente, este abogado presentó una moción para modificar la relación padre-hijo sobre la base declarada de que Derek había sido visto conduciendo ebrio con su hijo como pasajero. Jacqueline quería que Derek pasara el mismo tiempo con su hijo siempre y cuando no condujera en estado de embriaguez, ni abusara del alcohol cuando estuviera con Charles. Cuando Derek recibió la moción para modificar la relación entre padre-hijo, todo salió de control. Derek se enfureció con Jacqueline y reanudó sus mensajes de acoso, pero esta vez puso a Charles directamente en medio del drama. Derek llamó a Jacqueline y le dijo que le había mostrado la moción a Charles y que le había dicho que ella intentaba lastimarlos y alejarlo de él". Irónicamente, este había sido exactamente el mismo papel que Derek había presentado contra Jacqueline unos meses atrás. Derek dijo que también le había dicho a Charles que *tendría que firmar un papel, como había hecho por su hijo primogénito, para poner fin a sus derechos de paternidad. Esto era una mentira, y estresó tanto a su hijo, que cuando éste regresó a casa de su madre, gritó y maldijo a su madre al punto de que cuando llamaron al 911, la policía llegó con sus armas desenfundadas.*

En la siguiente sesión de consejería a la que Derek había acordado asistir previamente con Jacqueline para la crianza compartida, Derek esperaba que Jacqueline trajera un formulario de terminación de los derechos de los padres. Parecía que Derek planeara firmar este formulario frente al consejero para que él pudiera ver a Jacqueline como una villana y a Derek como la víctima y mártir justo. Ninguna de las fantasías de Derek estaba en el plan de Jacqueline. Ella había pedido sesiones de crianza compartida y quería que Derek fuera una buena influencia para su hijo.

Aquí hay una pregunta crítica. ¿Por qué Derek simplemente no estaría de acuerdo con una solicitud por la seguridad de su hijo? Aunque Jacqueline no intentaba quitarle su hijo a Derek, ¿por qué tendría que ceder algo si solo estaba dispuesto a abstenerse de poner a su hijo en peligro?

Nada de este drama tenía que haber ocurrido. Este podría haber sido un simple acuerdo en el que Derek, desde el principio, podría haber aceptado no conducir bajo los efectos del alcohol cuando estuviera con su hijo. Si Jacqueline hubiera podido estar tranquila acerca de la seguridad de su hijo, esto hubiera sido más fácil para ella ya que en ese momento intentaba terminar su carrera. Sin embargo, la escuela quedó en un segundo plano pues Derek simplemente firmaba acuerdos y luego procedía a hacer lo mismo que antes. Jacqueline creía que el problema necesitaba la ayuda de una autoridad sabia que pensó podría encontrar en los tribunales.

No tenía sentido que Derek estuviera estresado por ir a la corte. Derek había amenazado persistentemente con llevar a Jacqueline a los tribunales una y otra vez durante todas las anteriores dinámicas, tanto antes de la finalización del divorcio, como durante el proceso de mediación. Por otra parte, Jacqueline sabía que estaba en territorio desconocido, nunca había demandado a nadie antes, pero creía que no tenía otras opciones. Al acercarse la fecha de la corte, Derek intentó repetidamente convencer a Jacqueline para que abandonara el caso. Jacqueline creía que él simplemente volvería a mentir y pondría a su hijo en peligro si ella hacía otro simple acuerdo escrito sin que alguien lo hiciera cumplir. Dado que Jacqueline no iba a dar marcha atrás sobre estas preocupaciones, Derek, a la undécima hora (literalmente la noche antes del juicio), presentó su propia contra-moción para cambiar la custodia de su hijo a Derek contra Jacqueline.

Naturalmente, Charles amaba a su padre, y con todo lo que le dijeron antes de este punto, Charles sintió que necesitaba proteger a su padre. Desde siempre Charles fue un joven muy compasivo y empático. Durante este drama, de alguna forma a Charles le hicieron creer que, para evitar la calamidad que podría ocurrirle a Derek y evitar la modificación de su relación, tendría que decirle al juez que su padre no conducía ebrio y que él quería vivir con su padre.

Jacqueline hizo todo lo que pudo para intentar mantenerlo fuera del drama de los adultos. Jacqueline sabía que comunicarse con Charles sobre estos temas lo haría sentir como si lo halaran en ambas direcciones, creando un conflicto dentro de nino corazón. Por ejemplo, cuando Charles regresó de la casa de su padre, se enfureció; pensó que su padre iba a tener ceder sus derechos a Charles. ¿Qué decía ella de esto? Si Jacqueline decía que eso no era cierto, entonces temía que lo que su hijo oyera fuera: "Tu padre es un mentiroso". Si decía: "Tu padre firma acuerdos para no conducir ebrio contigo, pero luego viola ese acuerdo", Jacqueline temía que Charles entendiera: "Tu padre no es digno de conflanza". Charles no necesitaba escuchar los contra-argumentos a las afirmaciones de su padre porque lo harían sentir aún más presión por ambos lados. Jacqueline *abordó la falta de respeto lo mejor que pudo, sin ayuda de nadie y superada en número. Era solo ella contra un grupo de personas que parecía creer era aceptable que Derek manejara en estado de embriaguez. Charles ya sabía que Jacqueline no estaba de acuerdo con el estilo de vida de Derek. Cuando Charles volvía a casa enojado con ella, en lugar de confundirlo con argumentos opuestos, simplemente ponía un escudo emocional sobre su corazón a medida que era atacada. Ella se dio cuenta de que Charles estaba inapropiadamente abrumado por las palabras de su padre, y sabía que tratar de explicarle su lado a Charles lo agobiaría aún más. Estos eran asuntos de adultos que debían resolverse entre los adultos, no a través del menor. Esta enorme presión que Derek había vertido en Charles era una forma de abuso emocional. Entonces, mientras Jacqueline hacía todo lo posible por evitar decirle a Charles cualquier cosa que pudiera sonar mal acerca Derek, la cosa era distinta en casa de Derek.*

Jacqueline ya había programado orientación para proteger a Charles del impacto de estas dinámicas, pero Derek la rechazó. Jacqueline sabía que la consejería podría ayudar a su hijo a navegar estos factores estresantes. Además, cada vez que trataba de tener una conversación constructiva con Charles acerca de algo estresante, era casi imposible. Charles parecía estar fuertemente influenciado por Derek y cada vez más a la defensiva. Un día, cuando se estaban alistando para ir a una cita de asesoramiento que ella había programado para su hijo, Charles recibió una llamada de su padre.

Dado que Charles actuaba con tanto odio hacia ella cada vez que el niño regresaba de la casa de su padre o Derek hablaba con él, Jacqueline sintió que necesitaba saber qué estaba causando tal falta de respeto. Entonces ese día, por primera vez, ella presionó un botón del teléfono que le permitió escuchar en silencio lo que Derek le estaba diciendo a Charles. Derek estaba entrenando a Charles sobre cómo actuar con mamá en este viaje al consejero. Escuchó a Derek decirle a Charles: "Cuando llegues, dile a tu mamá que salga de la habitación y no la dejes entrar a la sesión contigo; ella está más enferma que todos sus pacientes".

Subieron a la camioneta que ella le había comprado a Charles con él como conductor. Él tenía su provisional permiso de conducir y ella creía en ofrecerle todas las oportunidades posibles para que practicara, de modo que cuando tuviera la licencia completa y condujera por su cuenta, tuviera ya una amplia experiencia. Charles ya era un buen conductor. A mitad de camino Charles comenzó a decirle a su madre que a ella no se le permitía participar en la sesión de asesoramiento (lo que el le habían dicho que dijera). Jacqueline intentó tener una conversación con él al respecto y le mencionó que había escuchado lo que Derek le había dicho a Charles. Ella no esperaba lo que sucedió a continuación.

Charles inmediatamente tuvo una rabieta mientras conducía, en medio de un tráfico masivo. Comenzó a acelerar el motor y a frenar intempestivamente, tratando de cambiar de carril para girar. Charles comenzó a enfurecerse con ella. Jacqueline sabía que no debía meterse en un altercado con un adolescente enojado al volante. Varias veces estuvieron a punto de chocar contra el vehículo que tenían delante. Fue un milagro que no se accidentaran en esa carretera llena de gente. Charles logró cambiar de carril para regresar a casa. Cuando finalmente estaban a unas pocas cuadras, yendo a una velocidad mucho más lenta, Charles comenzó a escupir repetidamente la cara de su madre. Este es un ejemplo de cómo la toxicidad de un padre no solo puede envenenar a un hijo, sino también llevarlo a comportamientos que dañan su alma. Derek estaba convirtiendo a Charles en algo que él no era.

En ese momento ella cerró los ojos y comenzó a mover los labios en silencio. Para el joven Charles, debe haber parecido como si estuviera hablando en voz baja consigo misma o tal vez respondiendo a estímulos internos. Charles dijo en voz alta: "¿Qué estás haciendo?" Ella respondió con calma: "Estoy rezando". De repente dejó de gritar y escupir. El resto del viaje *a casa fue silencioso y pacífico. Derek no tenía idea de que lo que le dijo a Charles antes de la cita, podría haber provocado la muerte de su hijo y de Jacqueline.*

Su madre no iba a renunciar a su hijo; ella sabía que éste no era él en realidad. Desde temprana edad Charles tuvo un corazón cariñoso y compasivo. A los siete años Charles se había comprometido con Cristo y, con el ejemplo, había llevado a su propio abuelo al bautismo. A los dos años, Charles intentó consolar a su padre después de darse cuenta intuitivamente de su tristeza al perder su trabajo. Derek conocía la naturaleza compasiva de su hijo y ahora se estaba aprovechando de ella.

Calamidad de La Corte

Cuando el caso fue a juicio, el juez no aceptó como prueba el reporte del investigador privado que a Jacqueline le habían aconsejado obtener. A pesar de que el investigador declaró bajo juramento que Derek casi había causado una colisión después de consumir conducir ebrio, el juez decidió creerle a Derek, quien juró en el estrado solo haber bebido dos cervezas. El juez tampoco tuvo en cuenta el reporte del estudio del hogar escrito por un juez, el cual recomendaba que Derek redujera su consumo de alcohol mientras ambos padres compartieran el mismo tiempo con su hijo. El juez no leyó este reporte, ni el reporte del investigador privado, ni se dio cuenta del hecho de que la contrademanda de Derek se había presentado la noche anterior. El abogado no impugnó ninguno de estos eventos y el juez no tomó en serio ninguna de las preocupaciones de Jacqueline. El fallo no hizo nada para abordar el problema del alcohol. El juez mantuvo la custodia compartida, pero convirtió la casa de Derek en la residencia principal, y asignó visitas estándar a Jacqueline, además de tener que pagarle manutención infantil a Derek. Derek pidió en el nuevo decreto que Jacqueline tuviera menos tiempo con Charles (menos tiempo con Charles del que le había dado a Derek). El juez firmó la orden escrita de Derek sin leer una palabra del documento. Mientras aún era estudiante, ahora

Jacqueline debía pagarle a Derek, piloto de aerolínea, la manutención de Charles. La revocación de manutención infantil le restó $1000 mensuales a Jacqueline y a Derek y Lucy les aumentó $1000. Jacqueline ahora tenía que conseguir un tercer empleo.

¿No sería bueno si un letrero gigante bajara del cielo y nos dijera los pasos exactos a seguir en un desafío? En la intensidad del miedo o la desesperación, a veces podemos poner nuestra fe en autoridades que pensamos que tienen el mejor interés en su corazón. A veces el ruido de la situación puede ahogar esa pequeña voz que proviene de la intuición o el discernimiento. Otras veces escuchamos consejos de diferentes opiniones, cada una viniendo de aquellos que nos aman y que no saben qué hacer. Si notas que el camino que pensaste que sería el refugio resulta ser un desastre, detente inmediatamente y continúa buscando la victoria. Elije continuar sanando.

Derek y Jacqueline – ¿Quién Pagó el Precio Más Alto?

Como Charles sabía que Derek manejaba en estado de embriaguez regularmente, el resultado de los procedimientos judiciales hizo que, a los ojos de este joven, pareciera que Derek tenía razón mientras su madre era la equivocada. Charles veía como algo normal el que los adultos condujeran bajo la influencia del alcohol y se salieran con la suya.

En el primer mes después de irse a vivir con su padre, a solo unas cuadras de distancia y dentro del mismo distrito escolar, las calificaciones de Charles pasaron de A y B a F. Esto era extremadamente anormal, pues él regularmente obtenía excelentes calificaciones. Ese semestre casi reprueba por completo si no fuera por la misericordia de dos maestros que redondearon dos de sus calificaciones, lo cual le permitió pasar.

Aunque Jacqueline todavía mantenía la custodia compartida, Derek la había excluido de todos los eventos escolares de Charles. Al inicio del siguiente semestre, descubrió que Derek había escrito el nombre de Lucy como "Madre" en los documentos de inscripción, y Jacqueline no aparecía en ninguna parte de los formularios (ni siquiera como contacto de emergencia). No le notificaron ninguna de las actividades escolares de Charles por un tiempo, hasta que pudo corregir esto.

Durante los dos semestres siguientes, cada vez que Jacqueline veía a Charles, este parecía estar borracho. Debido a que ella se había mantenido firme contra la adicción de Derek, no se le permitía ir a ninguna de sus reuniones, lo que significaba no verlo el Día de Acción de Gracias. Cuando Jacqueline le preguntó a Charles si podían pasar la primera parte del día juntos y luego pasar el resto del Día de Acción de Gracias con el padre, Charles dijo que no podía porque todos ya habían bebido demasiado para entonces y nadie era capaz de salir. Dado el patrón de vergüenza y rechazo que se ponía sobre cualquiera que se enfrentara a la indecencia en este grupo, Charles había sido adoctrinado en lo que parecía ser un culto al alcohol.

En la segunda mitad de su último año en la secundaria, cuando llegó el momento de pedir su toga, birrete y anillo para la graduación, Jacqueline fue a la escuela a comprarlos. Jacqueline llamó a Charles a la oficina para que pudiera elegir su anillo y Charles le dijo que no creía que pudiera terminar la escuela secundaria. Jacqueline lo miró y le aseguró firmemente que Charles se graduaría. Entonces Charles eligió el anillo de graduación y volvió a clase.

El rendimiento académico de Charles había bajado tanto que lo sacó del camino universitario del que había hablado cuando era niño y casi destruye sus posibilidades de graduarse. Charles era un joven muy inteligente, pero su autoestima había sufrido y había perdido toda esperanza en su futuro. Al ver que esto sucedía, Jacqueline contrató tutores y pagó todo para ayudarlo a rescatar sus calificaciones. Derek estaba dispuesto a permitir que Charles tuviera las tutorías en casa de Jacqueline, pero sin a pagar nada. Con un gasto sustancial *para esto, Jacqueline se atrasó en los pagos de su casa. Después de ayudar a que Charles cumpliera con los requisitos académicos necesarios, Jacqueline recibió una carta del banco amenazando con una ejecución hipotecaria. Jacqueline llevó esta carta a casa de Derek y se la mostró, preguntando si estaría dispuesto a reembolsarle parte de la tutoría de su hijo para poder ponerse al día con la hipoteca. Derek la miró con una sonrisa triunfante y negó con la cabeza - "no". Sabía que ella no podía pagar la casa en ese vecindario con sus bajos ingresos y sin padres vivos que la ayudaran. ¿Estaba a punto de hacerse realidad su amenaza de que ella perdiera la casa? Gastar todo lo que tenía para que su hijo se encarrilara de nuevo significaba Jacqueline que no podía pagar la hipoteca, pero el bienestar de Charles era mucho más importante para ella que cualquier casa.*

Charles se graduó de la secundaria y durante los siguientes años trabajó y tuvo éxito en el área de su talento. Se había mudado fuera del estado. Aun así, el alcohol con el que se había saturado mientras vivió con Derek, ya se había apoderado de él. Comenzó a caer cada vez más en una depresión profunda. Jacqueline se sorprendió cuando le dijo que se sentía atrapado en un agujero oscuro, aunque estuviera en medio del éxito. Ella le dijo que venir a casa. Entonces, condujo medio Estados Unidos de regreso a su ciudad natal. Consiguió un apartamento y se puso a trabajar inmediatamente.

Un día mientras Charles estaba sentado en el porche trasero con su madre después de pasar la noche con su padre, le dijo que había consumido una cantidad extrema de alcohol intentando sufrir una sobredosis mientras estaba en casa de su padre. Esta era la segunda vez que Jacqueline se impactaba de esa manera; ella lo puso en tratamiento de inmediato y eso implicó una serie de tratamientos intermitentes en respuesta a varios intentos de suicidio adicionales. Jacqueline ahora estaba luchando contra algo más grande que Derek. Esta batalla tomó todo ella poder y no tenía intención de retroceder. Jacqueline oró más de lo que había orado antes, gastó más dinero del que tenía y no permitiría que nadie dudara sobre Charles oportunidad de recuperarse. Esto se prolongó por varios años, con tres intervenciones diferentes. Jacqueline luchó y oró por él con llantos y lamentos que solo pueden provenir de profundidades del alma de una madre. Por la gracia de Dios y muy lentamente, Charles salió gradualmente de las fauces del infierno y la muerte.

Hoy vive una vida muy sana e íntegra, con buenos amigos y un mucho amor a su alrededor. Ahora mira hacia atrás y aprecia y respeta a su madre. Continúa creciendo en sabiduría y madurez y su carácter positivo y su corazón ya no se ocultan en la oscuridad.

Los traumas que ocurren aquí en la tierra no son simples. Pueden ser complejos, con muchas vueltas y giros inesperados. Es posible que necesites usar todas las herramientas de este libro durante y a lo largo de tu viaje. El punto es que no te des por vencido/a. No renuncies a ti mismo ni a tus objetivos. No renuncies a quienes amas y necesitas proteger. Y no renuncies a Dios.

Ejemplos del Cambio Cognitivo

Los siguientes ejemplos muestran cómo puedes usar algunas de las herramientas cognitivas para cambiar tu pensamiento; de una mentalidad negativa a una mentalidad positiva basada en la realidad, incluso en medio de la calamidad. La teoría cognitiva tradicional nos anima a reemplazar el pensamiento negativo con pensamiento positivo.[xxxiv] Creo que, si reemplazas algunos de tus pensamientos negativos con las Escrituras, esto se vuelve aún más poderoso.

La siguiente tabla contiene algunos ejemplos de situaciones en la primera columna, con reemplazos cognitivos en la segunda columna y reemplazos espirituales (escrituras) en la tercera columna. Emplea los que sean útiles y no dudes en crear algunos propios. Estos son solo algunos ejemplos de los muchos tipos de cogniciones positivas que se pueden aplicar.

Esta tabla también incluye pensamientos y escrituras para ayudarte a perdonarte a ti mismo/a. Puedes modificarlos para ajustarlos a tus necesidades, siempre que sigan siendo cariñosos y comprensivos contigo. Selecciona cualquiera que te resulte útil y comienza a repetírtelo varias veces a lo largo del día. Puede que al principio sientas que te está mintiendo a ti mismo/a. Eso es solo porque son pensamientos nuevos y pueden parecerte extraños. Tus vías neuronales aún no se han fortalecido, lo que ocurre a través de la repetición.

Es efectivo repetirlo en varias formas. En voz alta repetir las nuevas cogniciones y/o escrituras varias veces al día. Esto es más efectivo incluso que simplemente pensarlas en silencio, aunque recomiendo hacer ambas cosas. También es bueno escribirlas varias veces al día, quizá en un diario. Es posible que también quieras colocar algunas de esas nuevas creencias escritas en lugares visibles de tu hogar o en cualquier lugar donde las veas con frecuencia. Puedes convertirlas en arte o escribir una canción acerca de ellas. Cuando esté solo/a, mírate en el espejo y repite la nueva cognición o escritura, cara a cara y ojo a ojo. También puedes hacerlo con un amigo/a confiable y comprensivo/a para que te repita el nuevo pensamiento cara a cara y reciba el asentimiento de validación que puede venir a cambio. Recomiendo usar todas las formas de repetición que puedas y tan a menudo como puedas a lo largo del día.

La repetición puede comenzar a transformar tu antigua forma de pensar en nuevas ideas, percepciones, interpretaciones de eventos y creencias positivas. Entre más prácticas, más automáticos se vuelven. Los pensamientos y las percepciones positivas conllevan esperanza. El trabajo experiencial del próximo capítulo también puede ayudarte a moverte mejor en esta nueva forma de pensar, llevándola del nivel de la cabeza (cerebral) de repetición obediente, a un nivel más profundo que transforma tu alma.

La siguiente tabla proporciona algunos ejemplos de verdades positivas tanto cognitivas como espirituales que pueden reemplazar los pensamientos negativos acerca de ti y las percepciones negativas en general. El trabajo del Capítulo 6 requerirá que tengas una actitud positiva, amorosa y de apoyo hacia ti mismo/a.

Por favor no te apresures a realizar los ejercicios del Capítulo 6 hasta que hayas reentrenado tu mente para pensar con amor hacia ti mismo/a.

Tabla 6
El Cambio Cognitivo

Situación	Reemplazos Cognitivos	Reemplazos Espirituales (Parafraseado)
Rechazo por parte de otros	Aun sigo siendo amado y agradable.	Dios me ama. Juan 3:16, 1 Juan 3:1, Jeremías 31:3
	Esa persona no determina mi valor.	Dios nunca me dejará ni me desamparará. Mateo 28:20, Salmos 139:8
	Me rehúso a darle mi poder a ese individuo.	Dios está en el trono y a cargo de mi destino. 2 Crónicas 18:18 Isaías 6:1, Jeremías 29:11
	Voy a ser mi mejor amigo/a; por lo tanto, su rechazo no tiene peso para lastimarme.	Es bíblico amarse a sí mismo Marcos 12:31, Salmos 139:14
Errores cometidos por mi	Más allá del acto de arrepentimiento sincero, me rehúso a aferrarme a la vergüenza y a torturarme.	Dios no está enojado conmigo. Salmos 86:15, Lamentaciones 3: 22 – 23
	Elegiré perdonarme.	Es bíblico perdonarse a sí mismo. Salmos 103:12
	No es saludable seguir castigándome.	Si no supero mis errores, no estoy haciendo nada más que ser la voz del diablo. No haré eso. Apocalipsis 12:10
	Puedo optar por dejar de castigarme y retomar el plan que Dios tiene para mí AHORA - Entregándole mis arrepentimientos.	Es bíblico dejar el pasado atrás y seguir adelante hacia el premio que Dios tiene en nuestro futuro. Dejaré de gastar energía y entraré en el destino que Dios ordenó para mí. Filipenses 3: 12-14

*Dr. Joan Weathersbee Ellason, PhD, LPC, Oasis Workshops.

Tabla 6
El Cambio Cognitivo
(Continuación)

Situación	Reemplazos Cognitivos	Reemplazos Espiritules (Parafraseado)
Abandono por parte de un ser querido	Necesitaré tomarme un tiempo para lamentarme.	Dios es mi consuelo. Mateos 5:4
	Puedo buscar el apoyo de amigos y otras personas.	Dios nunca me dejará ni me desamparará. Deuteronomio 31:6
	Nunca estoy sin familia. Siempre tendré un lugar al que pertenecer. Crearé una nueva familia y desarrollaré nuevas amistades.	Si mis padres (o familia) me rechazan, Dios me ha adoptado como su hijo. No estoy solo/a – Dios no me abandonará. Salmos 27:10
Odiado/a o abusado/a por parte de otros	Puedo buscar protección legal. Puedo llorar pidiendo ayuda. Puedo decir que no.	Él es mi refugio y mi roca. Salmo 18:2, 2 Samuel 22:3
	Lastimar personas – Personas lastimadas. Lo que me hicieron no se trata de mí. Son crueles debido a algo que les ocurrió y que no están manejando de la manera correcta.	Esta persona necesita oración. Mateo 5:44 – 45
	Esta persona está afectada, engañada o enferma por algo. Esto no es culpa mía.	Puede haber más de lo que parece, esta persona puede estar siendo engañada por el enemigo. No luchamos contra humanos, sino contra fuerzas espirituales. Efesios 6:12
	Sé que de esto saldrá el bien. Me levantaré y superaré esto.	Dios me dará el doble de lo que he perdido. Zacarías 9:12
	Me negaré a usar la vergüenza de esa persona. Lo que me hicieron no me define.	En lugar de mi anterior vergüenza, Dios me dará una doble bendición. Me dará belleza por cenizas. Isaías 61: 7

Dr. Joan Weathersbee Ellason, PhD, LPC, Oasis Workshops.

Capítulo 6

✑

Ejercicios: Cómo Convertir Tu Trauma en Triunfo

******Primero y Muy Importante: Antes de proceder con estos ejercicios,
ASEGÚRATE DE CUIDAR DE TU SEGURIDAD EMO-
CIONAL**

PREPARACIÓN PARA LOS EJERCICIOS

La Seguridad es Primordial

Las siguientes páginas contienen ejercicios para ayudarte a realizar el cambio cognitivo y pasar del Nivel I al Nivel II y eventualmente al Nivel III. Es imperativo que leas el capítulo sobre las herramientas necesarias antes de empezar en estos pasos. Si alguno de estos ejercicios te parece difícil o demasiado doloroso emocionalmente, se recomienda que busques asistencia profesional (doctor, psicólogo o consejero) para seguir trabajando en los ejercicios de este capítulo. Incluso si estos ejercicios parecen más detallados, también puede ser buena idea buscar un consejero/ a para que te ayude. De lo contrario, después de hacer el trabajo preparatorio y elegir problemas con un nivel de dolor no superior al moderado para los ejercicios a continuación, puedes avanzar a través de los ejercicios leyendo una pequeña sección de pasos a la vez, a medida que avanza en cada paso. Durante estos pasos seguiré recordándote que utilices cualquier preparación necesaria y los recursos descritos en este libro para animarte a que te cuides bien a través de este trabajo.

Antes de Que Comiences, Prepárate Para Superar el Dolor

Los capítulos anteriores se suman a este, entonces no se recomienda que saltes a este capítulo sin estudiar los anteriores. En esos capítulos, las herramientas que involucran autoconciencia y apoyo son importantes a lo largo de este capítulo para manejar la gravedad de tus respuestas emocionales durante estos ejercicios y ayudarte a regresar a un lugar tranquilo (oasis de seguridad en la siguiente sección) cuando sea necesario. Nunca he estado de acuerdo con los métodos rigurosos en el trabajo del asesoramiento. La sanación no tiene por qué ser agotadora, más de lo que la cirugía a corazón abierto debe hacerse sin anestesia. Entonces emplea el buen juicio y protégete al no embarcarte prematuramente en ninguno de estos ejercicios o sin los apoyos necesarios y apropiados.

Aplica todas las herramientas preparatorias descritas en el capítulo 4 a medida que desarrollas este trabajo.

Es imperativo que te cuides mientras realizas este trabajo.

También necesitarás haber revisado los ejemplos específicos de cambio cognitivo antes de iniciar cualquier trabajo emocional. Este no es un proyecto de demolición. La sanación debe ser un proceso saludable que a menudo toma tiempo. Se paciente y recuerda que en cualquier punto de este trabajo puedes solicitar ayuda a un profesional capacitado, si es necesario, para que te guíe a través de estos pasos. *Es imperativo que te cuides mientras realizas este trabajo.*

Primero, Crea Un Oasis de Seguridad

¿Recuerdas cuando hablamos de cómo Dios nos tenía en la seguridad del vientre antes de que siquiera llegáramos al mundo? Si necesitamos aproximadamente nueve meses de un oasis de seguridad antes de entrar en el estrés terrenal, no es demasiado requerir solo unos minutos para crear un oasis antes de lidiar con eventos emocionales desagradables. Este será un refugio seguro al cual puedes retirarte si el trabajo se pone demasiado intenso o cuando necesites un descanso.

Tu Propio Oasis Personal

Por lo tanto, imagina un lugar que te resulte relajante y seguro emocional y físicamente. Puede ser cualquier lugar en interior o exterior, siempre que te resulte reconfortante personalmente. Visualiza todo el paisaje. Sintoniza las imágenes, sonidos, texturas, olores y aromas, junto con cualquier movimiento y posiblemente incluye cualquier sabor agradable en este lugar.

Me gusta llamar a esto "tu oasis" porque aquí puedes crear cualquier escenario que desees. No tiene por qué tener sentido para nadie más, es tu oasis. Para ti, ¿Es un océano o una pradera? Quizá sea un recuerdo agradable con seres queridos, recordando tiempos felices. Algunas personas prefieren su propia habitación o restaurante favorito. Crea este lugar el cual representa seguridad para ti.

Ahora sintoniza todo lo que es agradable; lo que ves, oyes, sientes, hueles y posiblemente saboreas en esta escena. Cuanto más incluyas tus cinco sentidos en este lugar personal, más eficaz serás a la hora de alejarte de los pensamientos y emociones angustiantes cuando sea necesario.

También puedes usar el oasis para ayudarte a autorregular emociones en la vida diaria. Si te sientes estresado/a o en pánico, puedes alejarte por un momento de eso que te estresa y reagruparte. En cualquier punto que lo necesites durante estos ejercicios, tómate un descanso y regresa a tu Oasis tan a menudo como lo necesites.

La imaginación es una herramienta muy poderosa que Dios te ha dado para ayudarte a restaurar la paz mental. Usamos nuestra imaginación cuando nos preocupamos u obsesionamos. ¿Puedes recordar un momento en el que rumiaste o imaginaste que te vengabas de una injusticia? Quizá hayas notado que tu atención se enfocó tanto que tu frecuencia cardíaca aumentó, o que alguien tuvo que decir tu nombre en voz alta para traerte de vuelta al presente. Ya estás creando lugares en tu mente cuando accedes a recuerdos o te preocupas por algo que temes. Al crear un oasis estás usando la misma habilidad de imágenes, pero en una dirección que conduce a la salud mental en lugar de la angustia. Nuestra imaginación está destinada a emplearse para el bien. Otros ejemplos de cómo usar nuestra mente de manera constructiva incluyen la oración, la meditación y creación de planes positivos para el futuro. Podemos usar esta asombrosa y maravillosa facultad dada por Dios, conocida como cerebro, para crear soluciones, calmar nuestras emociones y superar obstáculos.

Ya que podemos elegir lo que ponemos en nuestras mentes, comencemos a usar esta poderosa herramienta para cosas positivas. Filipenses 4:8 nos advierte que pensemos en cosas puras, amables y excelentes. Romanos 12:2 dice, " No se amolden al mundo actual, sino sean transformados mediante la renovación de su mente. ". Entonces, comencemos aquí con la renovación de nuestro pensar.

Ahora agreguemos más detalles a tu oasis. ¿Es en interiores o al aire libre? ¿Hay hierba verde y densa? ¿Hay un lago? ¿Incluye un lugar agradable de tu infancia el cual recuerdas con cariño? Agrega detalles. No hay reglas, no hay límites para su belleza, elementos, colores, aromas o texturas. Puede ser una combinación de muchos lugares en los que has estado o algún lugar en el que quieras estar. Aplica tus cinco sentidos (vista, oído, tacto, olfato, gusto) más el movimiento (cinestésico) para aumentar tu calma y sensación de seguridad.

Una Manera de Medir Tu Nivel de Dolor Emocional

A continuación, identifica tu nivel de dolor actual asociado con el incidente que planeas procesar, utilizando la escala de dolor emocional que aparece más abajo. ¿Con qué nivel de intensidad clasificas tu dolor? Cero representa ningún dolor y 10 representa el nivel más alto de dolor, como estar completamente paralizado emocionalmente, incapaz de salir de la cama o totalmente incapaz de funcionar. Un cinco en esta escala representa tu nivel percibido subjetivamente como dolor moderado. Por ejemplo, este nivel puede parecerte tolerable; el tema te molesta, pero no te abruma ni se apodera de tu vida.

Si no está seguro/a, quizá quieras pedirle a un profesional que te ayude a determinar si tu nivel de dolor es superior a cinco. Si has estado reprimiendo tus emociones la mayor parte del tiempo, sería importante solicitar esta ayuda. A veces podemos pensar que un problema no nos molesta en absoluto, pero luego descubrimos que es un volcán que erupciona de nuevo para vengarse. Por favor cuida de ti, evalúa con precisión el nivel de cualquier dolor oculto antes de realizar estos ejercicios experienciales de forma independiente.

Se recomienda encarecidamente que no te embarques en ninguno de estos ejercicios si tu nivel de dolor emocional es superior a cinco en esta escala. Para eventos calificados con más de cinco en esta escala, utiliza la ayuda de un profesional capacitado para que te acompañe a través de los pasos de este libro.

A medida que trabajas tus emociones, necesitarás vigilar tu nivel de intensidad emocional en distintos puntos a lo largo de este trabajo. Cada uno de nosotros es diferente y algunos tienen más problemas que otros a la hora de tolerar las emociones y la información sensorial. Un consejero competente también puede ayudarte a guiar el ritmo de intensidad del trabajo, recordándote que te retires a su oasis periódicamente para controlar tu nivel de tolerancia.

Figura B
Escala de Dolor Emocional
(Subjetivo)

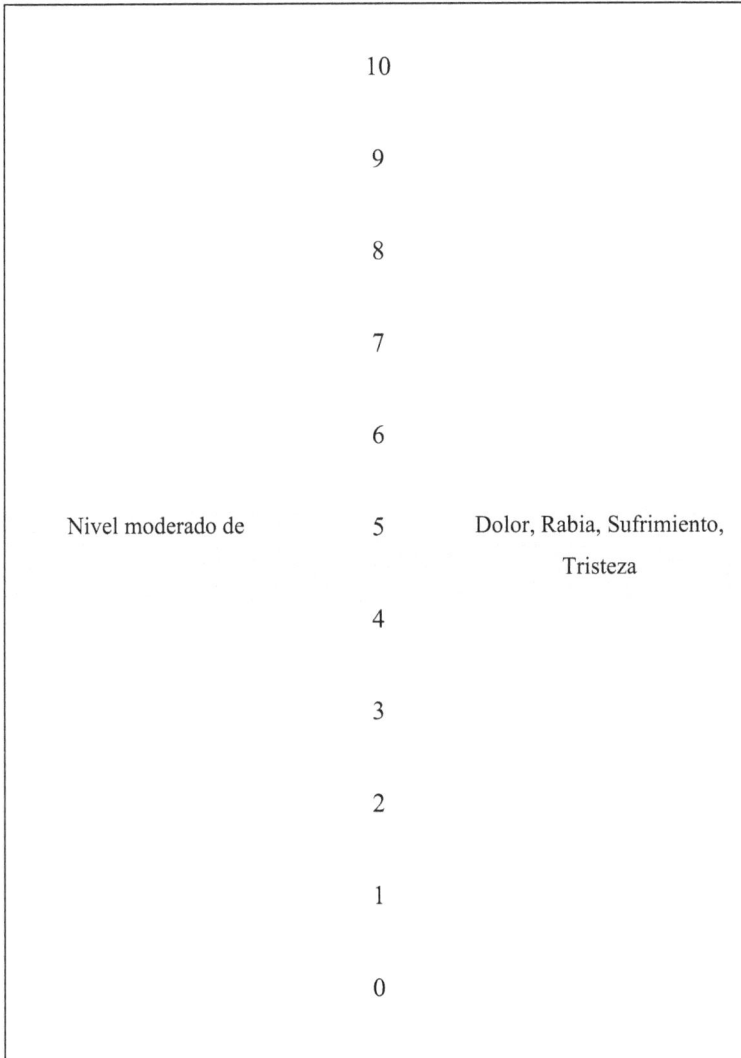

	10	
	9	
	8	
	7	
	6	
Nivel moderado de	5	Dolor, Rabia, Sufrimiento, Tristeza
	4	
	3	
	2	
	1	
	0	

Manejando La Intensidad Emocional Durante Tu Procesamiento

Los siguientes párrafos te guían sobre qué hacer mientras procesas tu dolor. El diagrama a continuación muestra una construcción de un espectro de emociones que aprendí por primera vez de colegas altamente respetados que se especializan en tratamiento del trauma. xxxv Esta escala subjetiva se utiliza a menudo como herramienta de autocontrol durante el tratamiento del trauma. Para nuestros propósitos, aquí me refiero a esto como "la dimensión de emocional", porque es útil recordar que la ira es energía diseñada para reparar y también que la ira que se interioriza a veces puede convertirse en una forma de depresión o tristeza profundamente arraigada.xxxvi Esta tristeza y emoción depresiva a menudo puede liberarse a través de lágrimas o la expresión misma de la ira. Por consiguiente, la ira y la tristeza son dos caras de la misma moneda o extremos opuestos de la misma dimensión, y juntos pueden incluir la dimensión completa de nuestro dolor emocional.

La ira reprimida no es la única causa de depresión. A menudo es algo químico. Muchas personas necesitan la ayuda de medicamentos debido a una condición hereditaria que reduce la serotonina y otros químicos necesarios en el cerebro. En un número significativo de casos, el uso de medicamentos salva vidas y es muy necesario. A menudo la combinación de medicación prescrita adecuadamente y el trabajo terapéutico funcionan muy bien juntos.

Si estás tomando medicamentos, sigue siempre la orientación de tu doctor y no disminuyas ni ajustes los medicamentos por tu cuenta sin la indicación de tu médico. Estos ejercicios no se consideran un reemplazo de la medicación.

Cómo Usar La Dimensión de Reparación Emocional

El siguiente diagrama está diseñado para ayudarte a mantener un rango productivo de intensidad emocional a medida que procesas tus sentimientos. Es posible que en tu vida hayas estado expuesto a niveles de ira o tristeza que estaban desequilibrados y demostrados inapropiadamente. Estos pueden haber sido en forma de ira, rabia improductiva prolongada, rabia o acciones inapropiadas asociadas con la ira sin control. Esos ejemplos son saludables o ejemplos productivos de ira. La tristeza quizá también la has visto en extremo, con desesperación debilitante, debilidad relacionada con la víctima o tristeza que lleva al descuido de sí mismo o de los demás. Estos tampoco son ejemplos saludables. Estas formas de tristeza e ira no se demuestran aquí. El rango de tristeza e ira debe procesarse como trabajo de duelo (una forma saludable de tristeza) y reparación empoderadora (una forma saludable de ira).

Asegúrate de mantener el equilibrio en la intensidad de tu ira y tristeza.

No te dejes abrumar.

Aquí está el cómo mantener tu procesamiento emocional dentro de un equilibrio saludable. Observa que, en la siguiente tabla, la ira está en un extremo del continuo y la tristeza en el otro. Cuando proceses tu ira y tu tristeza, mantén la intensidad de ambos dentro de un rango equilibrado (aproximadamente 20-80 en la escala). En esta dimensión (tristeza - ira), un rango equilibrado y trabajable está representado por un número sobre 20 para la tristeza y por debajo de 80 para la ira. Cualquier nivel de ira que se sienta subjetivamente por encima de 80 en intensidad, o tristeza que este por debajo de 20, no es productivo. Si parece que tus emociones aumentan su intensidad en cualquier dirección (intensidad sobre 80 o por debajo de 20), necesitas un descanso de inmediato, enviar tu mente de regreso a tu oasis y reanudar el lugar seguro que creaste antes de iniciar este trabajo. Si no puedes mantener este equilibrio en la intensidad, por favor detén los ejercicios completamente y consulta con un consejero o psiquiatra capacitado.

Además, si estás lidiando con cualquier forma de psicosis o trastorno emocional que no esté siendo controlando médica o psiquiátricamente, entonces es imperativo que busques ayuda médica adecuada antes de empieza en estos ejercicios; incluso si percibes que tu nivel de dolor está por debajo de 5 en la escala de dolor emocional. Esto no significa que no puedas hacer estos ejercicios, simplemente que necesitas hacerlos cuando los químicos en tu cerebro estén ajustados apropiadamente para permitir que tu procesamiento sea exitoso.

Aquí hay algunas sugerencias adicionales sobre cómo pensar en los puntos entre 20 y 80. En esta dimensión, el punto medio, 50, se considera neutral. Éste también representa calma. A medida que te mueves por encima de 50, te mueves hacia una intensidad creciente del lado de la ira. La ira leve se representa por molestia o irritación (51-60), y la ira moderada a fuerte (61-79) representa un procesamiento equilibrado del dolor emocional. Aumentar a 80-100 representa rabia, que no es saludable ni útil en absoluto. La ira es demasiado intensa y puede conducir a sufrimiento fisiológico.

Ahora, comenzando de nuevo en el punto medio de 50 y moviéndose hacia el rango de abajo, esto representa tu rango de tristeza. A medida que sientes que tu tristeza avanza hacia cero, supervísala. A medida que te mueve por debajo de 50, en tu conciencia, podrás sentirte un poco sombrío o triste (40-49). En un punto entre 21 y 39 sería un dolor, tristeza y desconsuelo más intenso, pero apropiado. La tristeza entre 0 y 20 es demasiado extrema y representa desesperación, donde una persona esta devastada, desesperada o se auto-castiga. No te permitas entrar en este nivel de intensidad porque no es productivo, es auto-abusivo y es completamente lo contrario de la intención de estos ejercicios.

El procesamiento saludable y equilibrado de estas emociones, la tristeza y la ira, supone la expresión de energía que se dirige hacia afuera (fuera de tu cuerpo). Debemos dirigir esta energía hacia afuera de una forma apropiada para evitar que nos enferme. Los siguientes pasos implican formas de liberarla, sacándola de tu cuerpo expresándola verbal y emocionalmente.

Cuando estés procesando tu dolor emocional, mantén la conciencia sobre la intensidad de tus sentimientos y tu cuerpo y manéjalos responsablemente. Recuerda, no puedes sanar si no te cuidas. Toma un descanso cuando lo necesites (toma aire), detente y respira lenta y profundamente. Aplica también algunas de las herramientas cognitivas y escrituras del capítulo anterior a medida que trabajas tu dolor. Periódicamente a lo largo de este trabajo, utiliza estas estrategias para regresar a la neutralidad y la calma entre la expresión de la ira y la tristeza. Este proceso es un flujo y reflujo.

Una buena analogía es el parto. ¿Has notado que los dolores de parto vienen en oleadas seguidas de períodos de alivio? ¿Puede ser más claro que, desde el principio, hay una razón para un flujo y reflujo durante el dolor? ¿Qué tan horrible sería si el nacimiento y el parto implicaran un dolor insuperable con un solo empujón gigantesco, sin preparación, sin un camino gradual de intensidad? No necesitas procesar todo tu dolor emocional en una sola dosis. *¡Ve a tu ritmo!*

Otro punto importante para mantenerte en equilibrio mientras lidias con una emoción inconclusa, es ser consciente de tu tendencia emocional más común. Por ejemplo, si te parece más fácil estar enojado y tiendes a evitar estar en contacto con la tristeza, entonces de hecho necesitas trabajar un poco más dentro de la dimensión de la tristeza de lo que probablemente te gustaría. Recuerda mantener el rango de intensidad entre 21-49. Si te es más fácil llorar, entonces necesitas aprender a ponerte en contacto con tu ira de manera segura, manteniendo el rango de intensidad entre 51 y 79 a medida que procesas tus sentimientos en estos ejercicios. Todos tendemos a inclinarnos hacia la tristeza o la ira en un extremo del espectro más que en el otro, dependiendo de nuestra zona de confort, pero es importante que todos superemos nuestro dolor con equilibrio, procesando tanto la ira como la tristeza.

Caja de Seguridad

Es posible que llegues a un punto en el que sientas que ya has trabajado lo suficiente. Cualquier dolor emocional restante e inconcluso puede dejarse de lado para un momento posterior cuando estés descansado/a o listo para trabajar más. Usando tu imaginación, crea una caja o un jarrón de tu preferencia. Diséñalo en cualquier forma que desees y crea una parte superior con un candado o seguro. Puede ser adornado o hecho de acero pesado, depende de ti. Algunas teorías del trauma lo llaman "container", [xxxvii] y otros han hecho referencia a la idea de una caja de Dios. [xxxviii] Esta es tu caja, nómbrala y diséñala como quieras.

A intervalos, cuando estés listo/a para detenerte un momento, coloca todo el dolor restante en esta caja, cierra la tapa y déjala a un lado. Puedes ponerla bajo llave hasta que estés listo/a para lidiar con eso la próxima vez.

Figura C
Dimensión de Reparación Emocional
(Subjetivo)

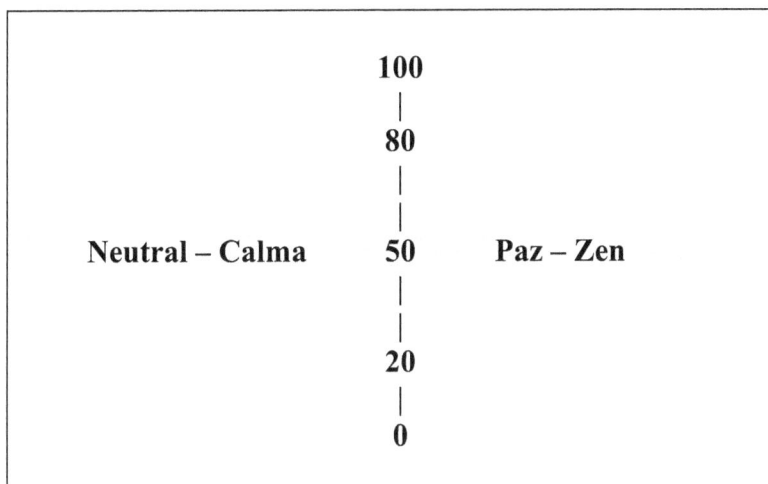

```
                        100
                         |
                        80
                         |
                         |
Neutral – Calma         50        Paz – Zen
                         |
                         |
                        20
                         |
                         0
```

Instrucciones:

No dejes que tus emociones se eleven por encima de 80 o caigan por debajo de 20 en intensidad en la "dimensión de reparación emocional" mientras procesas el dolor emocional. Si te sientes abrumado/a, regresa inmediatamente a tu oasis de seguridad. No tienes que deshacerte de todo el dolor de una vez. Escucha tu propio sentido de límite y respétalo. Abrumarse no es útil. Si es necesario, coloca todo lo que sobre en una caja que puedas crear a través de imágenes, asegúrala y ábrela de nuevo más tarde.

Empoderamiento

Después de procesar la tristeza como la ira, dentro de la intensidad equilibrada descrita anteriormente, puedes comenzar a practicar las afirmaciones de empoderamiento en voz alta. Esto te ayuda a reclamar victoria sobre la situación. Por ejemplo, declara que la situación, pérdida y/o la persona no van a quitarte la vida. Repite en voz alta y si deseas grita si es necesario que estás recuperando tu poder. Di en voz alta que también estás recuperando su salud/ libertad/dignidad y que la situación o la persona ya no tiene ningún poder sobre ti. Mientras reclamas y retomas tu destino dado por Dios también puedes pronunciar en voz alta algunas de las promesas de las Escrituras, tales como: "¡Ningún arma forjada en mi contra prevalecerá!" "¡Estoy santificado y sanado!" "¡Él echó nuestras transgresiones como lejos del oriente está el occidente!"

El Ritmo de Regulación y Contención

Mantén el ritmo durante cualquiera de los trabajos de este libro. Si comienzas a sentirte cansado o abrumada, también puedes colocar el resto del dolor en la caja imaginaria que creaste. Esto es diferente de reprimir tus emociones porque lo está conceptualizando como algo fuera de tu cuerpo o alma, y planeas continuar procesándolo en otro momento apropiado. Esto es la regulación y contención. Cuando tienes un proyecto que hacer en el trabajo, ¿Tienes que terminarlo en un solo día, sin siquiera tomar un descanso para almorzar? No. El trabajo de sanación tampoco se realiza en una sola sesión.

Los Pasos Siguientes

Antes de embarcarnos en los ejercicios de este capítulo, hay una tarea importante que creo que puede mejorar tu sanación aún más. Involucra tus percepciones espirituales y es una tarea de conciencia para ayudarte a aclarar esas percepciones. Parte de este trabajo te invita a evaluar y posiblemente a reexaminar tus percepciones de ti mismo y de los demás, así como de Dios, Cristo o el poder superior. Ya seas cristiano/a o no, de otra afiliación religiosa o no, ateo o no, te invito a examinar el siguiente ejercicio de conciencia espiritual, ya que esta conciencia puede traducirse en TODAS tus relaciones.

EJERCICIO/VALORACIÓN DE CONCIENCIA ESPIRITUAL

Percepción Espiritual

¿Cuál es tu concepto del Creador? Si te han lastimado o engañado, es posible que hayas formado una visión de Dios ligeramente (o extremadamente) distorsionado. Todos hemos estado expuestos al engaño y a la insensatez humana en un momento u otro. Algunos seres humanos con autoridad y algunos líderes religiosos han explotado y abusado de su poder a lo largo de la historia. Esto puede dificultar que una persona quiera conectarse con una deidad de cualquier tipo. Tómate un momento y recorre este primer ejercicio para permitirte la oportunidad de reexaminar cualquier distorsión que se te haya dado o que hayas adoptado a lo largo del camino.

En el área de la recuperación de adicciones, se hace referencia al Creador como el "poder superior" por varias razones. Una de ellas es respetar los diferentes entendimientos que puede tener la gente de este ser que preside en general. Este título también se usa porque algunas de las etiquetas tradicionales para Dios se han convertido en provocación para quienes pueden haber experimentado abuso espiritual. A veces, personas equivocadas han impuesto interpretaciones inexactas de Dios a otros, dándoles una impresión distorsionada. Tener una visión clara de Dios/Creador/poder superior puede ayudarte a alcanzar un nivel más alto de seguridad, sanación y poder. Si no estás listo/a para este paso, está bien. Solo lo menciono aquí porque me gustaría que pudieras sanar espiritual y emocionalmente.

El ejercicio en los siguientes párrafos, al que me refiero como "ejercicio de conciencia espiritual", brinda una oportunidad para que examines tu percepción de Dios. Lee las cuatro preguntas a continuación. Utiliza una hoja de papel separada para cada pregunta. Las primeras te piden que hagas una lista de características positivas y negativas de tus padres y de los cuidadores a los que estuviste apegado/a durante tu infancia. Combina a todos tus cuidadores en este ejercicio. Las siguientes preguntas piden que describas tus percepciones positivas y negativas acerca de Dios. Incluye tus experiencias (oraciones respondidas o no respondidas). Estos cuatro puntos se muestran a continuación en una página; sin embargo, se recomienda que enumeres estas cuatro funciones en cuatro hojas distintas.

Ejercicio de Conciencia Espiritual

Haz estos ejercicios para clasificar y eliminar cualquier percepción incorrecta que puedas haber transferido a Dios, a los demás o a ti mismo/a. Reconectarnos con un ser mucho más grande que nosotros sirve como un gran recurso para la recuperación. Permitir que los recursos positivos de compañeros, profesionales y organizaciones consejeros entren en tu vida pueden elevarte y liberarte.

Utiliza una hoja distinta para cada pregunta

1. Combinando tus padres/cuidadores:

A) Describe las **características positivas** acerca de ellos. Incluye todas las interacciones y experiencias relevantes.

B) Describe las **características negativas** de estos cuidadores. Incluye todas las interacciones y experiencias relevantes.

C) Describe las **características positivas de tu comprensión temprana (o posterior) de Dios o del Poder Superior**. Incluye tus experiencias y encuentros (por ejemplo, oraciones respondidas, etc.).

D) Describe las **características negativas de tu comprensión temprana (o posterior) de Dios o del Poder Superior**. Incluye tus experiencias y encuentros (por ejemplo, oraciones no respondidas, etc.).

Evaluando Tu Conciencia Espiritual

Alinea las hojas de papel con los cuidadores uno al lado del otro con las características del "poder superior". Ahora examina todas las características positivas y negativas, comparando a tus cuidadores con tu percepción de Dios o del poder superior.

Enfócate en tus experiencias percibidas, sabiendo que la intención del cuidador puede haber sido o no deliberadamente negativa o hiriente. Alternativamente, si la intención de ese cuidador en realidad pudo haber sido negativa, es importante que entiendas que el dolor que te estaba provocando provenía de su propio depósito de dolor y no era en lo absoluto para ti.

Desafortunadamente, somos criados por humanos con todas sus imperfecciones y defectos. Lo que te ocurrió *fue y no es* tu culpa. La única razón por la cual no recibiste lo que necesitabas de ese cuidador (amor, respeto, paciencia, valor, seguridad) no fue por ti, fue simplemente porque ese habilidad *no estaba dentro de esa persona.* No tuviste nada que ver con eso y aún eres digno/a de esos maravillosos y amorosos ingredientes. Después de hacer una lista con todo lo que puedas pensar, tanto positivo como negativo sobre tus padres/cuidadores y sobre Dios en páginas separadas, alinea las páginas. Mira los contrastes o similitudes entre tus padres o cuidadores con los de Dios. ¿Coinciden algunas de las características positivas? Más importante aún, ¿algunas de estas percepciones de negatividad se alinean entre tus primeras autoridades y Dios? ¿Algunas de estas características también parecen moldear tu propia autopercepción? Recuerda, estas son *tus* percepciones e interpretaciones. Estos no reflejan necesariamente la intención real de aquellos en tu vida. A medida que realizas parte de este trabajo, considera en tu mente para la posibilidad de que cualquier percepción negativa acerca de Dios pueda haber sido transferida de experiencias negativas que tuviste con tus padres o cuidadores, y colocada en tu imagen mental de Dios.

A veces proyectamos el rostro de nuestros cuidadores en Dios. ¿Qué contrastes o diferencias ves? ¿Cómo pueden separarse algunas de estas percepciones entre los padres y Dios? ¿Hay alguna percepción e interpretación negativa que puedas haber transferido al Creador y/o a ti mismo? Tómate el tiempo para conocerte mejor a ti y a tu poder superior. Es posible que encuentres una imagen diferente al eliminar cualquiera de las narrativas negativas que pueden haber impregnado tu vida.

Ejemplos

Cuando era niña, cuando quería hablar con mi madre, a menudo se encontraba preparando la comida con prisa, por lo que con frecuencia me daba la espalda; ella estaba distraída y no escuchaba. Esto no fue intencionalmente negativo. Intentaba cocinar para la familia y ella no era consciente de la cantidad de interpretaciones que estaba formándome en mi mente joven. Pensé "Tal vez no soy importante". "No vale la pena que me escuchen". Proyecté todas estas percepciones sobre mí, los demás y Dios. Solía ser tímida a la hora de hablar en público y me petrificaba hablar en reuniones la mayor parte del tiempo. Durante gran parte de mi vida como joven adulta, asumí que Dios estaba demasiado ocupado como para escuchar mis oraciones. Lo imaginé ocupado, desinteresado y, mis oraciones, demasiado triviales para él.

Otro ejemplo: A lo largo de mis treinta y tantos años, tenía miedo a ceder o permitir que Dios tuviera control total sobre mi vida. Siempre quise retener parte del control. Tenía metas y estaba decidida a que nadie las obstaculizara. No confiaba en Dios completamente porque pensé que, si entregaba mi voluntad a la suya, tendría que perder todas mis metas y sueños por una vida sin sentido. Al crecer, mi instrucción religiosa incluía humildad y abnegación al extremo. Cuando las circunstancias en mi vida cambiaron dramáticamente y decidí dejar ese control y permitir que él se hiciera cargo, la vida realmente mejoró. He alcanzado mis metas y sueños de una mejor manera, con él estando en el asiento del conductor.

Esa creencia era parcialmente inconsciente. Solo asumí que Dios era así porque en mi vida, varias de las personas que representaban a

Dios habían sido así. Muchas de las personas religiosas que encontré también eran controladoras. Por lo tanto, pensaba que eso era el cristianismo. Aunque tuve padres amorosos y aunque asistí y serví fielmente en la iglesia la mayor parte de mi vida, inconscientemente había combinado mi percepción de Dios con la de algunas de esas personas. En particular, un pariente lejano, cuya percepción de Dios era muy sesgada y que no actuaba como Dios, había sido una breve pero sustancial influencia en mi vida.

No fue hasta finales de mis 40 y principios de mis 50 años que realmente llegué a conocer a Dios de una manera más precisa. Cuando la vida me lo había ocultado todo, lo único que me sostenía era la mano de Dios. Esta percepción semiconsciente pasó a mi conciencia y me di cuenta de que él no es como muchas de las personas religiosas que había encontrado en el pasado. Descubrí que 1. Dios no es un fanático del control. 2. Dios no es neurótico. 3. Dios *realmente* se preocupa por nuestra difícil situación aquí en la tierra.

Entonces, ¿Cómo es Dios Realmente?

Si vamos a identificar las muchas formas en que Dios es diferente de nuestros cuidadores (es decir, lo que Dios no es), entonces ¿Quién es él y cómo es? La Biblia nos da varias descripciones de Dios. Dios es Espíritu (Juan 4:24). Él es un creador; por tanto, tiene creatividad (Génesis 1: 1). Es fuerte (1 Crónicas 16:11) e inmortal (1 Timoteo 1:17). Dios es luz y no hay tinieblas en él (1 Juan 1: 5). El consejo que él da es tan sabio que permanece para siempre (Salmos 33:11) y demuestra ser perfecto, verdadero y un escudo para nuestra protección (Salmos 18:30). Es eterno, incansable y profundamente inteligente (Isaías 40:28).

Él es bueno. Él es el proveedor de todo buen presente (Santiago 1:17). Su Espíritu Santo se describe como poseedor de amor, gozo, paz, paciencia, bondad, bondad y fidelidad (Gálatas 5:22). Hebreos 1: 3 (NVI) dice: "El Hijo es el resplandor de la gloria de Dios, la fiel imagen de lo que él es, y el que sostiene todas las cosas con su palabra poderosa. Después de llevar a cabo la purificación de los pecados, se sentó a la derecha de la Majestad en las alturas".

Él es amoroso y misericordioso con nosotros. Está más interesado en el estado de nuestro corazón que en las apariencias superficiales y externas (1 Samuel 16: 7). Nos ama profunda y generosamente (Juan 3:16). Él es justo y razonable en el sentido de que cuando Jesús caminó sobre la tierra, fue tentado de todas las formas en que nosotros somos tentados; aun así, Dios nos brinda una salida a esas tentaciones (1 Corintios 10:13). Él no es dominante ni oneroso en sus requisitos para nosotros (1 Juan 5: 3). Cuando cometemos errores, él es fiel y justo para perdonarnos y nos limpia por completo de todos nuestros errores (1 Juan 1: 9). En realidad, Dios es misericordioso y nos perdona antes de que podamos siquiera estar a la altura y antes de que nos lo hayamos ganado. Romanos 5:7-8 (NVI) dice: " Difícilmente habrá quien muera por un justo, aunque tal vez haya quien se atreva a morir por una persona buena. Pero Dios demuestra su amor por nosotros en esto: en que cuando todavía éramos pecadores, Cristo murió por nosotros". Él es siempre fiel y leal a nosotros; no nos mentirá (Números 23:19), él no cambia de opinión (Números 23:19) y nunca nos dejará (Hebreos 13:5). Dios nos cumple sus promesas, es paciente con nosotros y quiere que seamos restaurados (2 Pedro 3:9). Su palabra es verdad (Juan 17:17).

Él es ferozmente protector contigo y vendrá en tu rescate como un refugio fuerte y poderoso. En Deuteronomio 33:27 (NVI) dice: "El Dios eterno es tu refugio; por siempre te sostiene entre sus brazos. Expulsará de tu presencia al enemigo y te ordenará que lo destruyas." Él es Santo (Isaías 6: 3), eterno (Salmo 90:2) e inmutable (Hebreos 13: 8, Malaquías 3: 6).

¿Se ha tergiversado tu impresión de Dios? O ésta ¿Ha sido manchada por personas que tienen una visión distorsionada de él? La religión se debe diferenciar de las relaciones y es importante comprender que estas tergiversaciones religiosas provienen de las personas y no de Dios. Estas percepciones son diferentes de la persona y personalidad de Dios. Te invito a que te tomes un tiempo para explorar quién es él y cómo es realmente. Puedes hacer eso al leer el Nuevo Testamento o al hablar con personas que sean emocional y espiritualmente saludables en su relación con Dios. También puedes lograrlo al comenzar a hablar con él (o hablar más con él).

Evaluación Adicional

Ahora compara mentalmente todas estas características con las personas de tu vida actual. ¿Ves algún paralelo entre las características de tus padres/cuidadores en comparación con tu percepción de otras personas en tu vida actual? Las interpretaciones originales como estas pueden tener un impacto generalizado en cómo percibimos e interpretamos a Dios y cómo percibimos e interpretamos a los demás en nuestra vida. Podemos malinterpretar las intenciones de nuestros compañeros, amigos o jefes cuando, de hecho, no tienen la intención de lastimarnos. Tendemos a poner el rostro del originador en Dios, amigos, cónyuges, etc., y a impedirnos conocer la verdadera persona y relación que existe allí mismo frente a nosotros.

Esto también se aplica internamente. A menudo nos tratamos a como nos sentimos tratados (es decir, auto-descuido, dureza, etc.) e incluso a veces seleccionamos socios, amigos y entornos de trabajo que recrean la misma dinámica. Estas pueden ser personas que tienen intención de hacer daño a causa de sus propios problemas.

Llevándolo más allá, pregúntate si has estado tratándote con el mismo descuido al ignorar tus sentimientos y necesidades, o si elegiste a personas abusivas en tu vida. De la crianza de un progenitor ausente, quizá ¿te formaste la opinión de que Dios también está demasiado ocupado para ti? Si tu padre, madre o ser querido te abandonó temprano en la vida, esa ausencia ¿te hizo creer que no tienes a nadie o que Dios no es real? Quizá recuerdes a tu padre o cuidador enojado contigo y, por lo tanto, tu percepción de Dios es de enojo. Dios no está bravo, ni demasiado ocupado para ti.[xxxix] De hecho, Dios rebosa de amor por ti.

¿Por qué a veces vemos a Dios como algo negativo? Como seres humanos hasta cierto punto tendemos a proyectar cualquier estilo de crianza que recibimos, en la imagen que tenemos de Dios. Si recibimos una gran crianza, entonces quizá veamos un creador amoroso. Si nuestros cuidadores estuvieron demasiado ocupados o fueran abusivos, quizá veamos al creador como no disponible o incluso intimidante. A menudo proyectamos una imagen sobre la deidad sin tomarnos el tiempo para aprender quién es realmente esta deidad como persona.

Si tu madre, padre o cuidador te lastimó, puedo asegurarte que a Dios eso tampoco lo hizo feliz. En Efesios 6:4, Dios les dice a los padres que no provoquen la ira de sus hijos. ¿Alguna vez alguien tuvo una falsa impresión negativa sobre ti y ni siquiera te habló para descubrir que no eres como él/ella pensó que eras? ¿Recuerdas cómo se sintió eso? Si tienes una imagen distorsionada de Dios, te invito a reexaminar esta percepción.

A veces estamos decepcionados de Dios. Oramos mucho por esa respuesta y ésta no llegó o no resultó como queríamos. Esto puede ser difícil de entender. He tenido oraciones que no fueron respondidas en la dirección que esperaba y he aprendido que hay más dimensiones a las circunstancias de la vida de las que puede ver el ojo humano. A menudo la justicia está en camino, pero todavía no la vemos.

EJERCICIOS PARA PROCESAR TU DOLOR

---- ❧ ----

Administración de Seguridad

Antes de que empecemos, y sí, lo reiteraré de nuevo: no comiences a trabajar en tu dolor emocional sin tomar los pasos descritos anteriormente para evaluar tu nivel de dolor y revisar las secciones que involucran preparación. Estos ejercicios están destinados a realizarse con un nivel leve (no más que moderado) de dolor emocional si no hay un terapeuta presente. En particular, "Imágenes de silla" parte uno, requiere esta guía debido a la naturaleza del procesamiento emocional.

Si no te encuentras con un profesional y deseas deshacerte del dolor intenso (percibido subjetivamente por encima de 5 en la escala de 0 a 10), es posible trabajar de manera segura en estos problemas al pasar directamente a la parte cuatro de "imágenes de silla", saltándose el trabajo más intenso de la parte uno. También podrás notar que, a medida que procesas con éxito el dolor leve a moderadamente intenso a través de todos los ejercicios y a medida que practicas el cambio cognitivo, tu perspectiva puede cambiar; haciendo que sea más fácil procesar de manera segura eventos que antes eran intensos, porque ahora se perciben como menos intensos que antes. Idealmente, espero que puedas liberar tu alma de todos los niveles de dolor que puedas tener guardados. Mantente animado/a. Incluso si solo eres capaz de procesar parte de los siguientes ejercicios, Dios puede tomar esa parte y obrar milagros.

Proceso de Cuatro Partes Para Expresar la Emoción: Imágenes de Silla

Los ejercicios que se realizan aquí con las habilidades descritas a lo largo de este libro están destinados a ayudar a mejorar tus percepciones y enfoque automático de muchos eventos de la vida. No te apresures con estos ejercicios. Tómate suficientes descansos. Regresa a tu oasis tanto como lo necesites y haz una pausa, poniendo a un lado los problemas restantes con la frecuencia que necesites.

Se honesto/a contigo mismo/a, trabaja a tu propio ritmo. No tienes que completar todos los ejercicios de este capítulo para considerarte completo en tu proceso con Dios como tu sanador. Tampoco tienes que hacer todo lo que se describe en estos ejercicios para lograr el máximo beneficio. Tu ritmo, tu zona de confort y tu tiempo son el ritmo, la zona y el horario correctos. También, a medida que trabajas en cualquiera de estos pasos, puedes simplemente leer una pequeña parte, aplicarla y luego leer el siguiente paso. El único requisito es que te mantengas en un estado de seguridad emocional durante todo este proceso.

Los siguientes ejercicios provienen de algunos métodos tradicionales e incluyen algunos procedimientos adicionales que he desarrollado y expandido con el uso de imágenes guiadas. Se recomienda que comiences con un dolor leve para procesar primero el trabajo del perdón y, a medida que te acostumbres a esta forma de percibir y pensar, podrás trabajar en problemas más desafiantes. En el futuro estos ejercicios te pueden ayudar a experimentar un impacto reducido de otras experiencias dolorosas.

¿Quién te Lastimó?

Elije una persona a la que te haya costado perdonar. Elije un evento con un nivel de intensidad de dolor no superior a cinco en la escala de dolor emocional que se mostró anteriormente.

Antes de que imagines a la persona sentada allí, quizá necesites imaginar un límite protector entre ti y esa persona. Puede ser una cerca, arbustos, un muro o una multitud de ángeles. Puedes invitar a Jesús a que te acompañe. Él ya conoce la profundidad de cómo te sientes. Usa todas las imágenes emocionales que necesites para brindarte sensación de seguridad emocional. Algunas personas también imaginan tener un animal poderoso, su mascota favorita o un miembro de la familia como recurso protector. Puedes elegir un amigo de confianza en persona o un terapeuta de confianza. Utiliza lo que mejor te funcione.

Recuerda ir a tu ritmo

Expresa emoción/Desahógate/Exprésate/Libera

En los siguientes ejercicios, con la protección necesaria en su lugar, puedes comenzar a procesar tu dolor y sentimientos inconclusos. Aquí he delineado algunos métodos, todos los cuales hacen uso de tu imaginación dada por Dios. Siempre haz esto con cualquiera y con todas las protecciones que necesites poner entre ti y esa persona (o situación).

Imágenes de Silla (Parte Uno)

Imagina una silla frente a ti, a una distancia cómoda al otro lado de la habitación. De nuevo, asegúrate de que tu nivel de dolor de esta persona no supere un cinco en la escala de dolor emocional. A continuación, visualiza a esa persona sentada en silencio en la silla a una distancia que se sienta segura. Mira a esa persona sentada en la silla (vacía) como silenciosa y atenta, sin refutación ni reacción. En esta imagen no te responderán, no te atacarán, no te amenazarán ni abusarán de ti de ninguna manera.

Son muchos los beneficios de utilizar este método para deshacerse del dolor y la ira. Primero, no corres el riesgo de tener que lidiar con las represalias, excusas o acusaciones falsas que podrías encontrar si confrontas a esa persona en la vida real. Además, Dios ha creado nuestros cerebros para permitirnos tener la experiencia de alivio sin la necesidad de tener a la persona frente a nosotros. Aquí puedes decirle lo que has estado queriendo o necesitando decirle (a través de imágenes) y que no puedas decirle en persona. Tu cerebro puede sentir como si realmente pudieras decirle algo a esa persona. A través de este ejercicio, todo tu cuerpo puede sentir una liberación de dolor emocional sin tener que cambiar a la persona en absoluto o incluso hacer que te escuche. Ni siquiera tienen que saber cómo te sientes en la vida real para que puedas deshacerte del dolor y superar lo que han hecho.

Recuerda ir a tu ritmo

Controla tu ritmo, toma respiraciones lentas y profundas entre las expresiones de ira y tristeza. Evita hiperventilar o sentirte abrumado/a y retrocede si comienzas a sentir pánico. Retírate de inmediato al oasis que creaste antes de comenzar este trabajo.

***Nota: La parte uno de Imágenes de Silla no es una sesión de práctica para una confrontación en la vida real.**

A veces conviene impedir que la persona sepa realmente lo que hemos estado sintiendo. En muchos casos, podría ser peligroso confrontar al perpetrador en la vida real. En otros casos, es posible que sea inútil o que les sobrecargue innecesariamente. Algunas personas nos lastiman sin querer o tienen un trastorno continuo que crea desafíos significativos en su comportamiento.

Ahora, visualiza detalladamente a esa persona sentada frente a ti. Haz que las características de esta imagen sean lo más específicas posible. Observa su vestimenta, apariencia y expresión facial. Observe su ropa, su estatura y, si es posible, intenta recordar su olor. Aquí en esta situación, él o ella es todo ojos y oídos: No puede responder, solo escuchará lo que tengas que decir. Haz que las características de esta imagen sean tolerables para ti y haz que sean lo más específicas posible.

Procesa la Ira

Ahora dile todo lo que no puedas decirle en persona. Dilo sin censura, no te reprimas. Procesa la ira que has estado guardando en tu corazón (y en tu cuerpo). Expresa todo a lo que te has estado aferrando. No hay vergüenza en traer a colación lo que has estado guardado en tu corazón si lo haces para deshacerte de eso. Dios ya sabe de qué necesitas deshacerte. Expresar, gritar, llorar, sollozar, expresar emoción. La ira está diseñada para reparar y esta es una forma de reparación; una forma de repararte. Aquí es donde te deshaces de todo el dolor reprimido. Cuando una herida está infectada, es necesario drenarla. Aquí es donde puedes drenar todo el dolor. Háblale a esta imagen de ellos acerca de lo que hicieron, de lo que no hicieron o de lo que deberían haber hecho.

Procesa la Tristeza

Expresar tristeza también es importante para equilibra tus emociones al decirles que te tiene triste, herido/a, o desilusionado/a. Permite que las lágrimas fluyan.

Equilibra Tu Ritmo

Sigue protegiéndote. Esto puede significar estar con un amigo de confianza o mejor aún, un profesional capacitado. Puedes realizar este ejercicio verbal en voz alta o en silencio sin pronunciar una palabra, usando imágenes, dándote más privacidad en presencia de quien esté contigo.

Procesa tu dolor hasta que sientas alivio o hasta que te sientas cansado/a. Es posible que te sientas bastante agotado después de este ejercicio, simultáneamente con una agradable sensación de alivio y de un peso que se quita de tus hombros. Date tiempo para descansar.

El Perpetrador ¿Es Realmente el Perpetrador?

Tómate un momento para evaluar si la persona a la que te diriges con tu ira es realmente el perpetrador original. ¿Esta persona te recuerda a un padre, madre, cuidador o a alguien que te lastimó hace mucho tiempo? ¿Es parte de tu enojo por algo anterior? ¿Quién fue la primera persona asociada originalmente con este dolor? Si se originó en alguien anterior o alguien más poderoso en tu vida, quizá necesites procesar el resto de este trabajo con un profesional o quizá simplemente deba dejarse de lado para otro día.

Clasificar la parte del dolor asociada con la persona reciente en contraposición a la persona original, puede ayudarte a evitar que coloques un peso indebido en la persona presente en tu vida. Puede ayudarte a reducir el alcance adecuadamente mientras trabajas en el dolor más reciente. Si eliges trabajar en el dolor original y anterior, es mucho más profundo y puede brindarte un mayor beneficio. Solo recuerda que entre más profundo sea el trabajo, más se recomienda la compañía de un terapeuta capacitado. No apresures el proceso. Cuídate durante todo el proceso.

Imágenes de Silla (Parte Dos)

Después de lidiar con la ira y la tristeza hasta el punto en que sientas alivio, visualiza de nuevo a esa persona en la silla. Esta vez permítete imaginar y verla a una edad más temprana en la que pudo haber ocurrido su daño. No tienes que conocer esos detalles acerca de él/ella. También puedes pedirle a Dios que te dé conocimiento y una perspectiva de lo que pudo haber causado que él o ella fuera de esa manera, o qué es posible que estuviera sucediendo dentro de ellos. **Esta es la primera introducción para que aprendas a percibir a esa persona y esa situación a través de los ojos de Dios.**

Una Perspectiva Diferente

Mucho de esto es a través de tu imaginación; aun así, es razonable creer que esa persona, en algún punto en su vida, no recibió en su alma las herramientas necesarias para llevarla a comportarse con amor. ¿No recibieron padres sanos? ¿Tienen traumas por algún evento? o tal vez, ¿Tienen un desequilibrio químico? Sin descartar su responsabilidad por sus acciones, lo más probable es que tengan el alma herida.

Sabiendo la probabilidad de que un niño/a herido resida dentro de ellos, visualiza esta parte de ellos sentada justo frente a ti. Aún puedes mantener intactos los límites que usaste en la parte I de este ejercicio. Permítete visualizarlos a esa edad más joven en un estado de sus heridas. ¿Qué ves con tu imaginación? ¿Tienen cinco años de edad o son aún más jóvenes? ¿Un/una bebé en una cuna? ¿Es un/una adolescente que fue abusado/a? Imagina cómo se ven su espíritu y su alma en esta condición. ¿Están andrajosos o demacrados? Con sus almas en este nivel de déficit, ¿Se ven pequeños o frágiles? Pide a Dios que te dé ojos espirituales para ver cuál es su probable dolor original y los abusos de su propia historia de vida. Pide a Dios que te dé una mirada de su alma.

La teoría psicodinámica apoya el entendimiento de que es un alma herida quien dirige el show en situaciones que lastiman a otros. El autor y teólogo John Bradshaw se refiere a esto como un "niño interior herido".[xl] La gente no empieza en este mundo con la intención de causar dolor a otros. La infracción sobre ellos puede ser en muchos niveles y podría originarse por abuso infantil, negligencia o algún otro trauma durante su vida. También podría haber habido un impacto en el útero, como el abuso de drogas, pérdida de oxígeno o falta de nutrientes para el feto.

Ahora, el propósito de esta parte del ejercicio no es que les des un pase gratis. Todos seguimos siendo responsables de nuestras acciones. Entonces, esta tarea no está diseñada para que te sientas culpable por tu enojo. Eso simplemente sería culpa falsa.

Mientras los visualizas sentados allí a una edad más temprana, imagina algunos de los eventos que posiblemente los hicieron así de odiosos o crueles. Quizá tengas una idea a partir de lo que ya sabes sobre ellos. Míralos sentados frente a ti, todavía a una distancia segura y con cualquier límite necesario. Analiza lo que ves. Imagina lo frágiles, demacrados, asustados, débiles o pequeños que parecen en comparación con la apariencia adulta externa que encontraste. Observa cómo en realidad no tienen poder, sino que actuaban a partir de su propia herida y la toxicidad que se derramó sobre ellos. Este es su niño interior herido.[xli]

Perspectiva de Su Visión del Mundo

De nuevo, sin disculpar su comportamiento, esta es la etapa en la que puedes imaginar la visión del mundo desde los ojos de esa persona. Existen diferentes métodos para hacerlo y no es necesario que sigas todos los métodos descritos en esta sección. Puedes hacer esto desde una distancia segura. Puedes imaginar que Dios te está mostrando un video de las experiencias pasadas las cuales hicieron que sea quien es hoy. Si te sientes cómodo/a y dependiendo de quién sea la persona, puedes imaginar que eres capaz de pararte detrás de él/ella para ver el mundo a través de sus ojos. Si te siente lo suficientemente seguro/a, puedes imaginar que tienes una armadura de cuerpo entero y que entras temporalmente en su propio mundo interno por un momento, viendo lo asustado, frío o vacío que puede sentirse su mundo. Mantente tan distante como sea necesario y continúa manteniendo los límites emocionales, físicos y espirituales que necesites.

Recuerda, no hagas nada que te resulte incómodo o amenazada. Este es un momento para sintonizar tus sentimientos y respetarlos. Si no quieres imaginarte estando cerca de esta persona, puedes ver el video de su mundo desde lejos, como en una distante pantalla de cine.

No me importa repetir que **recuerdes cuidarte emocionalmente durante este trabajo.** Es completamente comprensible no querer caer en la mente de un violador o de alguien que lastimó a tu ser querido. Entonces **escucha y respeta tus propios sentimientos y necesidades**. Sigue siendo muy revelador ver esta información desde el otro lado de la habitación mientras permaneces protegido/a por una barrera fuerte.

Ahora, solo por unos momentos, a medida que te permites imaginar el mundo desde sus ojos, puedes comenzar a ver que son (muy probablemente) un recipiente vacío o alguien que lleva consigo un dolor significativo (toxinas). Los niños que son abusados y maltratados normalmente internalizan esos eventos como evidencia de que ellos mismos son *malos* y, por lo tanto, a veces eligen comportamientos que refuerzan su autoconcepto de *maldad*. Imagina estos déficits en su alma.

Percibiendo el Ahora a Distancia

Ahora ve al otro lado de la habitación, lejos de él/ella, donde pueda verle a distancia con toda esa información. Nota cuán vacía y desnuda parece estar su alma. ¿Cómo podría ese individuo haber sido capaz de darte lo que necesitabas? ¿Dónde está ese amor, respeto, aprobación, lealtad o ingrediente positivo que necesitabas recibir de su parte? Su mundo interno, su alma y mente pueden estar tan dañados o vacíos que es como una máquina expendedora vacía. ¿Seguirías introduciendo dinero en una máquina expendedora vacía cuando ves claramente a través del vidrio que no hay nada en su interior?

Seguir teniendo rabia con esa persona (usando tu energía para intentar repararla o reparar la situación) es literalmente así de inútil. Queda claro que no puedes reparar a esa persona o situación al continuar agitando esa ira en tu propia alma. Con nuestro propio poder no podemos hacer que cambien, que se arrepientan, que nos amen o nos traten bien. Lo que estábamos buscando *simplemente* NO está ahí. Coloca la imagen de una máquina expendedora vacía sobre la imagen de esa persona, niño interior herido o alma vacía.

Lo que es muy importante que notes en este punto es que lo que te hicieron realmente no fue tu culpa. Fue culpa de ellos y de su visión distorsionada del mundo. No tienes que recibir, internalizar ni ofenderte si realmente no fue tu culpa en primer lugar. El insulto, la difamación, la traición, el ataque no fue realmente un objetivo para ti. Tu simplemente resultaste ser la persona en el fuego cruzado. Su ofensa fue realmente por otra cosa o alguien más en su propio mundo.

No permitas que su ofensa tenga más espacio en tu alma. Advierte que él/ella realmente no llega a tener el poder que alguna vez reclamó. Permítete ver esa imagen en todas sus debilidades. No es tu responsabilidad arreglarla, pero puedes entregarla a alguien que pueda hacerlo.

¿Estás listo/a para deshacerte de esta carga? No te detengas aquí. El siguiente paso puede ser la parte restauradora para ti.

Imágenes de Silla (Parte Tres)

Hay buenas noticias en 1 Pedro 5: 7 (NVI), "Depositen en él toda ansiedad, porque él cuida de ustedes." Esto es lo que nos lleva a la mejor parte de este trabajo. Para hacer el siguiente paso de forma tradicional, necesitarás una percepción confiable de Dios. Si aún no la tienes o no crees en Dios, puedes usar la imagen de alguien en quien confías y percibes como un refugio. Si te sientes más cómodo/a eligiendo a alguien de confianza, está bien. Solo recuerda que los humanos no son todopoderosos y que a veces, son falibles. Puedes elegir un abuelo/a, una mascota, un amigo o tu interpretación de un poder superior. En el siguiente ejercicio, usaré el lenguaje cristiano; sin embargo, puedes aplicar la imagen de un recurso en el que te sientas cómodo/a y en el cual confíes.

Ahora visualiza esa imagen de confianza. Permítete subir a la silla de Dios, a su trono, de una manera que se sienta segura y enriquecedora para ti. Puedes imaginarte a ti mismo acunado en sus fuertes brazos protectores. Aplica cualquier imagen y experiencia tangible que se adapte a tus necesidades. Imagínalo mirándote a los ojos con un amor que va mucho más allá de cualquier cosa que hayas visto antes. Escúchalo diciéndote las cosas que necesitabas escuchar de esa persona (la máquina expendedora vacía o el alma herida) las cuales nunca te dijo. Escucha las palabras del creador sobre lo amado y valioso que eres. Escucha la reafirmación de que tu vida es importante y de que tienes un propósito único aquí en esta tierra el cual nadie tiene el poder de quitarle. Lee Romanos 11:29, "porque las dádivas de Dios son irrevocables, como lo es también su llamamiento." (NVI). Escúchalo decir que está contigo y que nunca estás solo. En Deuteronomio 31: 6 dice: "Sean fuertes y valientes. No teman ni se asusten ante esas naciones, pues el Señor su Dios siempre los acompañará; nunca los dejará ni los abandonará" (NVI). Nota como el creador mira a tus ojos como con un torrente de amor que es más rico y más profundo que cualquier cosa que hayas experimentado aquí en esta tierra. Advierte que este flujo contiene todo lo que necesitas a medida que experimentas su respeto, amor, honor, dignidad, seguridad y validación. Siente cómo se vierte directamente en tu corazón y tu alma. Aquí es donde puedes recibir todo lo que necesitas en cualquier momento y sin demora.

Siéntate con esta imagen por la cantidad de tiempo que necesites tanto tiempo como necesites. Esta es una parte del ejercicio que se puede repetir en cualquier momento y revisarse tantas veces como desees. La realidad es que este amor *siempre está presente y disponible* y esperando a que te conectes, incluso en medio de un día ajetreado, una mala experiencia o un jefe que grita. Conéctate y descansa cuando y con tanta frecuencia como lo necesites.

A veces incluso los mejores amigos no están disponibles o tienen sus propios problemas cuando los necesitamos. El amor de Dios siempre está ahí para ti. Sigue siendo un recurso constante y disponible, sin importar las imágenes que proyectemos sobre él. Si sientes que lo odias, debes saber que él te ama a pesar de todo. En Lamentaciones 3: 22-23 dice, "El gran amor del Señor nunca se acaba, y su compasión jamás se agota. Cada mañana se renuevan sus bondades; ¡muy grande es su fidelidad!" (NVI). Él espera listo, dispuesto y disponible para proporcionar todo lo que necesitas en ese momento, en ese mismo segundo. Él está ahí para brindarnos amor incondicional, respeto y dignidad, incluso si no lo sentimos. En Apocalipsis 3:20, Jesús dijo: "¡Mira que estoy a la puerta y llamo. Si alguno oye mi voz y abre la puerta, entraré, y cenaré con él, y él conmigo." (NVI). La tierra es imperfecta. A veces los mejores amigos, esposos, esposas, jefes o padres no siempre pueden darnos intuitivamente lo que necesitamos. Dios es un constante recurso disponible del que podemos recibir de manera fiel, continua y confiable cuando lo pedimos.

Si no te sientes digno/a de llamarlo para pedirle lo que necesitas, recuerda que él ha eliminado todas tus transgresiones como lejos del oriente está el occidente (Salmos 103:12). Por lo tanto, la culpa que puedes estar cargando es *falsa culpa*. Jesús dijo en Mateo 23:37, "¡¡Jerusalén, Jerusalén, que matas a los profetas y apedreas a los que se te envían! ¡Cuántas veces quise reunir a tus hijos, como reúne la gallina a sus pollitos debajo de sus alas, pero no quisiste!" (NVI).

Sumérgete en este amor y aceptación de Dios, tu poder superior, en cual él ha querido bañarte. Él ha esperado pacientemente a que lo pidieras. Permítete ver el rayo de amor en sus ojos mientras su amor fluye desde su corazón al tuyo y mira tú dulce rostro, dulcemente reflejado en sus ojos. Toma todo lo que necesites y durante el tiempo que necesites. Repítelo tantas veces como sea necesario. Esto puede haber estado muy atrasado.

Imágenes de Silla (Parte Cuatro)

Después de absorber todo lo que necesitas del creador, mirando a la persona en la silla a la distancia, ocupémonos del último paso. Mientras regresas a la habitación y adviertes la silla frente a ti, levanta a esa persona (trabajo, matrimonio, cónyuge, jefe, hijo o enemigo) que te ha herido y entrégala a Dios. Entrégale TODAS aquellas cosas que no puedas controlar, arreglar, reparar o cambiar. Toma todo el dolor y a la persona que estaba en la silla (ese adulto y niño interior herido) y envíalos directamente a Dios.

1 Pedro 5:7 (RVR 1960)

"Echando toda vuestra ansiedad sobre él, porque él tiene cuidado de vosotros."

Ocasiones en las que omitir las imágenes silla partes uno y dos

En la parte cuatro de "imágenes de silla" también puedes incluir algunas de esas heridas más grandes (con dolor emocional que va de 6 a 10), si no estás listo/a para la intensidad emocional de la fase inicial de la parte uno de imágenes de silla. No es necesario que proceses la ira y la tristeza antes de entregarle algo directamente a Dios. A veces si el dolor es muy intenso y no hay un profesional disponible, no hay nada de malo en entregar esas grandes heridas directamente a Dios sin pasar por las imágenes de silla partes uno y dos.

Entrégale todos los pedazos de las cosas que sucedieron, las desilusiones, el matrimonio roto, el hijo que murió, la confianza rota. Permítele que haga un gran intercambio por ti. Entrégale los pedazos rotos y las desilusiones de tu vida y permite que los convierta en algo más allá de lo que puedas imaginar. Él te dará una corona en vez de cenizas (Isaías 61: 3).

Razones Para Orar Por Quienes Nos Lastiman

Estos ejercicios pueden hacer que sea más fácil entender por qué orar por nuestros enemigos. Cuando realmente sabes 1. Que están heridos. 2. Lo que hicieron NO es culpa tuya (sino de algo que está mal dentro de ellos). 3. No necesitas que la recompensa venga de ellos porque 4. Puedes recibir todo lo que necesitas de Dios, esto elimina su poder sobre ti. Cuando oramos por nuestros enemigos estamos orando para que Dios les dé lo que realmente necesitan. Las cosas que necesitan son 1. Ser conscientes de la gravedad de sus actos. 2. Lecciones enseñadas con experiencias que solo Dios puede proveer. 3. Deshacerse de la toxicidad que había envenenado sus almas para que puedan cambiar.

No es nuestro trabajo arreglarlos y eso es de gran alivio. Cuando vives en un lugar libre de tener que preocuparte por ellos o de ser quien que se vengue, tienes paz y puedes subir más alto al nivel de perdón que se discutirá en el siguiente capítulo, al que me refiero como "H.O.P.E." por sus siglas en inglés. Para hacer esto, también debes aprender auto-perdón.

Auto-Perdón

La Intención Raíz

A veces como cristianos pensamos que ser punitivos con nosotros mismos es ser humildes y santos, pero no lo es. En realidad, es una forma de auto-abuso y posiblemente arrogancia. El auto-perdón no es lo mismo que darse un pase libre ni indulgencia por hacer el mal. El auto-perdón incluye la responsabilidad por las acciones y el hacer las paces cuando lo merezca.

El auto-perdón del que hablo implica una mirada más profunda que puede ayudarte a ganar entendimiento y orientación hacia la sanación. Normalmente somos mucho más duros con nosotros mismos que con los demás y esto nos roba. No solo nos robamos a nosotros mismos la conciencia que nos puede ayudar a ser más saludables internamente, sino que también les robamos a los demás porque agotamos nuestra capacidad para ayudarlos de manera efectiva. Entonces por favor, al menos por el bien de los demás, decide dejar de lado tu autocastigo inapropiado.

Así como la persona que te lastimó fue engañada por su propio niño interior herido, tus propios errores son el resultado de equivocaciones similares. Si observas la intención detrás de tus acciones, a menudo puedes rastrearla hasta una raíz básica que se puede entender a través de los ojos de la misericordia: a través de los ojos de Dios.

¿Cuáles son tus intenciones subyacentes a la acción? Por ejemplo, si tu acción se basó en el miedo, esto no debe juzgarse como cobardía. Fácilmente podría haber sido instinto proteger a ti mismo, un instinto de supervivencia natural. Quizá tenías miedo de estar solo/a o de ser rechazado/a, pero tu acción en la superficie parecía egoísta. Tus acciones pueden haberse basado en un intento de supervivencia (emocional, física, espiritual). Dios nos inculcó el instinto de sobrevivir porque quiere que vivamos. Si permaneces concentrado solo en la acción superficial, juzgándote y condenándote, nunca llegarás a la raíz de la acción.

¿Por qué debería prestarme atención a mí mismo/a? ¿No sería eso egoísta? La definición de egoísmo del diccionario Webster supone una preocupación excesiva por uno mismo con exclusión de los demás. Esto no es para nada de lo que estoy hablando aquí. Si no estás dispuesto a sintonizar con la conciencia de tus propios sentimientos, necesidades y heridas, tu radar se distorsionará. Esto puede conducir a una mala toma de decisiones. Puedes perderte de la sabiduría intuitiva porque parte de esa sabiduría viene de la alineación divina y de la intuición. Puede ser que interpretes sin precisión la guía del Espíritu Santo porque la auto-condena podría nublar tu juicio y bloquear esta conexión. Sin ser conscientes de las necesidades, intenciones y dolores que tenemos dentro, oscurecemos y ponemos límites a nuestra capacidad de ayudar a los demás. Si estás acostumbrado a ignorar tus necesidades diarias, puede ser que también estés silenciando las necesidades expresadas por tus propios hijos y seres queridos.

Creo que toda acción equivocada tiene raíz en una herida o una necesidad enterrada bajo la superficie. Seguir castigándote por esto solo perpetúa el problema. Lo único que logras al ignorar tu propio dolor enterrado o necesidad, es no cuidar de ti. Esto no solo te roba las relaciones, sino que también le quita a la otra persona la bendición que puedes ser para ella. Te roba a ti y a él/ella.

Aprende a sintonizarte con tus necesidades, intenciones, miedos y emociones con el propósito de elegir una acción saludable. No necesitamos actuar directamente sobre nuestras emociones o dejar que nos gobiernen; necesitamos sopesar esta información en el proceso de toma de decisiones equilibrada. A través de una conciencia más profunda en esta forma, uno puede descubrir respuestas y opciones más efectivas que pueden beneficiar a todos.

Reparación

A medida que buscas en tu alma la raíz de tu arrepentimiento, puede que encuentres un área de reparación que tenga que abordarse. Este puede ser un paso importante en el auto-perdón. Los 12 pasos en los programas de recuperación reconocen la necesidad de conciencia de los problemas que tenemos, sin embargo, esto se hace con aceptación en lugar de condena. Considerando el pasaje, "Ahora, pues, ninguna condenación hay para los que están en Cristo Jesús, los que no andan conforme a la carne, sino conforme al Espíritu." (Romanos 8:1 PVR 1960). Hacer las enmiendas de esta manera es reparación constructiva. Como hacer las paces es un paso importante en la recuperación, esto también puede ser parte de tu propio proceso de auto-perdón.

Hay un número de formas de enmendar. Un método puede ser en persona; sin embargo, consulta con un profesional de confianza antes de intentar interactuar con alguien que pueda enfrentar tu intento con hostilidad o daño. A veces no es seguro hacer las paces cara a cara, ni emocional ni físicamente. No siempre tienes que hacer esto en persona.

En algunas situaciones puede ser muy doloroso para el destinatario que le hagan recordar en persona. Puedes utilizar uno de los ejercicios de silla descritos a continuación para enmendarte sin que la persona tenga que estar presente. Puede que la otra persona no quiera perdonarte y que se vuelva muy abusiva si mencionas el incidente. Sin embargo, debes saber que no tienes que depender de que te perdonen para que te sanes y te perdones a ti mismo/a.

A veces la situación no parece poder repararse. En estos casos puedes pedirle a Dios que haga la reparación que no pudiste hacer. Puedes sorprenderte de las cosas milagrosas que Dios puede hacer. En los ejercicios de la silla puedes entregar deliberadamente a Dios aquellas áreas que no puedes arreglar.

Decisión

Gran parte del auto-perdón comienza con un acto deliberado de decisión. Comienzas a negarte a abusar de ti mismo/a al castigarte o repetir errores pasados. Reemplaza esos antiguos pensamientos con nuevos pensamientos, realistas y auto-perdonantes.

Antes de que hagas los ejercicios sobre el auto-perdón, toma la firme decisión de negarte a abusarte, abandonarte o castigarte de cualquier manera. Date cuenta de lo mucho que Dios te ama y te apreciado. También considera el hecho de que nunca desearías que un hijo o un ser querido se reprendiera a sí mismo de la misma manera que te estas reprendiendo. El auto-perdón libera una gran cantidad de energía para que puedas sanar, crecer y también ayudar a los que te rodean.

Ejercicio de Auto-Perdón

De nuevo, recuerda incluir apoyo o ayuda profesional para cualquier trabajo que pueda ser doloroso. Ahora, imaginemos una silla diferente. Visualízate sentado/a en esa nueva silla frente a ti. Elije tu decepción en un nivel de intensidad de 0 a 5. Tómate el tiempo para aplicar todos los sentidos relevantes a estas imágenes, como la vista, el oído, el olfato, la cinestésica. ¿Qué ves? ¿Qué edad tienes en esta silla?

No te desahogarás contigo mismo en este ejercicio como en las imágenes de silla parte uno, descrita anteriormente, porque es probable que ya hayas estado haciendo eso en tu mente si necesitas este ejercicio. En los ejercicios sobre el auto-perdón procederemos con gentileza, conocimiento y misericordia.

Ahora, mientras te visualizas en la silla frente a ti, pregúntate acerca de la primera vez que te sentiste así o que cometiste ese tipo de error. Examina el motivo o la intención detrás de la acción que te arrepientes de haber tomado. Al preguntarte cuándo fue la primera vez (antes en su vida) en que te sentiste de la misma manera, observa lo que estaba sucediendo durante ese tiempo en tu vida. ¿Contribuyó ese tiempo anterior a tu reciente error? Mira si puedes conectarte con esa memoria temprana o estado de sentimiento que involucró la primera vez que cometiste ese error. ¿Qué estaba ocurriendo en el contexto de esa época anterior? ¿Fuiste engañado/a? ¿Te intimidaron o abusaron de ti? ¿Estabas confundido/a?

Ahora, reduce esa imagen de tu yo adulto a ese niño o niña que alguna vez fuiste a esa edad más temprana. Examina la primera vez que empezó todo. **En este ejercicio <u>debes</u> dirigirte a ti mismo desde el punto de vista de la compasión y el cuidado.** Si no puedes realizar este ejercicio con seguridad emocional o si te tornas duro contigo mismo, detente de inmediato y continúa este trabajo en presencia de un profesional experimentado.

Con esta imagen de tu niño herido frente a ti, sintoniza los sentimientos originales desde el punto de vista del proceso de pensamiento de un niño. Puede que hayas actuado por miedo, desesperación o dolor. Identifica la raíz de tu equivocación. Es muy probable que originalmente esto provenga de una base muy bien intencionada. Reconoce la intención positiva y bien intencionada de este niño (tú) y bríndale a esa parte de ti el cariño y la misericordia que se necesita desde hace mucho tiempo. Dedica suficiente tiempo a decirle a ese niño que es parte de ti (diciéndote a ti mismo/a) los mensajes de amor y apoyo que necesitabas en ese momento.

Reconoce que tus intenciones no estaban mal. La autoconservación y la seguridad son instintos dados por Dios. Repítete algunas de las declaraciones a continuación:

- Se que estabas asustado/a. Ahora empezaré a aprender cómo cuidar de ti.
- Sé que no querías hacer daño, solo querías que esa persona entendiera cuánto te lastimó. Ahora te proporcionaré las cosas constructivas que necesitabas y que no obtuviste en ese momento.

- Estoy tomando la decisión de dejar de criticarte, de ser duro y de estar enojado contigo.
- Eres una buena chica/chico/persona.
- Te amo.
- Estoy dispuesto a aprender como amarte y a serte amable.
- Aprenderé cómo ayudarte a tomar mejores decisiones y seré paciente contigo.

Reconoce en la escena original a cualquier adulto que pueda haber sido responsable, pero que hayas percibido el evento como si tu hubieras tenido toda la culpa. Tómate el tiempo para revisar y reinterpretar correctamente la situación original. Los niños no son poderosos, pero tienden a absorber la culpa de eventos que no pudieron detener o prevenir. Estos podrían ser ejemplos de esos diálogos:

- No es tu culpa que tu hermana haya salido lastimada.
- Eres un chico/a puesta en la posición de un adulto y eso no fue ni realista ni justo contigo.
- Dejaré de esperar que hagas lo que no puedes hacer.
- Comenzaré a mostrarte y a aprender a tomar decisiones más realistas.

Luego, permítete imaginar que tú y esta parte de ti están flotando hacia el cielo, donde ves el trono de Dios. Si esta imagen es difícil, también puede imaginarte acercándote a cualquier cosa que percibas como un recurso confiable. Puede ser una versión mayor y más sabia de ti o un amigo de confianza. Ya sea que tu imagen involucre a Dios, alguna otra forma de poder superior o una versión más vieja y sabia de ti mismo, *el diálogo DEBE ser enriquecedor.* Imagínate envuelto/a en sus brazos. Si esto es demasiado intenso, mírate sentado/a cerca o frente a él/ella. Permítete recibir el amor, el apoyo y el aliento que te perdiste durante esta etapa de tu niñez. Tómate todo el tiempo que necesites para criarte nuevamente de forma constructiva en las áreas de heridas y cuidados inconclusos. Criarte a ti mismo implica dos componentes: 1. Crianza (el perdón) y 2. Edificación (educarse sobre cómo comportarse de manera más constructiva en el futuro). Todo esto se hace con un espíritu de amor y apoyo hacia ti mismo (y tu niño interior herido). Nunca es demasiado tarde para decidir hacerse cargo de los asuntos inconclusos y recibir lo que necesitabas; lo que tu padre, madre o cuidador no estaba capacitado para darte en ese momento.

La seguridad emocional interna puede incrementarse a través de la siguiente fase de este ejercicio. En la medida en que te resulte cómodo, imagina que Dios te sostiene, te acuna y aprecia por lo que eres. Siente sus poderosos brazos protectores a tu alrededor y observa su río de amor fluyendo desde sus ojos hacia tu corazón. También puedes visualizar que recibes este amor incondicional por parte de tu la versión más vieja y sabia de ti mismo/a, de un abuelo amoroso u otra persona de confianza. El Apéndice A tiene más imágenes guiadas sobre el auto-perdón.

Ejemplos de Sanación

Más acerca de Monique

¿Recuerdas a Monique? Un día cuando asistió a un grupo de apoyo para trastornos alimenticios, comenzó a escuchar historia tras historia de niñas que habían estado en situaciones similares. De repente, su mayor sanación y claridad comenzaron cuando descubrió que no estaba sola. Este fue el comienzo de ella viaje para salir de las garras de las nubes oscuras, del abuso y la opresión.

Antes de esta revelación, Monique había recurrido a otras salidas saludables. Cuando era más joven, caminaba en medio de la noche hasta un estanque cercano donde se sentía segura y tranquila. A veces, Jesús le daba la imagen más dulce en su mente, mostrándole que todas sus amadas mascotas (que misteriosamente habían desaparecido a manos de su padre) estaban a salvo y protegidas bajo la mano de Jesús. Ella había creado herramientas de superación por su propio ingenio y con Cristo, pero le hacía falta un componente. Era la conexión necesaria de otros que habían pasado por lo mismo. Necesitaba gente que la apoyara. Su primera experiencia al unirse al grupo de apoyo le proporcionó el consuelo adicional que se había perdido.

Derek y Jacqueline

Durante años Jacqueline experimentó dolor recurrente por parte de Derek. Cuando un problema parecía resolverse, surgía uno nuevo. Dado que los eventos involucraban una amenaza para la seguridad y la vida de su hijo, además de la relación madre-hijo, el estrés emocional fue muy fuerte. El nivel de su intensidad emocional tiene una relación directa con el nivel de importancia personal de ese problema.

Jacqueline había aprendido tempranamente a procesar su dolor y a deshacerse de la ira tan pronto como tuviera la oportunidad de hacerlo, fuera del trabajo y del tiempo familiar. Cuando Jacqueline encontraba un momento a solas iba al garaje donde tenían un bate y un saco de boxeo. Ella tomaba el bate y pronunciaba frases que le ayudaban a superar el miedo mientras soltaba su energía de ira contra el saco de arena. Esto la permitió sacar esa emoción de su cuerpo y descargarla en un objeto neutral sin dañar la propiedad y sin descargarla sobre otro ser humano. Al realizar esta actividad, afirmó en voz alta su determinación de proteger a su hijo y evitar que Derek la impactara.

Jacqueline también se aseguró de mantenerse siempre en compañía de Dios, de cuidar de ella y de los demás. Ella comenzó a dedicarle tiempo a Dios en las mañanas. Ella con frecuencia programaba tiempo para cuidarse y recargarse. Ella también se acercó regularmente a amigos y familiares en busca de apoyo durante los años de esta tribulación. Estaba eternamente agradecida por los amigos que asistieron valientemente a la corte con ella; amigos que la apoyaron y la ayudaron a enfrentarlo.

Dayle

Por un tiempo, aunque Dayle creía en Dios, no era parte de su vida. Esto a raíz de la distancia y el rechazo que había sentido de su madre, que se transfirió a Dios al asumir inconscientemente que Dios debía sentir por ella lo mismo que sintió su madre. Dayle hizo el trabajo anterior y comenzó a ver a su madre como un recipiente vacío. Se enteró de que la madre de su madre también había estado celosa de ella cuando nació y maltrató a su madre a lo largo de los años. Entonces la madre de Dayle no sabía cómo relacionarse con una mujer. La razón probable por la que la madre de Dayle había querido un niño, era que su madre posiblemente temía el mismo rechazo que podría provenir de una niña, al igual que provenía de su propia madre. Esa fue un área que descuidó la madre de Dayle: el amor incondicional que Dayle necesitaba no se hallaba en su madre.

Ella también comenzó a aprender que las experiencias que recibió de su madre eran diferentes a las que vienen de Dios. Comenzó a separar a su madre/padre terrenal de su percepción del padre espiritual, sabiendo que ella puede recibir todo lo que necesita de Dios. La terapia y los grupos de apoyo le mostraron cómo confiar en Dios y conocerlo personalmente.

Aunque su madre ya falleció, la ha perdonado. Una vez que comenzó a recibir amor de Dios y a brindarse amor (a través de pensamientos positivos y elecciones saludables para sí misma), se fortaleció. A través de imágenes pudo ver a su propia madre como la recién nacida que no recibió el amor de su madre (la abuela de Dayle). Ahora entendía por qué su madre había estado tan profundamente privada y vacía, viendo a su propia madre como la niña vulnerable e indefensa, desprovista de amor incondicional. Quedó claro que no había manera de que su madre (vacía) hubiera podido proporcionarle ese tipo de amor, el cual hizo falta durante su propia infancia. Durante una sesión guiada Dayle visualizó a su madre, a esa niña frente a ella, y comenzó a verterle la compasión y el amor necesarios al verla en ese estado vulnerable e indefenso.

Al hacer esto Dayle se empoderó. Pasó de una posición de déficit, carencia y necesidad, a una posición de abundancia, generosidad y poder. Antes de esta transición, la capacidad de Dayle para dar y recibir amor había sido bloqueada. Al abrir su corazón de esta manera, pudo comenzar a enmendar la relación con su propio hijo. Así es como hacer un proceso de perdón profundo, no solo te libera, sino que también te devuelve más de lo que perdiste.

Este trabajo puede impactar un cambio en tu vida a futuro, a medida que eliminas dolor del pasado y mantienes la integridad en el presente. Es nuestra responsabilidad como adultos ser para nosotros mismos una figura parental saludable y eso puede incluir volver a criarnos si es necesario. Esto se logra a través de dos formas de auto-crianza: 1) Vertiendo bondad y amor en nuestra alma (cuidado, crianza) y 2) Orientación autodirigida para establecer límites (manejo de elecciones de comportamiento), así como lo harías al criar a un hijo/a. Cuando comienzas a amarte y a cuidar de ti apropiadamente, esto puede llevar a evitar percepciones distorsionadas, malas interpretaciones y malas decisiones en tu vida. Tienes la oportunidad de realizar una tarea para obtener lo que no obtuviste en tu infancia. Es entonces cuando puedes comenzar a lidiar con los eventos de la vida con fortaleza emocional y espiritual y no con debilidad. Es nuestra propia responsabilidad asegurarnos de que nuestra taza permanezca llena. Cuando te das cuenta de que Dios te ha dado un reservorio del cual suplir todo lo que necesitas; puedes abordar las dificultades e injusticias con plenitud y fortaleza. Esto sucede cada vez más a medida que seguimos creciendo. Veamos cómo puede lucir esto en el futuro.

Capítulo 7

⌘

Nivel III:
Existencia desde una Perspectiva de Orden Superior (H.O.P.E. por sus siglas en inglés - ESPERANZA)
A Prueba de Balas, Poderoso y Más
(Nivel III de Perdón)

Salmo 91:1-2 (NVI)

El que habita al abrigo del Altísimo se acoge a la sombra del Todopoderoso.

Yo le digo al Señor:

«Tú eres mi refugio, mi fortaleza, el Dios en quien confío»

Lucas 10:19 (NVI)

Sí, les he dado autoridad a ustedes para pisotear serpientes y escorpiones y vencer todo el poder del enemigo; nada les podrá hacer daño.

Salmo 112:7-8 (RVR1960)

No tendrá temor de malas noticias; Su corazón está firme, confiado en Jehová.

Asegurado está su corazón; no temerá,

Hasta que vea en sus enemigos su deseo.

Imagina que estás en una película llamada "Tu Vida". Ahora has aprendido a ver todo a través de los ojos de Dios. Todo lo que te ocurre lo puedes ver desde una perspectiva más elevada y multidimensional. El pensamiento basado en la fe es ahora automático e instintivo para ti. A medida que recorres el camino de tu vida, estás completamente enfocado, con los ojos hacia el frente, totalmente comprometido con tu propósito en esta vida e imperturbable ante las distracciones inútiles que intentan sacarte del camino. Eres virtualmente inquebrantable. Lo notas brevemente, pero no afectan las balas, dardos y lanzas que rebotan en tu pecho y hombros. Estás completamente enfocado en cosas más importantes; cosas que están a la vista, frente a ti. Tu llamado aquí en esta tierra, tu misión, tu propósito. Y eres virtualmente impenetrable emocional y espiritualmente.

¿Ficción? No. ¿Es posible? Si. A medida que crecemos espiritualmente, aprendemos a ver una imagen mucho más amplia en lugar del pequeño detalle de lo que nos está pasando en ese momento. Jesús ejemplifica esta forma de lidiar con el mundo, y cuanto más te acerques a Cristo y desarrolles una relación con tu creador, mejor podrás elevarte a este nivel supremo de existencia.

¿Podemos hacer esto de manera perfecta? No porque somos humanos. Este capítulo está diseñado para mostrarte cómo hacer de este nivel de percepción, pensamiento y funcionamiento un lugar de existencia emocional cada vez más automático. Este nivel implica pensar más allá del aquí y ahora, más allá de ti mismo y más allá de la dimensión actual. Esta perspectiva crea un lugar de máxima paz.

El Nivel III es el nivel de perdón que creo que muchos cristianos se esfuerzan por lograr regularmente. Es perdonar inmediatamente (verdaderamente perdonar rápidamente). La diferencia es que ahora puedes filtrar inmediatamente las cosas que te pasan a través de lo que has aprendido. Filtras tu entorno a través de los ojos del Espíritu Santo para que la mayoría de eventos ni siquiera lleguen al punto inicial de ofensa personal. Con pocas excepciones, el dolor emocional no se desarrolla en primer lugar y, por lo tanto, no se acumula en tu cuerpo. No hay ira que reprimir. En estos casos, las invitaciones a la ira, la ofensa y el dolor rebotan en ti antes de tener la oportunidad de penetrar tu corazón o alma. Esto no significa que no te conmuevas o que no respondas a los problemas humanos; simplemente ya no le das al enemigo acceso a tu alma.

Puedes desarrollarte hasta el punto de que muchas ofensas, además de traumas sustanciales, no te afecten. Aunque puede que el trauma sustancial aún deba procesarse con dolor y sanación, es posible que reclame menos tu vida, que tenga un período de dolor más corto e inflija menos impacto que antes. Lo siguiente está diseñado para enseñarte cómo lograr este nivel de perdón.

¿Qué es La Existencia de Perspectiva de Orden Superior (H.O.P.E)?

He llamado así a este lugar emocional y espiritual porque implica una existencia en un plano emocional y espiritual, donde te elevas por encima de lo que te está ocurriendo en el presente. Tu percepción se expande más allá de la situación para ver una imagen más amplia desde una perspectiva más elevada y multidimensional. Esto sucede a través del crecimiento y la madurez. Cuanto más te acerques al creador personalmente, más fácilmente comenzarás a ver los eventos a través de los ojos de Dios. Este capítulo va más allá de las herramientas cognitivas de este libro y se adentra en lo espiritual ayudándote a desarrollar un enfoque multidimensional para experimentar los eventos de la vida.

Este nivel no niega la realidad de que en la tierra a veces pasan cosas que requieren un proceso de duelo. Como recordarás, Jesús lloró (Juan 11:35). Hay momentos legítimos en los que debes llorar antes de regresar a la "existencia de perspectiva de orden superior". Para tales eventos te remito al capítulo acerca del trabajo de duelo y también te recuerdo que Jesús no negó la emoción (Juan 11:35). Así pues, recuerda que el nivel III no implica una instrucción para que evites tus emociones, ya que pueden brindarte información e intuición. Este nivel de funcionamiento no supone un desapego de tus sentimientos (recuerda que Dios te dio sentimientos por una razón), ni hacerte de la vista larga a lo que está ocurriendo a tu alrededor. Puedes ser muy consciente de los eventos en tu entorno y aún así tener una conciencia que se expande más allá de la mera dimensión percibida por el ojo humano. Esta perspectiva tampoco omite nuestra responsabilidad en nuestras interacciones. Si bien es cierto que no tenemos el poder de causar las emociones o la respuesta de enojo de esa persona, sí tenemos la responsabilidad de controlar nuestras propias acciones de manera constructiva. Entonces esta perspectiva no significa que te vuelvas insensible a la difícil situación de los demás. Igual debemos llevar una vida de amor (Efesios 5: 2, Colosenses 3:14).

Cuando comiences a ver las cosas a través de ojos espirituales comenzarás a sintonizarte con un panorama más amplio de los problemas posibles que probablemente hayan influido el comportamiento de la persona que te ofendió. Por lo tanto, este es un estilo de vida en el que piensas y percibes de tal manera que te brinda protección emocional y espiritual, con "H.O.P.E."

[ESPERANZA] a lo largo de tu vida.

Aun cuentas con la gama completa de opciones en tu respuesta dependiendo de la situación. Si miras de cerca la vida de Jesús, verás que a veces sintió y expresó emociones. También tomó decisiones acerca de las respuestas a los ataques de otros, dependiendo de la situación. En algunos casos proporcionó una respuesta y en otros se la negó a los acusadores. En otra situación, se escabulló de la multitud para evitar la violencia contra sí mismo, y mientras estaba en el huerto de Getsemaní, se entregó para salvar al mundo. Hay momentos para abrirse y ser receptivos y hay momentos para establecer límites. La existencia de perspectiva de orden superior es un lugar emocional en el que podemos evaluar la situación a través de ojos espirituales, mantener la estabilidad emocional a través de una perspectiva cognitiva saludable y ejercitar una respuesta guiada por sabiduría espiritual.

Esta visión de vida involucra varias dimensiones dentro de tu interpretación de los eventos y recursos multifacéticos de los que sacar fuerzas. Por ejemplo, tu nivel de pensamiento, de percepción y de respuesta incluye lo factual, lo físico, lo emocional, lo social, lo histórico, lo práctico y lo espiritual. Supón que ahora el cambio cognitivo (capítulo 5) se ha convertido en algo automático e instintivo para ti. En ese caso serás capaz de elegir una interpretación del evento presente que no solo sea plausible desde el punto de vista de la realidad, sino que también sea útil en lugar de perjudicial. Esto guía tus emociones hacia la paz y la confianza. A medida que te acercas más en tu relación con Dios, él te brinda aún más en tu relación con su propio espíritu el cual vive dentro de ti, dándote una paz que sobrepasa todo entendimiento (Filipenses 4: 7) y poder para vencer el miedo y superar obstáculos (Hechos 1:8). El Espíritu Santo trae consuelo en las pruebas y fortaleza en los desastres.

Juan 14:26 (RVR1960)

"Mas el Consolador, el Espíritu Santo, a quien el Padre enviará en mi nombre, él os enseñará todas las cosas, y os recordará todo lo que yo os he dicho."

En este nivel puedes ver más allá de esa persona enojada o esa mala situación frente a ti. En este nivel más elevado de perspectiva emocional y espiritual, tus cogniciones (pensamientos, percepciones, creencias e interpretaciones) generan fuerza emocional y tu caminar con Dios eleva tu sentido de seguridad y coraje. Esto se vuelve una experiencia cada vez más automática y cotidiana hasta el punto que se convierte en el lugar en el que vives; en tu nueva existencia: confiada, valiente, en paz e inmovible.

¿No sería agradable caminar con cierto grado de invencibilidad, como si midieras tres metros de altura y fueras a prueba de balas? Cuanto más crezcas en este nivel de independencia emocional, más imparable podrás volver a la hora de seguir y cumplir tus sueños, misión y propósito en la tierra.

Entonces, ¿Cómo funciona esto?

A continuación, se presentan formas de mirar más a fondo con un enfoque multidimensional. Aquí hay algunos ejemplos de cómo se pueden aplicar estas dimensiones al enfrentarse a malos tratos.

1   Dimensión individual - ¿Qué es lo que posiblemente está ocurriendo en la mente de esa persona que la lleva a reaccionar de esta manera?

2   Dimensión histórica - ¿Qué pudo haberle sucedido para que tomara estas malas decisiones?

3   Dimensión espiritual - Espiritualmente hablando, ¿Qué puede estar sucediendo detrás de escena en este momento?

4   Dimensión conductual - ¿Necesito responder?

5   Todas las dimensiones - ¿Cuál es la mejor y más apropiada respuesta para esta situación y para este individuo en este momento?

Cuando te entrenas para elevarte por encima y más allá de lo que los ojos y los oídos ven y oyen, pasas a un lugar donde ya no te ofendes fácilmente porque sabes que hay una imagen más amplia y que no se trata necesariamente de ti. Si no te ofendes fácilmente en primer lugar, hay menos dolor que sanar y menos control del daño necesario para tu proceso de perdón. Si eliges vivir en este lugar de percepción de orden superior, comenzarás a ver cada acto de odio como arraigado en heridas y desviaciones.

Entonces, desarrollemos un par de escenarios. Un ejemplo se puede considerar leve y el otro más severo. El dolor leve versus el severo está perceptualmente en el ojo del espectador. Lo que es significativamente doloroso para una persona no es necesariamente tan doloroso para otra.

Supongamos que andas de compras y otro cliente es descaradamente grosero contigo. Levanta la voz y te dicen que te apartes de su camino e incluso te hacen perder un poco el equilibrio al pasar junto a ti. Si tus percepciones se reducen al nivel humano básico, podrías percibir la situación con la siguiente perspectiva limitada:

1   Dimensión individual – Ese tipo es un cretino, es malvado, horrible, etc.

2   Dimensión histórica – Fue grosero conmigo hace un momento y eso fue innecesario.

3   Dimensión espiritual – Debe ser incorregible, malo, cruel, etc.

4   Dimensión conductual – ¿Necesito responder? Debo tomar represalias para proteger mi dignidad.

5   Todas las dimensiones – ¿Qué respuesta? Debería gritarle, golpearlo o hacer que lo arresten por asalto pues me rozó y casi me caigo.

Si eliges superar esta situación, puedes realizar las siguientes interpretaciones perceptivas que se muestran a continuación.

Percibir con una perspectiva de orden superior (H.O.P.E.) puede lucir así:

1. Dimensión individual - ¿Qué le pasó a esa persona? ¿Está teniendo un día terrible? ¿Está emocionalmente perturbado o experimentando algo terrible en su vida en este momento?

2. Dimensión histórica - ¿No aprendió a tratar a los demás? ¿Fue abusado de niño o tratado de la misma manera? ¿Le falta el sustento emocional necesario para responder adecuadamente?

3. Dimensión espiritual - ¿No sabe cómo puede ser la vida si busca ayuda o si usa los recursos dados por Dios? ¿Sabe cuánto lo ama Dios y quién es Cristo?

4. Dimensión conductual - ¿Necesito responder? No tengo el poder para hacer que se comporte de la manera correcta. ¿Ayudaría si digo algo o simplemente no está de ánimo para escuchar ahora mismo?

5. Todas las dimensiones - ¿Qué respuesta? Puedo orar: "Dios, por favor ayúdalo con lo que sea que le ocurra (misericordia y compasión) y gracias porque no me derribó ni me causó daño físico (gratitud)".

Las respuestas son caso por caso e implican discernimiento. La siguiente situación es un ejemplo de un evento que podría considerarse difícil. Éste implica un comportamiento delictivo como el hurto.

1. Dimensión individual –

   a. Acerca del agresor – Que persona terrible. Es un sociópata malvado y peligroso.

   b. Acerca de ti – No estoy seguro, estoy indefenso y soy un estúpido por permitir que esto pase.

2   Dimensión histórica (pasado y futuro) – No estoy a salvo; estas cosas siempre me pasan, puede que nunca vuelva a estar a salvo.

3   Dimensión espiritual –

    c.   Acerca del agresor – Es malvado, etc.

    d.   Acerca de ti – Debo tener una maldición

4   Dimensión conductual – ¿Necesito responder? Luchar, huir o congelarse: Sí, debería hacerle pagar (luchar). No, necesito dejar de salir o alejarme de esta ciudad para siempre (huir). Estoy paralizado de miedo (congelarse).

5   Todas las dimensiones – ¿Qué respuesta? Luchar o huir: Sí, debería cazarlo y tomar represalias (luchar). No, debo esconderme, no volver a salir, aislarme para evitar el riesgo (huida, congelarse).

Responder con una perspectiva de orden superior (H.O.P.E.) puede lucir así:

1   Dimensión individual –

    a.   Acerca del agresor – Qué triste visión del mundo, la vida y existencia puede tener esa persona. ¿Estará emocional o espiritualmente empobrecido para pensar que debe robarle a los demás?

    b.   Acerca de ti – Dios me protege. Gracias al cielo estoy a salvo e ileso físicamente. Esas cosas son reemplazables, o esas cosas sentimentales que me quitó no pueden eliminar las experiencias, los recuerdos y el significado de las relaciones que tuve.

2   Dimensión histórica (pasado y futuro) –

    c.   Acerca del agresor – Algo debe haberle ocurrido para que sea así. Puede estar luchando con un problema de adicción, un problema emocional o espiritual.

     d. Acerca de ti – No dejaré que lo que hizo tenga el poder de definir mi vida o que me lleve a una vida o futuro lleno de miedo.

3   Dimensión espiritual –

     e. Acerca del agresor - ¿Está herido emocional o espiritualmente?

     f. Acerca de uno mismo – Dios está continuamente conmigo y es mi escudo.

1   Dimensión conductual – ¿Necesito responder? Sí o no, dependiendo de la situación.

2   Todas las dimensiones – ¿Cuál es la respuesta acertada?

     a. Puedo emprender acciones legales, hacer un informe policial, hacer que se inicie una investigación y presentar cargos para evitar que perjudique a otros.

     b. Puedo instalar cerraduras y otras precauciones de seguridad.

     c. Puedo lamentarme, estaba apegado a algunas de esas cosas, o puedo lamentar la pérdida de tiempo y esfuerzo que me costó ahorrar para comprar esas cosas.

     d. Puedo orar para pedir protección, restauración y sanación.

     e. Pondré a esa persona en manos de Dios, orando para que se ocupe de ella y que la ayude a sanar.

Al examinar las situaciones anteriores que involucran el ejemplo de una persona que trata de lastimarnos, podemos saber qué está sucediendo más de lo que se ve a simple vista. El evento no sucedió en ese momento por sí solo. Ha estado gestándose durante varios años; tal vez al agresor le quitaron los componentes emocionales y espirituales necesarios. Si es así, actualmente está reaccionando a través de un lente limitado, nublada por sus propios comienzos estériles y percepciones erróneas.

Hasta cierto punto tu y yo también podemos tener algunas vulnerabilidades que nos inclinen hacia la percepción errónea y la interpretación sesgada, ya que ninguno de nosotros escapa ileso de la niñez, ni de la vida en este planeta. La falta de nuestro propio crecimiento puede prepararnos para estas vulnerabilidades. No siempre somos inmunes a perder la vista ante un suceso inesperado en la vida. Nuestras heridas pueden dejarnos abiertos a un plan de desestabilización por parte del enemigo, socavando temporalmente nuestra fuerza o confianza y posiblemente desviándonos de nuestra ruta hacia nuestro propósito. Si bien no somos del todo invencibles ante las cosas que ocurren, cuanto más nos esforzamos por sanar y crecer emocional y espiritualmente, más impenetrables podemos volvernos.

Hay un impacto cuando ocurre algo terrible, como un hurto, y es probable que necesitemos un tiempo para lamentarnos. Aplicar el nivel de perdón en este capítulo te ayuda a ver más allá del nivel superficial inmediato del evento. Sabes que lo que pasó probablemente no tenga nada que ver contigo, pero tiene dimensiones mucho más profundas que se extienden más allá de ti. Asimismo, vivir en este orden superior de perspectiva evita que el evento tenga el poder de definirte o sacarte de tu camino. En este nivel de pensar, sentir y percibir (H.O.P.E.) [ESPERANZA], nada puede penetrar tu alma y puedes emerger heroicamente.

Encontramos un ejemplo en el Nuevo Testamento. En Mateo 8: 23-27 se produjo una tormenta repentinamente y las olas se levantaron sobre el barco. Jesús durmió profundamente durante toda la conmoción. Sus discípulos tuvieron mucho miedo y lo despertaron. Jesús se levantó y dijo a los vientos y a las olas: "Paz - Estad quietos". A Jesús no le afectó la tormenta. Tomó las medidas adecuadas permaneciendo en un lugar de paz.

Nuestra elección de acción apropiada puede parecer diferente del ejemplo anterior. Cuanto más crecemos, más podemos discernir los pasos más adecuados a tomar frente a la adversidad.

Puedes crecer y desarrollarte hasta el punto de prácticamente no verte afectado por muchas de las tormentas emocionales en tu vida. Cuando intentan ofenderte, inmediatamente ves más allá de la persona y sabes que está actuando a partir de una herida que tiene muy poco o nada que ver contigo. Imagina que te desarrollas hasta el punto de que la mayoría de las infracciones sólo toman unos minutos de tu tiempo. Te detienes, pides la ayuda, protección y guía de Dios. También oras por el agresor y luego sigues adelante hacia tu destino.

¿Por qué se nos pide que oremos por nuestros enemigos? Esto podría responderse al aprender cómo orar por ellos. Sabemos claramente que la gente no hace el mal a menos que algo esté mal en alguna parte. El tipo de oraciones que puedes brindarles puede incluir orar para que Dios abra sus ojos y vean lo que están haciendo. Puedes orar para que sean sanados y liberados, para que no continúen con ese comportamiento. Puedes orar por su corrección. Puedes simplemente levantarlos hacia Dios, fuera de tu plato y fuera de tu cabello, sin nada específico. ¿Cómo sería caminar continuamente en paz emocional, mental y espiritual? Esto involucra una forma cognitivo-emocional-vivencial de acercamiento e interpretación del mundo que mantiene tu paz interior y crea esperanza. Esta forma de funcionamiento se puede volver cada vez más automática, cuanto más la practiques y más te acerques a Dios. Cuanto más te acercas a Dios, más te das cuenta de que estás protegido/a, de que eres profundamente amado, de que estás a salvo y en paz. Cuanto más camines en un lugar de paz, más estabilidad emocional podrás tener y superar el estrés y los eventos adversos que la vida pueda traer.

¿Podemos hacer esto de manera perfecta?

La respuesta es no. Entonces decide inmediatamente a negarte a ser duro contigo mismo cuando no logres esta perspectiva. Solo una persona en la tierra logró esto perfectamente y ese fue Jesucristo.

Debemos esforzarnos por ser como él, sabiendo que no podemos ser perfectos. Como seres humanos a menudo tendremos reacciones emocionales iniciales dentro de los primeros segundos de una ocurrencia. Esto es normal. No obstante, podemos entrenarnos para desarrollar una mentalidad que rápidamente se dirija a pensamientos que estén sobre la situación y eventualmente se conviertan en la norma para nosotros a medida que pasa el tiempo. Esta perspectiva puede crecer hasta llegar a estar profundamente entretejida dentro de la trama de nuestro pensamiento, conciencia y personalidad, trascendiendo la situación.

Más Allá de la Atención Plena

La psicología nos enseña a vivir y ser conscientes en el momento presente. El método de pensamiento descrito en este capítulo no niega el provecho de la atención plena; más bien, nos invita a ir más allá de ella. Incluye estar anclados en la realidad (aquí y ahora) mientras nos sintonizamos con las dimensiones adicionales involucradas. Este enfoque pregunta: ¿Qué está sucediendo aquí y ahora con las acciones que percibes con tus cinco sentidos (atención plena), y qué dimensiones también pueden estar cruzando los eventos aquí y ahora (H.O.P.E.) [ESPERANZA]? ¿Qué podría estar sucediendo en la mente de esa persona (proceso de pensamiento distorsionado, mala interpretación), espíritu (influencia negativa) o patrón histórico (un posible tsunami de traumas o falta de entrenamiento positivo durante la infancia) que podía estar contaminando la interpretación de esa persona de ti y del evento? No es necesario que sepas cuáles son. No es momento para intentar hacer psicoanálisis con el agresor, ni es una forma de asesoramiento. No tienes que arreglar a esa persona. Sin embargo, puedes saber que estos factores interactúan en la situación y responden en consecuencia.

El lugar perceptual de existencia H.O.P.E. te permite estar completamente anclado y al mismo tiempo trascender más allá de la dimensión de tus sentidos. Puedes vivir en un estado más elevado de percepción mientras tus pies permanecen firmes en el suelo, percibiendo el momento con una perspectiva multidimensional mucho más amplia. Algunas personas hacen esto intuitivamente hasta cierto punto más que otras. Aun así, si no eres una de ellas, esto puede aprenderse y desarrollarse. Además, un camino directo a este nivel es acercarse más y más a Dios y llenarse de su Espíritu Santo.

Cuando creemos que el Espíritu Santo nos impulsa a elegir una acción específica, siempre queremos asegurarnos de que estas decisiones se alineen con las Escrituras. Esta es una prueba de fuego para asegurarnos de que no estamos malinterpretando nuestros propios prejuicios y percepciones.

A medida que H.O.P.E. se expande más allá de la atención plena, se ramifica en la mentalidad de Dios. Elevarse por sobre la mentalidad de Dios te lleva a un lugar mucho más alto y poderoso que el aquí y el ahora. Este es un nivel más profundo de discernimiento, más amplio que el inmediato y te permite tener una percepción que puede reducir el impacto de los eventos actuales dentro de una perspectiva más amplia. Podemos sacar fuerza y paz con este nivel de existencia. Las siguientes secciones discuten cómo desarrollar esto de manera más completa.

¿ Cuál es la mentalidad de Dios?

Observa las Escrituras:

Isaías 55:8-9 (NVI)

"Porque mis pensamientos no son los de ustedes,

ni sus caminos son los míos"

Afirma el Señor.

Hebreos 4:12 (NVI)

"Mis caminos y mis pensamientos son más altos que los de ustedes; ¡más altos que los cielos sobre la tierra!

"Ciertamente, la palabra de Dios es viva y poderosa, y más cortante que cualquier espada de dos filos. Penetra hasta lo más profundo del alma y del espíritu, hasta la médula de los huesos, y juzga los pensamientos y las intenciones del corazón."

La mente de Dios va sobre el cambio cognitivo (descrito anteriormente); va más arriba que cualquier teoría cognitiva famosa, más arriba que cualquier concepto que podamos reunir. Una perspectiva de H.O.P.E [ESPERANZA]. se desarrolla al caminar más cerca de Dios, meditando en su palabra y pasando tiempo con él. Cuanto más hagas esto, más podrá él cambiarte de adentro hacia afuera, dándote una paz y una sabiduría asombrosas.

Fui criada con buena educación cristiana y no fue hasta mi edad adulta que me di cuenta de que Dios no es como algunos de los humanos que conocí como cristianos. Dios no es agresivo, controlador ni ensimismado. No es como aquellos novios intrusivos que te acechan o intentan atraerte cuando quieres terminar la relación. Quizá no hayas pensado mucho en ello por esa misma razón, porque Dios no te ha estado presionando. Puede que hayas encontrado un recordatorio amable o una invitación cariñosa. La gente puede ser agresiva e insistente. Dios no lo es. Si le pides que te ayude y te guíe, él lo hará. Si le pides que viva en tu corazón, lo hará. "Mira que estoy a la puerta y llamo. Si alguno oye mi voz y abre la puerta, entraré, y cenaré con él, y él conmigo" (Apocalipsis 3:20 NVI). Él espera pacientemente a la puerta de nuestro corazón; solo toca cortésmente y espera.

Permitirnos acercarnos a Dios nos abre los ojos. Si te vuelves receptivo a la profundidad y sabiduría del Espíritu Santo, revelándote la perspectiva de Dios, empezarás a ver la veracidad de que hay muchas más dimensiones en los eventos de las que ve el ojo humano. Una relación más fuerte con él hace que sea mucho más fácil ver a los que nos lastiman a través de sus ojos y los ojos de la compasión.

Otro logro de conocer a nuestro creador personalmente, es que Dios puede equiparnos para ir más allá de lo que creemos que podemos hacer. Nos empoderamos.

Hechos 1:8 (RVR1960)

"pero recibiréis poder, cuando haya venido sobre vosotros el Espíritu Santo, y me seréis testigos en Jerusalén, en toda Judea, en Samaria, y hasta lo último de la tierra."

Juan 14:26 (RVR1960)

"Mas el Consolador, el Espíritu Santo, a quien el Padre enviará en mi nombre, él os enseñará todas las cosas, y os recordará todo lo que yo os he dicho."

La relación espiritual con Dios es la más poderosa porque cuanto más nos acercamos a él en un caminar personal, más descubrimos habilidades de superación que trascienden más allá de nuestras propias ideas. Aprendemos a ver las cosas en una forma que se eleva por encima de las peores situaciones y las supera. Esto no significa que pasemos por alto el duelo cuando ocurre el desastre. Aún hay eventos que necesitan un proceso de duelo; sin embargo, dentro de esos tiempos, esta perspectiva nos da esperanza.

Tengo la esperanza de que, si aún no lo ha hecho, explorar la idea de ver al creador a través de una perspectiva clara que no esté manchada por el error humano y en una nueva perspectiva de relación. Ha habido muchos ejemplos equivocados de religión en el mundo. Debido a esos ejemplos equivocados, mucha gente se ha apartado de intentar conocer quién es realmente el creador. En el Nuevo Testamento, Jesús fue rechazado por muchos de los líderes religiosos porque los confrontó por su hipocresía. Si dejas de lado todos los malos ejemplos de la religiosidad y revisas quién es *en realidad* el creador, puedes aprender que eres *inmensamente amado y apreciado*. Puedes tener un confidente, un mejor amigo, un defensor y un padre ideal que superará todos los límites de lo que has experimentado previamente.

Dios ve el corazón (1 Samuel 16: 7) detrás de la acción de la persona y conoce el historial de ese individuo. Dios conoce cada una de las heridas que ha experimentado, lo que los lleva a elegir mal. Él ve por completo cada percepción errónea, el miedo, la mentira y el tormento que permiten que se apodere de sus vidas. La persona que victimiza a los demás proviene de un lugar de enorme detrimento. Dios todo lo ve y juzga con justicia.

Cómo Aplicar la Mentalidad de Dios

Tomaremos otro ejemplo aquí. Este ejemplo puede ser modesto en el nivel de estrés o riesgo, sin embargo, proporciona un buen punto de partida.

Usemos primero la atención plena. Imagina que un vecino te grita por dejar tus pertenencias cerca de su propiedad. Quizás te maldice e insulta y esta no es la primera vez. Cada vez que lo ves, se muestra irritable, grosero, condescendiente y en general, es difícil llevarse bien con él o ella. El aspecto útil de la atención plena te permite usar tu conciencia para protegerte. Aquí hay algunas opciones:

- Observa la distancia a la que se encuentra de ti y que no está sosteniendo un arma.

- Sintoniza tu sentimiento inicial de miedo u ofensa y toma una decisión constructiva sobre cómo responder. Con atención adviertes tus opciones para alejarte, usa un mensaje asertivo diciéndole que no está bien que te hable de esa manera. Estas opciones están a tu disposición. También puedes discernir si ninguna respuesta es prudente, dependiendo de la persona y la situación.

Más allá de la atención plena, en un lugar de H.O.P.E (A Prueba de Balas, Poderoso y Más – ESPERANZA), te elevas por encima del aquí y ahora tangible y eliges operar desde un lugar de mayor conocimiento. Eres consciente de varias cosas psicológica y espiritualmente:

- Las expresiones de ira de esta persona no son por ti, porque la has visto irritada muchas veces antes.

- En lugar de ver esta situación como algo personal, ves con ojos espirituales el dolor que es posible dentro de ellos.

- Sabes que las heridas de esta persona probablemente vinieron de algún otro lugar (la infancia o los factores estresantes actuales).

- Consideras la posibilidad de que pueda estar atormentada emocionalmente o desorientada espiritualmente.

- Evalúas esta situación desde una perspectiva multidimensional, pidiendo a Dios que te enseñe la mejor respuesta desde una perspectiva más amplia y a través de sus ojos.

Una forma de pensar acerca de cómo tratar con una persona difícil es compararlo con una situación médica. Cuando lidias con una persona abusiva, puedes tratar la situación como si aquella persona tuviera gripe. Mantienes límites firmes y te proteges. Es probable que mantengas una distancia segura. Si hay algo sanador que administrar, puedes informarle al respecto conservando límites saludables y luego seguir adelante.

Este comportamiento no te hace cobarde. Cuando aprendes a caminar en un estado de "H.O.P.E.", mantienes conciencia de la situación. Eres plenamente consciente de la presencia de una persona negativa o potencialmente peligrosa. Mantienes límites fuertes al abstenerte de un compromiso negativo con ellos o incluso posiblemente alejándote de ellos por completo. También ejercita la percepción espiritual, recordando Efesios 6:12, que no luchamos con sangre y carne, sino con principados del aire. Con estos límites y conocimientos emocionales y espirituales en su lugar, permaneces a salvo del comportamiento de esa persona. Te das cuenta de que esto no se trata de ti y que necesitan la intervención de Dios, por lo tanto, la oración.

Efesios 6:12 (NVI)

"Porque nuestra lucha no es contra seres humanos, sino contra poderes, contra autoridades, contra potestades que dominan este mundo de tinieblas, contra fuerzas espirituales malignas en las regiones celestiales."

Vale la pena reiterar que los límites van en ambos sentidos. Además, si bien es probable que algo esté llevando a esta persona a comportarse de esa manera, no tienes que saber de qué se trata si él o ella no quiere compartirlo. No es asunto tuyo sino de Dios. Esto puede ahorrarte mucha energía pues no es tu obligación repararla. Entonces, al orar por esa persona has cumplido con tu obligación.

Sabiendo que el grado de intensidad de su comportamiento es probablemente igual al grado de su dolor, debe deducirse que cuanto mayor sea su intensidad, mayor será tu compasión. Cuando puedes ver a un perpetrador como un alma herida, reduce su poder y aumenta tu propio poder ante tus ojos. Eso también implica que él o ella necesita ayuda de alguna parte. Creo que esta es la razón fundamental por la que Dios quiere que oremos por nuestros enemigos.

Esta persona podría tener un ser querido diagnosticado con cáncer y estar aterrorizada, o podría haber soportado una vida llena de dificultades y traumas por los que se siente robada. Su ira es energía diseñada para reparar algo que no sabe cómo arreglar y por esa razón está mal dirigida. Es probable que su ira también tenga sus raíces en el miedo, el dolor, la desesperación y la desesperanza. Tú eres la luz de Dios y puede que esa sea la única luz que vea. Cuando eliges ver a esa persona a través de los ojos de Dios, te conviertes en un recipiente sanador de misericordia y amor que sobrepasa todo entendimiento (Efesios 3:19), solo por la forma en que respondes y la forma en que también aplicas tus límites en la situación.

Entonces, al usar H.O.P.E. como tu perspectiva, te sintonizas con las siguientes vías de interpretación:

- No es acerca de ti.

- Es claro que algo los está lastimando.

- En realidad, no es necesario que conozcas la causa de sus problemas.

- Su nivel de malicia es probablemente igual y proporcional a su nivel de dolor.

- Por lo tanto, este evento no tiene que penetrar tu mundo emocional, infectar tu alma, ni robar una sola onza de tu energía, tiempo y propósito.

Te toma un segundo en pedirle a Dios que los ayude con lo que sea que realmente necesiten. En un breve uso de tu tiempo que es exponencialmente poderoso y efectivo. Va más allá de cualquier cosa que tú o yo podamos hacer para intentar arreglarlo. Dios sabe exactamente qué es lo que necesita esa persona. Consideramos y nos ocupamos de nuestra parte en el asunto (haz la parte que puedas hacer, es decir, la acción constructiva) y permite que Dios haga lo que puede hacer a través de la oración (Mateo 5:43 - 48).

Para que quede claro, esto no significa que necesariamente mantengas la actitud de misericordia, esperando que tu compasión derrita inmediatamente su corazón. Muchos adversarios tienen que afrontar un largo viaje antes de llegar a un punto de comprensión. Mantén siempre tu seguridad. Hay eventos que son extremadamente peligrosos y la persona se ha adentrado demasiado en la oscuridad para que nuestra empatía los disuada. Estas son situaciones en las que es posible que necesitemos los límites máximos. Quizá tengamos que correr primero y luego orar. Algunas personas han sufrido mucho emocionalmente o sus cerebros han sido tan severamente alterados por las drogas, que necesitan ayuda de Dios. El discernimiento puede determinar si es tiempo de aplicar misericordia desde la distancia y dejar la situación, dejando que Dios se haga cargo.

¿Qué ves?

Cuando ocurre un evento negativo, ¿Qué ves en realidad? Cuando te tratan mal o te acusan falsamente, ¿Crees que el ataque es realmente para ti, o te gustaría desviar ese ataque? ¿Asumes que el abusador tiene todo el poder sobre tu vida, o quieres depender de los recursos que Dios te ha dado?

La Armadura de Dios

Dios nos ha equipado con todo lo que necesitamos para superar lo que la vida nos pone enfrente. No tienes que enfrentarte a nada por tu cuenta. Se nos da poder y autoridad sobre el mal. Si bien a veces la intervención de Dios parece tardar más de lo que deseamos, a menudo la razón principal por la que el mal parece prevalecer es que muchos cristianos no se apoderan de los recursos y herramientas que Dios nos ha dado: Una armadura para protegernos, defendernos y prevalecer, pero muchos de nosotros no entendemos realmente cómo usarla.

Lucas 10:19 (NVI)

"Sí, les he dado autoridad a ustedes para pisotear serpientes y escorpiones y vencer todo el poder del enemigo; nada les podrá hacer daño."

Para estar en un estado de H.O.P.E. es necesario ponerse toda la armadura de Dios, descrita en Efesios 6: 10–18. Las siguientes páginas describen esto en detalle. Para mayor aplicación, las columnas del medio en la tabla 7 muestran ejemplos específicos de cada elemento de la armadura, elocuentemente descrita por

David Jeremiah con aplicaciones bíblicas.[16] En la última columna he agregado herramientas prácticas y cognitivas que puedes aplicar a tus circunstancias para ayudarte a usar la armadura y elevarte a un nivel de H.O.P.E (ESPERANZA). También puedes crear muchas aplicaciones propias.

Efesios 6:10- 13 (NVI)

"Por último, fortalézcanse con el gran poder del Señor. Pónganse toda la armadura de Dios para que puedan hacer frente a las artimañas del diablo. Porque nuestra lucha no es contra seres humanos, sino contra poderes, contra autoridades, contra potestades que dominan este mundo de tinieblas, contra fuerzas espirituales malignas en las regiones celestiales. Por lo tanto, pónganse toda la armadura de Dios, para que cuando llegue el día malo puedan resistir hasta el fin con firmeza."

Esta armadura espiritual incluye el **cinturón de la verdad** abrochado alrededor de tu cintura, la **coraza de justicia**, los **zapatos de la paz**, el **escudo de la fe**, el **casco de la salvación** y la **espada del espíritu,** que es la palabra de Dios. Para una descripción más detallada consulta "El libro de Las Señales" de David Jeremiah. [17] Su descripción brinda detalles explícitos del significado y uso de cada uno de estos elementos. De ese escrito, resumiré.

Entender las herramientas que Dios nos ha dado es muy importante. No puedes usar una armadura si no sabes cómo usarla ni qué hacer con ella.

---

[16] Jeremiah, David. *The Book of Signs: 31 Undeniable Prophesies of the Apocalypse.* W Publishing Group una impression de Thomas Nelson: Nashville TN, 2019, pp 125-138.

[17] Jeremiah, David. *The Book of Signs: 31 Undeniable Prophesies of the Apocalypse.* W Publishing Group una impression de Thomas Nelson: Nashville TN, 2019, pp 125-138.

Aplicando la armadura de Dios

El Cinturón de La Verdad

El **cinturón de la verdad** representa el cinturón que los soldados sujetaban alrededor de su cintura. El soldado colgaba cada una de sus armas en este cinturón para tener acceso inmediato a ellas. ¿Por qué las escrituras identifican este **cinturón como verdad**? Cada arma o herramienta espiritual (y emocional) que usamos para luchar contra una ofensa necesita colgar firmemente del fundamento de la verdad.

Esto tiene sentido lógico. Si necesitas encontrar la mejor respuesta a un encuentro negativo, el arma que selecciones no será efectiva si proviene de una percepción falsa, mala interpretación o de una mentira. Por ejemplo, si una persona intenta humillarme en público. Puedo responder desde una premisa que es falsa (es decir, creer lo que el abusador me está diciendo), pero no tendrá el mejor efecto en la situación. Específicamente, aquí hay algunas mentiras: Si creo que el atacante está en lo correcto (que de hecho soy inútil o estúpido), mi respuesta puede ser encogerme, llenarme de vergüenza y retirarme. He elegido un arma basada en una mentira (una autopercepción de inutilidad o estupidez). Mi respuesta no estaba anclada a la verdad y, por lo tanto, se volvió ineficaz.

Estas autopercepciones negativas son mentiras porque todos somos profundamente valorados por Dios, lo suficientemente valorados como para haberse sacrificado en nuestro nombre. También somos valiosos porque a todos se nos han dado dones para que los usemos; dones que contienen inteligencia inherente en su interior. Todavía puedo elegir otra arma que no se base en la verdad. Puedo elegir la interpretación de que el atacante es una persona horrible. A partir de esta falsa premisa, puedo responder con hostilidad, juicio o incluso más miedo. Si tu arma no se basa en la verdad, no será la herramienta correcta y no te dará poder. Si elijo mis armas desde la premisa y el fundamento de la verdad, el resultado puede tener un impacto multidimensional para bien.

Si estoy usando el **Cinturón de la verdad**, sabré que:

- Es probable que esta persona esté errada.

- El incremento en su nivel de ira no tiene que ver necesariamente con la situación actual, ni completamente conmigo.

- Dios sabe lo que él/ella necesita.

- Dios es mi protector.

- Ningún arma forjada contra mí prevalecerá (Isaías 54:17).

Llevar la verdad alrededor de mi cintura produce una fuerza que solidifica mi núcleo y mis elecciones de armas pueden ser acertadas, efectivas y poderosas.

Mis opciones de respuesta ancladas en la verdad pueden ser:

- Consideraré lo que la persona podría estar pasando y extenderé misericordia.

- Discerniré qué papel pude haber desempeñado en la situación y abordaré esto de manera apropiada.

- Le pediré a Dios que ayude a esa persona con lo que sca que le esté pasando (o le haya pasado).

- Pediré la protección de Dios y si es alguien peligroso, me alejaré y llamaré a la policía de ser necesario.

- Haré lo que sea apropiado y que esté dentro de mi poder. El resto se lo daré a Dios.

El maltrato de otro ser humano comienza con la introducción de una idea negativa que se origina en el enemigo, en el dominio espiritual (Efesios 6:12). Esta sugerencia negativa se susurra selectivamente a una persona que podría ser un objetivo probable para tal sugerencia.

Nos convertimos en objetivos, vulnerables a sugerencias negativas cuando no tomamos medidas para crecer espiritual y emocionalmente. Sin crecimiento podemos creer lo que se nos presente sin cuestionar su validez. Una persona que está abierta a sugerencias negativas puede tener heridas emocionales incontroladas o experiencias negativas no resueltas.

En Génesis, cuando Satanás estaba haciendo el primer intento estratégico de poner el mal en el mundo, eligió un objetivo (Eva) a quien vio con pequeñas vulnerabilidades, suficientemente grandes como para permitirle la entrada. Esto no tenía nada que ver con el hecho de que ella fuera una mujer. En Génesis 3: 5-7, le dijo a Eva que, si comía del fruto prohibido, sería como Dios y conocería el bien y el mal. La fruta también era agradable a la vista. La primera vulnerabilidad en Eva pudo haber sido la falta de confianza. Aquí **el cinturón de la verdad** habría sido la sólida creencia de que Dios es digno de confianza. Si Dios prohibió algo, es por una buena razón. La segunda vulnerabilidad era que la fruta le atraía. **El cinturón de la verdad** para esta tentación habría sido saber que Dios suple abundantemente todas nuestras necesidades incluyendo las que probamos y tocamos. Adán también fue presa de su vulnerabilidad llevándolo a su cumplimiento. ¿Le hizo falta confianza o asertividad? Esta raíz de vulnerabilidad, posiblemente por no caer en cuenta de cuán apreciados, amados y valorados eran, puede haberlos llevado a ser engañados y posteriormente, a esconderse en el miedo.

Y así sigue y sigue; el miedo y la vergüenza pasan de un evento a otro, de humano a humano y de una generación a otra. Hay una arquitectura de dinámicas detrás de la escena de la interacción humana. Cuando las personas te lastiman, están siendo influenciadas desde algún lugar, ya sea humana o espiritualmente. ¿Recuerdas el ejemplo de la marioneta cuyas cuerdas son haladas y manipuladas por el operador oculto? La persona que te ataca puede considerarse como un títere manipulado por influencias espirituales (1 Pedro 5: 8). Si la persona acepta esas mentiras de manipulación, estas se descargan, infiltrando su pensamiento e influenciando emociones y acciones. Puede que estés presenciando las secuelas de lo que sucedió entre bastidores.

Tus armas (herramientas) representan tus respuestas a las que tienes fácil acceso (colgando de tu **cinturón de verdad**). Las respuestas más naturales (encogerse de vergüenza, aceptar palabras negativas o alternativamente, abusar de esa persona) no dependen de la verdad. Esas acciones naturales también nos permiten ser manipulados por el manipulador. Entonces, para anclar tus herramientas (respuestas) en **el cinturón de la verdad**, inmediatamente descartas lo que acaban de decir, miras más profundamente y respondes con sabiduría. A veces, esto requiere ser asertivo y oponerse a la violación de tus derechos o a veces, eso supone ir en una dirección diferente. Cuanto más te estreches en tu relación con Dios, más fácil será escuchar la sabiduría. En este sentido, todos estamos en diferentes puntos de este camino en nuestro proceso de crecimiento.

No puedes enfrentarte al mal efectivamente si no estás operando desde la base de la verdad. No puedes responder de manera precisa ni poderosa si estás malinterpretando la intención de la otra persona. Todo debe depender de la verdad. Quizá esa sea la razón por la que el apóstol Pablo es el primero en mencionar esta pieza de armadura. Usar **el cinturón de la verdad** te da discernimiento y a partir de un discernimiento preciso se pueden elegir las herramientas más efectivas y poderosas.

La Coraza de Justicia

Esta coraza se usaba para proteger los órganos vitales del soldado, especialmente el corazón. Cuando la usas, caminando en rectitud, estás protegido en áreas vitales. No tomo mucho estar de acuerdo en que el buen comportamiento puede ayudar a preservar y proteger tus relaciones, tu carrera y tus sueños. Cuando caminas con integridad, nadie puede acusarte de hacer el mal y en última instancia, quedando expuesta como una acusación fraudulenta.

Las investigaciones han demostrado que es más probable que los empleados sean despedidos por comportamiento contencioso, que por errores. Más a menudo, los matrimonios terminan debido a las malas decisiones de alguien, ya sea engañando, mintiendo o por alguna forma de egoísmo. Elegir un comportamiento justo protege todo lo necesario para tener una buena vida.

Cuando te equivocas, como todos lo hacemos, comprendes que el comportamiento no es correcto, te arrepientes y pides ayuda a Dios para continuar creciendo en estatura moral. Él echa nuestros pecados cómo lejos del oriente está el occidente (Salmo 103:12), permitiéndonos comenzar de nuevo. Aquí podemos enderezar nuestro camino y seguir vistiendo la rectitud que protege nuestros corazones y aliento de vida.

Me pregunto qué hubiera pasado si Adán y Eva hubieran ido directamente con Dios y se hubieran arrepentido, en lugar de haber tratado de esconder su culpa. La culpa no te salva, Jesús sí. Me pregunto si el futuro, el de ellos y el nuestro, podría haberse desarrollado de manera diferente. Piensa en cómo un acto de arrepentimiento puede reparar el curso de una relación, una carrera y un futuro en el mundo de hoy. Tenemos a Jesús, quien normalizó todo para siempre. Arrepentirnos de nuestras malas acciones restaura nuestra **coraza de justicia** y protege lo que es vital para nuestras vidas.

Este escudo espiritual de tomar decisiones justas en tu vida tiene un amplio espectro para protegerte espiritual, física y emocionalmente. La forma en que la rectitud protege tu vida físicamente es reduciendo el estrés. Cuando tomas buenas decisiones morales, no necesitas preocuparte por la repercusión o porque te atrapen. Minimizas el impacto de las hormonas del estrés que amenazan la salud, que afectan tu cuerpo y tu sistema inmunológico.

Continuando con el ejemplo anterior de la persona abusiva, supongamos que no estás usando la **coraza de justicia**. Por ejemplo, eliges la injusticia. Decidiste golpear a esa persona. Podrías terminar con un cargo de agresión en tu historial o podrían tomar represalias con más violencia. Quizá decidas darles una dosis de su propia medicina y los ataques con palabras hirientes y de odio. Ellos, a su vez, están motivados a subir la apuesta al tomar más represalias. Ahora cuentas con más dolor emocional. Tal vez la persona sea pasivo-agresiva y al día siguiente dañe tu propiedad o aumente la crueldad al amenazar a tu familia. Operar con injusticia te deja abierto y vulnerable a más ataques y dolor. Tu corazón (las cosas que le importan en la vida) y los órganos vitales (seguridad jurídica, seguridad personal) no tienen protección.

Alternativamente te pones la **coraza de la justicia** tomando el camino correcto y negándote a devolver la hostilidad. Esto te proporciona varias opciones. Puedes elegir responder con un tono de voz suave pero firme (Proverbios 15: 1 NVI, " La respuesta amable calma el enojo, pero la agresiva echa leña al fuego."). Por otro lado, puedes optar por no decir nada y alejarte. Esta puede ser una forma de establecer un límite fuerte al no darle a esa persona más oportunidades de abusar de ti. Otras formas de establecer límites pueden implicar cerrar la puerta, colgar el teléfono, llamar a la policía o presentar cargos si cometieron un crimen. La rectitud no permite que la persona te pase por encima. La respuesta inteligente puede implicar tomar una posición para evitar que sigan infligiendo dolor.

Al caminar en rectitud es menos probable que te arresten, demanden o que tomen represalias a través de la venganza. Hay casos que se complican ya que vivimos en un mundo muy herido. Elegir hacer lo correcto te ayuda a evitar consecuencias más estresantes y negativas. Las respuestas rectas descritas anteriormente se relacionan con la siguiente sección la cual implica paz.

Los Zapatos de La Paz

¿Por qué estaría la **paz** representada por **zapatos**? Si yo fuera soldado, querría botas con punta de acero en caso de que tuviera que patear a alguien, ¿cierto? No. Esta es una de las piezas más contradictorias de la armadura. De hecho, según David Jeremiah, estos zapatos incluso tenían los dedos abiertos.[18] Los **zapatos de la paz** están representados por zapatos con suela con tachuelas de hierro, que se hundían profundamente en el suelo para mantener al soldado anclado firmemente. Lo más parecido que podríamos tener en la actualidad serían los tachones de fútbol. Creo que las suelas de acero eran mucho más fuertes que las que usarías para el fútbol. Esta pieza de armadura mantenía al soldado estable, firmemente plantado y anclado lo que impedía que lo sacaran de su posición.

Nuestra familia tuvo un gato que vivió más de 21 años. La mayoría de los gatos no vive más de 16 años. Ella podía entrar y salir a voluntad. Un día, para mi asombro, cuando estaba con ella en el jardín delantero, un perro cuatro veces más grande que ella se le acercó a toda velocidad. Ella permaneció sentada, impasible, mirándolo. Cuando el perro la alcanzó, se vio obligada a detenerse en seco para evitar chocar contra ella. Ella no se movió ni pareció asustada en absoluto. Permaneció sentada en la misma posición, poco impresionada. El perro no hizo nada más y la dejó tranquila. Para ella, usar los **zapatos de la paz** cambió el juego. ¿Es de extrañar que viviera un 30% más de lo esperado?

Piensa en lo poderosa que es realmente la paz. La persona abusiva descrita anteriormente se acerca a ti gritando, insultando y lanzándote palabras despreciables. Te mantienes firme, imperturbable y evitas dejarte influir o manipular emocionalmente. Esta armadura espiritual te da fuerza y poder para mantenerte estable y tranquilo/a para que puedas pensar claramente. Cuando nada te desequilibra, eso puede interrumpir el plan de acción de tu enemigo.

Si pudiéramos reescribir el relato de Adán y Eva, describiéndolos con **los zapatos de la paz**, ese momento de tentación podría haber resultado diferente. Con **los zapatos de la**

---

[18] Jeremiah, David. *The Book of Signs: 31 Undeniable Prophesies of the Apocalypse*. W Publishing Group una impression de Thomas Nelson: Nashville TN, 2019, pp 125-138.

paz estoy en paz con el aquí y ahora. Estoy a gusto y en paz con todo lo que tengo y todo lo que no tengo. No importa cuán atractiva sea esa fruta, mira todo lo que tengo en este hermoso jardín y es maravilloso. Estoy satisfecha y contenta con los frutos que me han proporcionado. No necesito buscar más. Cuando la serpiente vino a tentar a Eva, ella podría haber dicho: "No, gracias" y luego alejarse. Cuando tienes paz tienes fuerza y no necesitas encontrar cosas para curar el estrés, como demasiada comida, vino, gastos, apuestas u otras cosas. Piensa en todas las ventas y malos negocios que evitaríamos al aplicar la paz.

Al igual que con todas las herramientas, para que esta pieza de armadura funcione de manera eficaz también debe estar anclada en la verdad. Cuando estás usando **los zapatos de la paz** te mantienes firme, anclado/a en la verdad de que, dado que Dios está a tu favor, nadie puede estar realmente en tu contra (Romanos 8:31). Esta creencia se relaciona con el elemento de la fe.

El Escudo de La Fe

Según David Jeremiah (2019), el escudo de un soldado era enorme. Medía cuatro pies de alto y dos pies y medio de ancho. El soldado podía proteger todo su cuerpo de bombardeos de flechas de fuego. Toda la esencia de esta parte de la armadura implica tener un límite de protección que se base en la fe.

La fe puede darte límites mentales, emocionales y espirituales. Esto no es fe ciega ni necedad. Aún tomas medidas prácticas y razonables para protegerte o mitigar la situación. Esta forma de fe te mantiene firme y en calma. Te das cuenta de que ningún arma forjada en tu contra prevalecerá (Isaías 54:17). No tienes que preocuparte por vengarte porque, por fe, sabes que el castigo de los malvados ya se ha puesto en marcha (Salmos 37). Mantienes la fe de que, debido a que Dios está de tu lado, nadie puede dañarte irreparablemente (Romanos 8:31). Mantienes la fe en el amor de Dios por ti y esta fe te protege de engaños, amenazas y ofensas.

La aplicación de esta herramienta utilizada física, emocional y espiritualmente implica decir "NO" cuando sea necesario, sabiendo que Dios te dará lo que necesitas de una forma más saludable. Ejercemos esta fe al negarte a entablar una conversación hostil y al cerrar la puerta a la explotación o abuso continuo, sabiendo que Dios es tu protector.

Establecer un límite no siempre se cumple con el consentimiento de la otra parte. Digamos que decides dejar de interactuar con el abusador del ejemplo anterior. Rara vez he visto a un abusador saltar de alegría cuando les cierran la puerta. Puede amenazar con dañar tu reputación o algo peor. Hay casos que requieren métodos legales y razonables para protegerte. Si no estás seguro, ora pidiendo sabiduría y discernimiento y consulta con un asesor legal sabio. La siguiente pieza de armadura se relaciona directamente con la cognición, con la toma de decisiones y la percepción.

El Casco de La Salvación

El casco de ese entonces tenía una superficie dura que no permitía que el enemigo la penetrara. En términos pragmáticos, esta es la armadura que protege tu cordura. Cuando has sido maltratado/a, no se puede enfatizar lo suficiente la eliminación de pensamientos no saludables. Es muy importante estar continuamente atento a nuestros pensamientos y percepciones. En 1 Pedro 5:8 se nos pide que estemos sobrios y alertas. Porque el enemigo deambula buscando a quien devorar. Necesitamos examinar, descartar y reemplazar continuamente los pensamientos malsanos con verdades positivas y saludables. Puedes pedir ayuda a Dios para que te ayude a ver lo que realmente está sucediendo en el reino espiritual, como en el siguiente ejemplo.

Derek y Jacqueline

Durante sus tormentas y batallas en la corte, Jacqueline se sentó en su escritorio en casa, sollozando y orando. En medio de eso ella obtuvo una imagen en su mente. Era la versión infantil de un hombre que parecía el lado de la cara de un niño cuando su cabeza estaba inclinada en ángulo. El foco se centró en su oreja. Ella notó que él era tierno, vulnerable e ingenuo. Jacqueline comprendió que se trataba de una imagen de Derek por lo que comenzó a orar por él. Después de una ferviente oración emocional y de más lágrimas, Jacqueline se levantó, lavó su cara y se miró en el espejo. Ella ojos tenían una luz y un brillo que nunca antes había notado.

Jacqueline la interpretación que hizo de esto es que a Derek le susurraban mentiras en su espíritu. La oreja en la imagen era la de un niño tierno, lo que significa que Derek estaba siendo engañado como un niño y que esas mentiras atacaban su vulnerabilidad (por lo tanto, la oreja parecía la de un niño). Derek estaba creyendo mentiras, como "No puedes confiar en las mujeres, son controladoras". "Jacqueline está tratando de quitarte a Charles". "Tienes 50 años y tienes derecho a hacer cualquier cosa". Algunos de los susurros pueden haber venido de la oscuridad y haber sido filtrados a través de Lucy, quien también pudo haber sido vul-nerable a mentiras tales como "salir de pagar manutención infantil a Jacqueline, acaba de gastar dinero para reparar su casa".

Aprovecha las herramientas cognitivas que Dios quiere que utilices. Porque no nos ha dado Dios espíritu de cobardía, sino de poder, de amor y de dominio propio (2 Timoteo 1:7 RV). Los pensamientos sanos también están anclados en la verdad. Cuando te has entrenado para convertir automáticamente una creencia o pensamiento negativo en uno saludable, puedes llegar cada vez más a un punto en el que prácticamente caminas invencible. Si un abusador insulta, cuanto más te condicionas a creer en la esperanza y caminar en el amor, más rebotan directamente en ti aquellos ataques. Este es **el casco de la salvación**. Creer y pensar en verdades saludables pone a salvo tu cordura. Te ahorra conflictos, estrés y dolor indeseado. Eres libre de tomar decisiones acertadas y no pierdes el tiempo en la confusión. Sigues mirando hacia adelante y avanzando hacia tu destino.

La Espada del Espíritu

En tiempos bíblicos la espada era una daga de seis a dieciocho pulgadas de largo, diseñada para un objetivo específico e incisivo. He sido cristiana toda mi vida, pero nunca aprendí sobre el poder que está presente al pronunciar la palabra de Dios en voz alta hasta mucho más tarde en mi vida. Puedes hablar y proclamar la palabra de Dios deliberadamente ante los problemas. Cuando el diablo trató de tentarlo, Jesús le respondió con la palabra de Dios en voz alta (Mateo 4). Esta es razón para meditar las escrituras a diario; para que tengas la palabra de Dios al alcance de tu mano. Las palabras tienden a tener poder, pero la palabra de Dios es la más poderosa de todas.

Puedes usar la Palabra de Dios para reclamar sus promesas sobre tu vida. Por ejemplo, si alguien te amenaza con abandonarte, puedes decir en voz alta que Dios promete que nunca nos dejará ni nos abandonará. (Deuteronomio 31:6 NVI). Si alguien amenaza con destruirte de alguna manera, puedes pronunciar en voz alta el Salmo 23. Algunas situaciones requieren más silencio. En estos casos puedes decididamente y en la privacidad de tu mente, repetir esas promesas. Coloca las escrituras en varios lugares visibles de tu hogar para recordarte que no estás solo/a y que Dios tiene buenos planes para ti.

Jeremías 29:11 (NVI)

"Porque yo sé muy bien los planes que tengo para ustedes" afirma el Señor, "planes de bienestar y no de calamidad, a fin de darles un futuro y una esperanza."

Zacarías 9:12 (NVI)

"Vuelvan a su fortaleza, cautivos de la esperanza, pues hoy mismo les hago saber que les devolveré el doble."

Efesios 6:18 (NVI) también dice: "Oren en el Espíritu en todo momento, con peticiones y ruegos. Manténganse alerta y perseveren en oración por todos los santos".

Derek y Jacqueline

Pasó el tiempo y Jacqueline creció. Ella ya no era la misma persona que antes. Si bien los eventos que siguieron hicieron imposible cualquier restauración de su relación anterior, ya no vivía tensa por las cosas que Derek había hecho. Jacqueline podía interactuar con él de manera constructiva y sin resentimiento porque ya había superado el pasado. Su relación nunca fue la misma que antes; en el pasado ella sentido hubiera decepcionado tras esperar una respuesta razonable por parte de Derek. Ahora ella no tenía expectativas de él y había aprendido a permanecer neutral en respuesta a sus acciones.

En una ocasión tuvo que traer a Charles de regreso a casa después de estar un mes en tratamiento de adicciones. Jacqueline se encontraba usando un vehículo alquilado. Si bien Charles ahora podía conducir de forma independiente, no tenía edad suficiente para conducir un vehículo alquilado. La empresa de alquiler tenía reglas estrictas contra cualquier menor de 21 años que condujera sus vehículos. Jacqueline tenía la intención de cumplir con esas reglas.

Mientras se preparaban para subir al vehículo, Derek, que iba a regresar en otro vehículo con Lucy, les anunció a Jacqueline y Charles que Charles podía conducir el vehículo alquilado. Jacqueline reiteró las reglas nuevamente, pero Derek procedió a estar en desacuerdo con Jacqueline frente a Charles, im-poniendo Derek punto de vista sobre la situación. Jacqueline había firmado explícitamente el contrato al pagar. Esto pudo haber sido una continuación del patrón de apalancamiento de Derek en anteriores manipulaciones, haciendo que Charles se sintiera frustrado con su madre, promoviendo un tema falso de "Tu mamá te trata como a un bebé y te sobreprotege".

Derek no iba a dejar de lado su afirmación a pesar de ser inválida. Esto tenía el potencial de 1) Socavar a Jacqueline a los ojos de su hijo y 2) Establecer una dinámica basada en un tema sensible para que Jacqueline y Charles con no estar de acuerdo en durante el viaje de cuatro horas a casa. 3) Reforzar mitos acerca de Jacqueline que el promovían o continuaban abriendo una brecha entre ella y su hijo a la vez que convertía a Derek en el héroe, y 4) Deshacer la paz y la esperanza que Charles acababa de obtener en este momento maravilloso y transformador en la experiencia del tratamiento. No obstante, Jacqueline no iba a ceder pues la empresa de alquiler habría hecho Jacqueline responsable si algo sucediera y ella no mentiría al respecto. Ella también sabía que, si algo salía mal por romper esa regla, Derek no estaría presente para recoger los pedazos o ayudarla a pagar el daño.

En lugar de tomar el anzuelo de Derek, de tratar de cambiar su opinión, de darle una lección de perspicacia o de probar un punto frente a su hijo, Jacqueline interrumpió toda la dinámica a mitad de camino. En medio de la discusión de Derek, ella de repente dejó caer los hombros, levantó sus brazos colocándolos ligeramente alrededor de su cuello con un abrazo casual, y dijo: "Te amo" con un tono de "Ok, lo que sea sera"". Derek se congeló por un minuto como si no supiera qué hacer, luego de repente abandonó la discusión y dijo: "Tengo que irme", y se retiró a su vehículo.

Lo que sucedió en ese momento en el nivel práctico fue que su respuesta pasó por alto el argumento de Derek. Lo que pasó a nivel espiritual es que el enemigo que había estado susurrando engaños al oído de Derek, al igual que el titiritero que manipula la marioneta, huyó de inmediato. Parece que el diablo metió la cola y corrió. El enemigo proporciona el engaño y la gentelo compran, absorbiendo la dinámica tóxica. Ese día Jacqueline cortó el brazo del enemigo, respondiendo desde un lugar más alto y aplicando la armadura de Dios:

<u>El cinturón de la verdad</u> (no ceder a la mentira).

<u>La coraza de Justicia</u> (negarse a romper las reglas y el contrato legal ella que había firmado).

<u>Los **zapatos de la paz**</u> (mantener su posición y rehusarse a discutir).

El **escudo de fe** *(saber que Dios la protege).*

El **casco de la salvación** *(negarse a ceder a los pensamientos basados en ella miedo de que necesitaba complacer a Derek o a su hijo, pero manteniéndose firme en lo que era correcto).*

La **espada del espíritu** *(pronunciar las palabras que sintió que el Espíritu Santo la había llevado a pronunciar).*

Cuando Jacqueline y Charles subieron al carro alquilado, Charles también estaba confundido. Levantó la voz y dijo: "¡Eso es estúpido!" Jacqueline solo dijo: "Puedo hacer lo positivo o lo negativo, y no voy a hacer lo negativo". Desde ese momento el viaje fue tranquilo; silencioso al principio, luego una conversación pacífica durante el resto del viaje a casa.

Jacqueline había aprendido a sobreponerse a todo el caos. Sin importar si Derek intentó manipularla o no, ella eligió no dejarse llevar. Derek tenía un patrón constante de pagar solo aproximadamente una 10ma parte de los gastos de la recuperación de su hijo, pero Jacqueline no se enfocó en eso. En cambio, estaba tan emocionada de que Dios le había proporcionado los medios para ayudar a su hijo no solo a sobrevivir, sino también a prosperar. Estaba agradecida con Dios por ayudarlos a superar la tormenta que los había asediado durante más de una década.

Jacqueline no terminó perdiendo la casa ni a su hijo. Dios continuó dándole Jacqueline más trabajos y oportunidades. Aunque Derek se negó a ayudar a Jacqueline con la educación de su hijo y con los gastos del tratamiento y la recuperación de la adicción, Dios proporcionó esos fondos a través de la mano de Jacqueline, y ella estaba agradecida. Asimismo, la casa se convirtió en un refugio al que Charles podía regresar durante parte de su tiempo de recuperación. Ella estaba agradecida de poder brindarle a Charles un lugar reconfortante y relajante. Más tarde la casa de Jacqueline también se convirtió en un lugar donde pudo ayudar a otras personas que habían sido devastadas por eventos de la vida.

Jacqueline terminó su doctorado y Dios multiplicó sus ingresos. Llegó a comprender cómo Dios la cuidó como a su propia hija, a quien protege y fortalece abundantemente. Aprendió que no importaba quién estuviera en su contra y que incluso si sentía que su propio hijo la ignoraba, seguiría siendo inmensamente amada y apreciada por Dios. A pesar de todo nunca estuvo sola. Jacqueline se dio cuenta del poder de la conciencia de que Dios tiene un plan para todos nosotros y que puede ser más grande y mejor de lo que nadie pueda imaginar.

Estos son ejemplos del uso de la armadura de Dios para superar el caos que sucede en el mundo. Esto implica un proceso de crecimiento que toma tiempo, lleva a la maduración y la sanación emocional interna e incluye el poder del Espíritu Santo de Dios. Por lo tanto, no te impacientes contigo mismo. Permite que esto tome tiempo y diligencia. Aprender a reclamar las promesas de Dios sobre tu vida y practicar estos recursos fortalecerá tu sentido de esperanza.

¿Cómo encaja toda la armadura de Dios en este nivel superior de perdón? Específicamente, con todas tus respuestas ancladas en la verdad (en un **cinturón** alrededor de tu cintura, tu núcleo), todas tus otras herramientas están basadas en la verdad. Tu **fe** puede ser un **escudo** ante los ataques y amenazas del enemigo (creyendo que Dios es confiable y que está contigo). Tu **paz** emocional puede hacerte inamovible (los **zapatos de la paz** firmemente anclados en el suelo con una posición firme). Tu elección de acciones justas puede protegerte a largo plazo (**coraza**). Tus cogniciones mentales (**casco**) (pensamientos, percepciones e interpretaciones) pueden evitar que pierdas la cordura. Todas tus herramientas espirituales culminan con la palabra de Dios (**espada del espíritu**), que habla sobre ti y por ti. Este tercer nivel de perdón significa permanecer en un estado emocional de paz y fe que te cubre y protege mientras eliges acciones más sabias. Al mantener el **casco de la salvación** medita en la palabra de Dios y sus promesas para ti, mientras pronuncias con valentía y confianza la palabra de Dios (**espada**) sobre tu situación.

Tu vida cognitiva, emocional y espiritual será prácticamente impenetrable para la mayoría de las ofensas comunes. Entre más crezcas en este nivel, menos tiempo tendrás para estremecerte ante los dardos que te lanzan, porque estás firmemente anclado en la fe de que Dios tiene la situación en sus manos, que él te ama y que tiene un buen plan para tu vida. Vivir en esta perspectiva te da una visión espiritual para superar los límites de la superficie, a medida que comienzas a ver los eventos a través de los ojos de Dios. Creo que puedes lograr todas estas habilidades para alcanzar una posición en la vida que implique una perspectiva de existencia de orden superior, H.O.P.E. [ESPERANZA].

Tabla 7
Caminar de Forma Invencible:
Existencia de Perspectiva de Orden Superior (H.O.P.E.)

Elemento de la armadura	Propósito	Significado Bíblico	Ejemplos
Cinturón de La Verdad	Función central: todo lo que el soldado necesitaba para el combate cuerpo a cuerpo colgaba de este cinturón: la espada, la cuerda, sus raciones, su dinero y los dardos. El cinturón facilitaba que el soldado corriera metiendo su túnica en su cinturón, liberando así sus piernas para correr y moverse.	La verdad mantiene todo unido, te equipa para luchar contra mentiras y las manipulaciones. Elegir herramientas que dependan de la verdad y no de las mentiras te hace un guerrero eficaz. Te brinda los medios para ser libre y correr con confianza.	Me ciño con la verdad para que cada acción que tome se base en un sólido principio de verdad. Siempre antes de tomar acción consulto con Dios y pido consejo sabio. Cuando tomo un paso para actuar, mis elecciones se basan en la verdad. Esto guía mi interpretación y percepción de la gente y las batallas en las que elegí participar. Corro con confianza.

Tabla 7
Caminar de Forma Invencible:
Existencia de Perspectiva de Orden Superior (H.O.P.E.)
(Continuación)

Elemento de la armadura	Propósito	Significado Bíblico	Ejemplos
Coraza de ectitude (Justicia)	Función central: Placa sólida para proteger los órganos vitales, incluidos los órganos fundamentales para la vida, en particular el corazón.	Nos ponemos la justicia de Cristo que protege nuestro corazón. Vestirnos de justicia protege todo lo que es vital para nosotros: relaciones, sustento financiero y seguridad.	Camino en la voluntad de Dios. Sigo su plan para mi vida. Le pido perdón cuando cometo un error y vuelvo a encarrilarme. Tomar decisiones sabias me protege física, emocional y espiritualmente.

Table 7
Caminar de Forma Invencible:
Existencia de Perspectiva de Orden Superior (H.O.P.E.)
(Continuación)

Elemento de la armadura	Propósito	Significado Bíblico	Ejemplos
Zapatos de La Paz	Función central: Tenían la punta abierta, pero contaban con suelas con tachuelas de hierro diseñadas para agarrarse al suelo y mantener una posición firme e inamovible durante la pelea; para tener estabilidad y firmeza.	Mientras te mantienes firme en la paz, eres estable, inamovible, nada te mueve ni te desequilibra.	Si me enfrento a alguien que es hostil, permanezco anclado, firme e inmovible, sabiendo que Dios está conmigo. Al elegir mantener mis percepciones ancladas en el amor, puedo mantener mi paz y no ser manipulado o intimidado.
Escudo de La Fe	Función central: El escudo medía cuatro pies de alto y dos pies y medio de ancho. Se usaba para proteger todo el cuerpo y para protegerse contra dardos de fuego.	La fe nos lleva a repeler mensajes falsos del enemigo. Rechazamos maldiciones, ataques verbales y toda forma de ofensa negativa. Ponemos nuestra fe en Dios en lugar de en el perpetrador.	Aunque una persona me insulte, sigo cimentado en la fe de que Dios me ama y me acepta tal como soy mientras estoy creciendo. Si alguien intenta asustarme o desanimarme, recuerdo que Dios es fiel y está conmigo.

Tabla 7
Caminar de Forma Invencible:
Existencia de Perspectiva de Orden Superior (H.O.P.E.)
(Continuación)

Elemento de la armadura	Propósito	Significado Bíblico	Ejemplos
Casco de La Salvación	Función central: Proteger la cabeza y el cráneo de los golpes del enemigo. Evita que se deshagan del soldado.	La esperanza de salvación protege tu mente de las mentiras, filosofías corruptas y la confusión del engañador. El casco es una metáfora de la mente de Cristo. Cuando te pones la mente de Cristo, te pones sabiduría. Usas protección para tu salud mental.	Mantengo pensamientos de esperanza y el conocimiento que Dios es fiel en proveerme sin importar que intenten hacerme. Elegí ver los eventos a través de los ojos de Dios, lo cual trasciende el momento presente y es multidimensional.
Espada del Espíritu	Función central: Esta daga tenía de seis a dieciocho pulgadas de largo para un ataque incisivo específico, para objetivos vulnerables.	Pronunciar la palabra de Dios en voz alta y en pensamiento es una guerra espiritual. Expresa las promesas de Dios sobre tu vida y la de tus seres queridos y repite frecuentemente las Escrituras en tus pensamientos. Hebreos 4:12 "la palabra de Dios es viva y poderosa y más cortante que cualquier espada de dos filos. Penetra hasta lo más profundo del alma y del espíritu" (NVI).	Medito en las escrituras con regularidad. Tengo la palabra de Dios en mi corazón y me recuerdo a mí mismo y a los demás acerca de las promesas que ha hecho para nosotros. Si me tientan, desaniman, hieren o asustan, pronuncio su palabra en voz alta como hizo Jesús cuando estaba en el desierto.

* Columna 1 de Efesios 6:10-18; La información en la columna 2 y gran parte de la información en la columna 3 están adaptadas de *"The Book of Signs: 31 Undeniable Prophecies of the Apocalypse"*, 2019 por el Dr. David Jeremiah, pp 125-138.[19]

Tragedias y Procesamiento Multinivel

Esta perspectiva no es ingenua y no niega la validez de la necesidad de recorrer las emociones del dolor cuando ocurre una tragedia. A veces suceden horrores. En nuestro propio país se reportan ataques terroristas y crímenes. Las noticias están repletas de terribles relatos de tragedias. Ante un ataque, la respuesta natural humana es el miedo y un estado de lucha o huida. Ésta es una respuesta normal de supervivencia. Estos son eventos infligidos por alguien con un alma horriblemente averiada. Algunas personas optaron por dejarse engañar terriblemente por el mal.

La Familia Lincoln

Había una familia cristiana muy fiel y devota. Los padres brindaron todo lo mejor a sus hijos. Se aseguraron de que cada uno de ellos supiera que eran amados. Trabajaban arduamente para brindarles una buena educación y modelaron auténticamente su fe dando ejemplo durante su vida privada en el hogar.

Mientras transcurría la vida, criando a sus dos hijos mayores, descubrieron que iban a ser bendecidos con una hija que llegó como un regalo agradable y bienvenido. Era única por derecho propio. A ella medida que crecía, se hizo evidente que tenía un espíritu gentil y especial. Dondequiera que ella iba, otros se sentían conmovidos por su amable corazón. Su nombre era Precious.

Precious llenó el mundo de inocencia, alegría y risa. Ella creció con personas buenas y confiables en su familia, en el vecindario y en la iglesia. Precious nunca conoció a un extraño. Ella sus notas eran buenas porque sus padres dedicaron

---

[19] Jeremiah, David. *The Book of Signs: 31 Undeniable Prophesies of the Apocalypse*. W Publishing Group, impression de Thomas Nelson: Nashville TN, 2019, pp 125-138.

tiempo a todas las necesidades académicas de sus hijos. Su moral era alta y nunca había visto el lado oscuro del mundo.

Un día de verano a sus once años ella asistió a un campamento de la iglesia con algunos de sus amigos de escuela dominical. Los líderes del campamento pensaron que habían examinado minuciosamente a todos sus trabajadores. Aun así, parecía haber un lobo con piel de oveja que no habían detectado ese año. Se había conseguido un puesto en el equipo de consejeros del campamento. Pareciendo ser íntegro durante las actividades del día, detrás de escena, el invadía la seguridad y privacidad de la cabaña de las niñas. En una de estas ocasiones la atrapó mientras estaba sola. Aunque esto ocurrió a varias de las jóvenes en un período corto de una semana, no se informó durante los siguientes años.

Repentinamente Precious mundo y su psique prístino, dulces e inocentes se hicieron añicos. Peor aún era la paradoja de este perpetrador presentándose como santo en apariencia, involucrándola en cosas que ella no entendía. Esto la dejó sintiéndose permanentemente manchada y dañada. La vergüenza rugió en ella alma. Precious tenía miedo de contarle a al-guien que esto le había ocurrido. ¿Cómo podía contárselo a ella padres? Estaban tan orgullosos de ella. ¿La mirarían de manera diferente después de eso? Su pensamientos se aceleraban con miedo. ¿Cómo podría eso no ser Precious' propio culpa? ¿No fue lo suficientemente clara al decir que no? ¿Hizo algo para causar esto? Ella no se atrevió a contárselo a sus padres. Se sentía cubierta de vergüenza, como con una prenda ceñida que no podía quitarse. Ella idolatraba a sus padres y no se atrevía a contarles lo que había pasado. Entonces ella lo guardó en lo más profundo, reprimiéndolo más y más, como si nunca fuera a salir de nuevo a la superficie.

La vida continuó después de este campamento y ella aún amaba al Señor y era fiel en las actividades de su iglesia, junto con sus padres. El tipo nunca fue visto de nuevo. Aun así, de a poco, la barricada de dolor comenzó a erosionar Precious' alma. Ella había recibido a Cristo a una edad muy joven y fue sella-da por el Espíritu Santo (Efesios 1:13), pero siguió con-tenien-do la vergüenza en su interior. Gradualmente ella em-pezó a salir con la gente equivocada. Nadie pudo entender por qué. A medida que el dolor y la vergüenza corrían en ella inte-rior, su sentido de auto-rechazo se hizo más pronunciado. Las relaciones con amigos de la escuela dominical pasaron más y más a ella un segundo plano mientras se preguntaba cómo podía merecer a estas buenas personas en su vida. Se sentía no merecedora y distinta a todos.

A medida que el secreto escondido dentro de ella corazón oculto se fue consolidando, em-pezó a usar drogas. Inicial-mente, el gratificante subidón químico le dio un alivio temporal por ella de la oscuridad que intentaba entrometerse en su mente. Antes de que se diera cuenta, tenía un baluarte en ella vida. Precious siempre trataba de conseguir ese primer su-bidón emocional, ese primer oasis de alivio, pero nunca lo vol-vió a encontrar. La situación empeoró cada vez más y sus desconcertados ella padres no sabían qué hacer.

Precious padres buscaron recurso tras recurso hasta que fi-nalmente, el secreto se reveló. Precious finalmente comenzó a recibir ayuda para tratar su trauma directamente. Para en-tonces las drogas habían comenzado a adherirse a la química de ella cerebro con implacable intensidad. Trabajó duro en la recuperación y emergió limpia, siguiendo de manera diligente el plan de cuidados posteriores. Realmente nadie puede en-tender lo difícil y desafiante que es la recuperación de la adic-ción a menos que ellos mismos la hayan superado. Sin perder la esperanza, sus padres invirtieron el dinero que tanto les había costado ganar en cada centro de tratamiento después de recaídas posteriores. En la mente de ella padres, el dinero no era problema, valdría la pena costara lo que costara. Piensa en todos los padres que proporcionaron a sus hijos educación prestigiosa en la "Ivy League", por ejemplo. Juraron que esa era la educación que su hija necesitaba en ese momento.

Algunos centros de tratamiento también pueden ser lobos con piel de oveja, aprovechándose de las familias que quieren salvar a sus seres queridos de manera desesperada. El discernimiento también se aplica aquí. La padres investigaron cuidadosamente la calidad del trata-miento de las instalaciones que consideraron. También partic-iparon activamente en las sesiones familiares y las visitas. Precious' padres y hermanos le brindaron un apoyo leal y siguieron todas las recomendaciones para su cuidado. Precious tuvo una buena recuperación. La espíritu de Precious amoroso no podía apagarse mientras creaba nuevas y saludables relaciones a lo largo del camino, a menudo guiando a las personas a Cristo.

Hermosos y alentadores períodos de éxito en la recuperación comenzaron a suceder. Cada vez Precious consiguió un trabajo a tiempo parcial y comenzó a dar pasos en el mundo. Ella planeaba terminar la universidad y obtener un doctorado.

Inesperadamente después de un período, algo la tentó en las noches; ella volvía a estar con la gente equivocada, pero aun así se encarriló y se recuperó nuevamente. Esto continuó por un tiempo, y cada vez sus padres exhaustos pero fieles la ayudaban a regresar al tratamiento una y otra vez. Les habían aconsejado que cortaran la relación con ella y que le dieran "amor duro". Este consejo parecía tener sentido en algún nivel, pero en el fondo del corazón sus padres no podían renunciar a ella. Es importante saber que la situación de cada individuo es diferente y el consejo de una persona no necesariamente se aplica a la situación de la experiencia de otra persona. En realidad, nadie puede decirte qué hacer. Un consejero sabio solo puede ofrecer opciones y elecciones, con pros y contras para cada una; pero la decisión debe tomarse entre tú y Dios.

Con cada recaída, la parte de ella cerebro diseñada para restringir los impulsos se veía aún más afectada. Cada vez volvía a recuperarse, arrepentida por su error y aún más arrepentida por preocupar a su familia una vez más y por haberles causado más gastos. Mucha gente de su iglesia y del extranjero oraba para que ella sanara. En el período de recuperación final, Precious se había mantenido sobria por más tiempo que nunca. Ella también había escrito enmiendas de sanación y

cartas agradeciendo a toda su familia y amigos. Precious's co-
razón aún era sincero.

Un día apareció un policía en la puerta de la casa de ella
padres. Precious' madre abrió la puerta y al verlo preguntó:
"¿Qué es esta vez, señor agente? ¿Está Precious en urgen-
cias de nuevo? ¿Está detenida?" "No", dijo el agente de
policía. La habían encontrado en una habitación de hotel,
donde alguien le había dado una dosis letal de opioides. Ella
madre se desplomó al suelo.

¡Qué haces con eso!? Este tipo de trauma toma los tres niveles, el Nivel I, el nivel II y el nivel III una y otra vez y los entrelaza. El duelo por sí solo implica ira a un nivel multidimensional. Hay ira contra Dios, contra los centros de tratamiento que no parecía importarles tomar el dinero de sus padres, ira contra todas las partes involucradas y por supuesto, contra el perpetrador. Este tipo de trauma lleva a una respuesta muy compleja que involucra una sobrecarga emocional de ira, culpa y vergüenza con una ambivalencia que involucra algunos sentimientos paradójicos de alivio que, en mi observación, crearían una espiral de más culpa.20 Las cogniciones a menudo involucran un sentido de auto-estigmatización. Los autores que investigaron este tipo de respuesta compleja hallaron que, en estas situaciones, los padres que perdieron a un hijo a causa de las drogas tienden a estigmatizarse a sí mismos pensando que fracasaron como padres. Como ya se mencionó, los pensamientos y cogniciones negativos a menudo se asocian con muchas formas de trauma, y la sanación cognitiva deberá producirse a medida que se procesa el dolor emocional. Este nivel de dolor requiere una intervención sobrenatural.

Entonces el cambio cognitivo debe estar precedido por el duelo y requiere trascendencia más allá de la presente dimensión.[21] El pensamiento de la eternidad que trasciende la mera dimensión

---

[20] Titlestad, Kristine Berg, Mellingen, Sonja, Stroebe, Margaret y Dyregrov, Kari. *A Book Report*. Año desconocido.
[21] Ellason, J.W., Ross, C.A., & Day, H.D. (2003).

del aquí y ahora y que se extiende hacia la esperanza de la eternidad donde podemos reunirnos con los seres queridos, a menudo no se puede alcanzar antes de que se haya procesado mucho dolor. A este duelo necesita dársele tiempo. Los cristianos tienen la esperanza de saber que hay vida eterna y que **en verdad** volverán a ver a sus seres queridos. Aun así, es insensible esperar que los sobrevivientes obtengan una perspectiva de la eternidad antes de recorrer las etapas del duelo a su propio ritmo.

El proceso de duelo en el tratamiento del trauma y la sanación a menudo supone la necesidad de lamentarse por lo que habíamos planeado con y para ese ser querido. Tomará tiempo comenzar a comprender la idea de cómo podría ser la vida sin esa persona. Darte un tiempo es muy importante. Permítete procesar tus emociones en intervalos pequeños y tolerables. Es esencial ser paciente con tu recuperación. Después de una experiencia traumática de este nivel, la mente y el cuerpo pueden volverse hipersensibles y provocarse fácilmente por recuerdos del evento o de la persona. Esta es una respuesta al trauma normal en los humanos. A menudo los profesionales pueden ser una parte valiosa de este proceso de sanación, ya sea a través de medicamentos, asesoramiento o ambos. Es natural querer evitar volver a examinar el dolor. La consejería debe realizarse a un ritmo lento para ayudarte a recuperar tu vida y a sanar. Aunque es difícil de ver al principio, aún tienes un propósito aquí en la tierra. Ningún miserable perpetrador debería tener la capacidad de robarte una sola onza de tu vida emocional, ni de tu destino.

En mi experiencia presenciando el dolor que viven las familias que tienen un ser querido en recuperación, he llegado a creer que Dios sana a las personas mientras están en esta vida o poniéndolas al otro lado donde ya no hay dolor. Ya sea cáncer, adicción u otra calamidad, Dios escucha y responde, pero a veces de manera diferente a como queremos. Entonces, sea lo que sea por lo que hayas pasado, tómate el tiempo para procesar las emociones. Permítete estar triste para llorar el duelo y un lugar seguro para la ira expresada de manera constructiva (energía diseñada para reparar). A medida que drenes gran parte del dolor, puede que comiences a dar una mirada de dimensiones más allá del presente, prácticas, aquí y ahora.

Pensamiento de La Eternidad

La Familia Lincoln

En esos últimos momentos oscuros de desesperación, ¿Precious se había sentido golpeada por el hecho de que, una vez más, estaba a punto de llevar a sus padres a través de otra ronda de preocupaciones y una montaña rusa financiera? Las drogas llenan tu cerebro de químicos que mejoran el estado de ánimo y luego te hacen caer abruptamente en una desesperación irracional aún más profunda. ¿Es posible que, en esos momentos, Precious le pidiera a Dios una forma de detener este loco carrusel? Cada vez que regresaba con su familia después de ser engañada nuevamente por este enemigo espiritual, por los compañeros malévolos o su química cerebral en apuros, sentía más vergüenza y culpa que antes. No sabemos qué pasó en esos últimos momentos, pero sabemos que la investigación policial indicó que Precious no se suicidó deliberadamente. Ella quería más que nunca enorgullecer a sus padres y amaba a su familia con todo su corazón. Ningún nivel de oscuridad podía cubrir el hecho de que ella era una vida inocente destinada a cosas más grandes.

Mientras ella padres se embarcaban en su proceso de curación, dentro y fuera de olas de dolor emocional, también pudieron aferrarse a destellos de esperanza a pesar de esta horrible tormenta. Saben que ella está en los brazos de Jesús. Tienen el alivio de saber que ella ya no está lu-chando contra la horrible adicción. Saben con confianza que algún día la verán de nuevo y que la tendrán de vuelta por el resto de la eternidad.

Y, ¿Los perpetradores? Las consecuencias llegan al instigador del juego sucio (Gálatas 6). Incluso los escritos que tradicionalmente no se basan en el cristianismo relatan almas sin arrepentimiento que fallecieron brevemente, pero fueron resucitadas. Según reportes pasan por algo llamado "repaso de vida". Sienten todo el dolor y el efecto que le habían causado a su víctima, además del efecto dominó de todo lo que se vio afectado por sus acciones. La escritora cristiana de "Seven Lessons From Heaven" (Siete Enseñanzas del Cielo) también reporta una experiencia emocional a la que también llama una "revisión de la vida". [22] Si tratáramos de vengar nuestras limitaciones humanas, no podríamos ni acercarnos a infligir tanto impacto y conciencia a nuestros perpetradores, como en la experiencia de tal revisión de vida, sin importar cuánta influencia y poder tengamos.

La existencia en perspectiva de orden superior (H.O.P.E.) [ESPERANZA] para ayudarte a sobrepasar la situación es un proceso que toma tiempo y crecimiento. A veces entendemos que el trauma experimentado es el campo de entrenamiento para hacernos invictos y alistarnos para un destino y un propósito que jamás hubiéramos imaginado. Una vez viví una situación que, para mí, fue un trauma horrendo en mi familia. Después de pasar por lo que consideraba lo peor que le podía pasarle a alguien, emergí más fuerte, sabia y virtualmente impenetrable. Ya nada podría asustarme. Nada podría afectarme después de eso. Cada amenaza palidecía en comparación con la experiencia traumática a la que había sobrevivido. Además, también me di cuenta de que había desarrollado un conocimiento agudo y específico sobre cómo lidiar con esa situación y ahora podía ayudar a otros. Había adquirido una percepción, sabiduría y capacidad de toma de decisiones mucho más profundas de las que hubiera tenido antes.

Los ayudantes más efectivos de la humanidad son los que han atravesado y sobrevivido caminos dolorosos. Un buen ejemplo son los Alcohólicos Anónimos. Una vez como consejera en un

---

[22] Neal, Mary C. M.D. (Autor) *7 Lessons from Heaven: How Dying Taught Me to Live a Joy-Filled Life.* Convergent Books an imprint of the Crown Publishing Group, una division de Penguin Random House LLC Nueva York, 2017.

hospital psiquiátrico, me pidieron que dirigiera los grupos intensivos de adicción para pacientes ambulatorios. Los pacientes intuitivamente pudieron detectar que yo no había vivido lo mismo que ellos. Es cierto, no tenía ni idea. No importaba mis años de capacitación en consejería; cuanta experiencia, cuánto hubiera leído, ni cuantos títulos académicos tuviera, no había comparación con la perspicacia y la comprensión que podía aportar un alcohólico en recuperación. Generalmente, las personas que atraviesan la recuperación de una adicción realmente respetan la experiencia personal de alguien que ha sido adicto y que ha emergido y permanecido sobrio. Lo que puedas estar pasando puede superar años de costosa educación. Ninguna cantidad de títulos de doctorado puede superar la sustancia obtenida al superar y dominar la dificultad.

Recibe la ayuda que necesites para recuperarte de abuso, adicción, trauma sexual, divorcio, cáncer o ataque terrorista. Puede resultar siendo un campo de entrenamiento de efectividad e impacto que te envíe a la estratosfera de tu más elevado propósito; más lejos de lo que nunca pensaste que podrías llegar. Extiende la mano y toma control de tu vida y del destino que Dios te ha dado.

Resumen

"H.O.P.E." [ESPERANZA] puede aprenderse y desarrollarse en cualquiera que esté dispuesto o dispuesta a empezar a pensar con una perspectiva que va más allá de la mera superficie. Cuanto mejor estés anclado en este nivel superior de pensamiento y percepción, más invencible podrás ser ante los insultos y ofensas del mundo.

H.O.P.E. [ESPERANZA] puede ser una forma de percibir los eventos de la vida desde un plano superior que se convierte en algo instintivo para ti. Por eso elegí usar el término "existencia", porque implica un lugar continuo en el cual existir emocional y espiritualmente, descansando en la mano de Dios. Puedes descansar en la mano de Dios.

Llamo a esta perspectiva una "perspectiva de orden superior", porque está por encima de los enredos emocionales que podrían abrumarte. H.O.P.E. (ESPERANZA) es el resultado de cambiar tus pensamientos, crecer en una mentalidad similar a la de Cristo, confiar en él para todas tus cargas y usar la armadura de Dios. La vista desde esta perspectiva es espectacular a medida que aprendemos a ver las cosas a través de los ojos de Dios.

Juan 8:36 (NVI)

"Así que, si el Hijo los libera, serán ustedes verdaderamente libres."

Apéndice A
Ejercicios Adicionales e Imágenes Guiadas

Ejercicio de Conciencia Spiritual

✑

(¿Cómo percibes a Dios?)

Feel free to do these exercises to sort out and remove any incorrect perceptions that you may have transferred to God, others, or yourself. Re-connecting to a Being much greater than ourselves serves as a great resource for recovery. Allowing positive resources of healthy peers, professionals, and therapeutic organizations into your life can lift you up and free you.

Use a separate sheet of paper for each question

1. Blending your Parents/Caretakers/Attachment figures:

A) Describe the **positive features** about them. Include all relevant interactions and experiences.

B) Describe the **negative features** of these caretakers

Include all relevant interactions and experiences.

C) Describe the **positive features** of your early (or later) understanding of God or Higher Power. Include your experiences and encounters (i.e., prayers answered, etc.).

D) Describe the **negative features** of your early (or later) understanding of God or Higher Power. Include your experiences and encounters (i.e., prayers unanswered, etc.)

Assessing Your Spiritual Awareness

Align the sheets of paper with caretakers side by side with the features of the Higher Power. Now examine all of the positive and negative features, comparing your caretakers with your perception of God or Higher Power.

Focus on your perceived experiences, knowing that the intention of the caretaker may or may not have deliberately been negative or hurtful. Alternatively, if the intention of that caretaker may have actually been negative, it is important for you to understand that the pain that they were spewing at you was coming from their own pain reservoir and was totally not mean for you.

Unfortunately, we are raised by humans with all their imperfections and flaws. What happened to you *was and is not* your fault. The only reason that you did not receive whatever it was you needed from that caretaker (love, respect, patience, value, safety) is *not* because of you. It was because that ingredient was simply *not there within that person*. You had nothing to do with it and are still worthy of those wonderful, loving ingredients.

After you have listed everything that you can think of, both positive and negative, about your parents/caretakers and about God on separate pages, now align the pages together. Look at the contrasts or similarities between your parents or caretakers with those of God. Do some of the positives match? More importantly, do some of these perceptions of negativity align between your early authorities and God? Do some of these features also seem to shape your own self-perception? Remember, these are *your* perceptions and interpretations. These do not necessarily reflect the actual intention of those in your life. As you go through some of this work, leave an open place in your mind for the possibility that any negative perceptions about God may have been transferred, from negative experiences that you had with parents or caretakers, and placed onto your mental picture of God.

If we project the negative experiences of people in our life onto our perception of God, we are limiting our ability to heal. We perceive the situation through an untrue lens leading to a warped perception that can only produce inadequate solutions. It is often natural to place the image and impressions of fallible humans onto the face of God because of our experiences with others in authority who were not accurate images of who God really is. God surpasses the parents or caretakers who raised us, even at their best.

IMÁGENES GUIADAS PARA ENFRENTAR EL ESTRÉS

✑

Tips Para Usar Imágenes Guiadas

There are a number of scenes that you can use to soothe stress and pain. You can imagine yourself walking through a forest or a meadow, sitting by a peaceful ocean, or at your favorite indoor spot. When imagining any of these places, make sure that it is only associated with safe images and pleasant surroundings.

Use all of your senses to increase the calming effect of this environment. Apply your favorite scenery (visual), sounds – such as music or a water stream (auditory), soft green grass (tactile), movement – such as walking or floating (kinesthetic), taste possibly (gustatory), and very important smells and aromas (olfactory). The more senses you apply, the stronger the concentration and focus you will have away from the stressor and onto the soothing image. It is okay if you are not particularly visual. Many people are not. Simply use the senses that work for you. You do not have to use all of them.

Pick your favorite scene. You may imagine being cradled in the arms of your Creator, being gently rocked with the aroma of lavender (or other calming aromas), and hear words of unconditional love being spoken to you. You may want to imagine yourself getting rid of burdens by imagining yourself floating up in a hot air balloon, becoming lighter and freer as you label each of the sandbags at your feet with the title of a burden. You then, one by one, throw each one out of the balloon, watching it become smaller and smaller and further away as it lands in a tiny puff on the ground where you leave it behind. Examples of these stressors could be debts, situations, or conflict, naming the noun but not the individual person, as you can use the exercises in Chapters four through seven to deal with difficult people.

Use calming imagery whenever you need to have a healthy escape from daily stress. This can last from a brief few minutes to as long as you need.

IMÁGENES GUIADAS PARA EL AUTO-PERDÓN

❧

Muestra de Imágenes de Los Talleres "Oasis" a Cargo de La Dra. Joan Weathersbee Ellason

De repente te transportas 2000 años hacia el pasado. Miras hacia abajo y ves tus pies escasamente vestidos, cubiertos de polvo, con sandalias andrajosas. El camino es largo.

Llama tu atención una conmoción masiva a la distancia. Escuchas el ruido de llantos y lamentos, gritos y calamidad. ¿Qué está pasando? Debes ver qué ocurre. Entonces te acercas hasta llegar a la multitud. Ahora, mucho más cerca, el ruido reverbera en tus oídos como nada que hayas escuchado antes. Es casi abrumador.

Aun así, te abres camino a través de esa multitud, codo a codo, ignorando el fuerte olor a sudor y hedor de la gente. ¡Tienes que ver qué es esto! De repente, notas un olor único a cornejo y ves una estructura alta, enorme, que se eleva sobre tu cabeza. Parece como si alguien estuviera luchando bajo su peso. Ahora, al acercarte aún más, ves soldados altos rodeando algo, o... ¿A alguien? ¿Quién es?

La multitud casi te envuelve, apretándote fuertemente. Lo ignoras a medida que te abres camino entre los soldados, el ruido y el caos. Finalmente te abres paso y ves lo que está en medio de la horrible conmoción.

Allí ves la espalda de alguien cubierta de tierra; moretones y laceraciones luchando bajo el peso de la gran estructura de madera. ¿Quién es esta persona y qué ha hecho para merecer esto?

Ahora estás justo detrás de él. Al extender la mano y tocar su hombro húmedo, sientes su sudor y sangre en las yemas de tus dedos. De repente se detiene y se da la vuelta; esta cara a cara y ojo a ojo contigo. Tan cerca que sientes su aliento en tu rostro. Una luz pura brilla en los ojos bondadosos y amorosos de Jesús, que calma tu corazón y tu alma como nada que hayas encontrado antes aquí en esta tierra. Ahora, con una voz suave y clara te dice directamente: "**ASÍ DE MUCHO** TE PERDONO!"

Continúa diciéndote con ternura: "Por favor deja ir todo el enojo que guardas hacia ti. Eres inocente a mis ojos. ¿Puedes entender lo precioso/a que eres para mí? Estoy pagando mucho por ti, pagando un precio para cubrir todos tus errores y arrepentimientos, para que puedas vivir la vida productiva que he planeado para ti. Puedo lidiar con lo que no puedes soportar. ¿Me permitirás salvarte de los pedazos rotos de tu vida? Entrégamelos todos, todos tus arrepentimientos y errores del pasado... Todos tus miedos. Puedo tomarlos todos y convertirlos en un nuevo e increíble comienzo".

"Te amo con un amor que va más allá de todo lo que hayas conocido. Te amo eternamente".

REFERENCIAS

❦

Aaron T. Beck, John Rush, Brian F. Shaw y Gary Emery, Cognitive Therapy of Depression, Edited by Michael J Mahoney (The Guilford Clinical Psychology and Psychotherapy Series, Universidad Estatal de Pennsylvania, Nueva York, NY: The Guilford Press, 1979).

Albert Ellis, Raymond Chip Tafrate, How to Control your Anger Before it Controls You, (Nueva York, NY: Citadel Press Kensington Publishing Corp, 1997, 2016).

American Psychiatric Association, Diagnostic and Statistical Manual of Mental Disorders. Fifth Edition (DSM-5), American Psychiatric Association, Washington DC 2013.

Centros de Control y Prevención de Enfermedades (CDC) https://www.cdc.gov.

Caroline Leaf, Who Switched Off My Brain: Controlling Toxic Thoughts and Emotions, (Grand Rapids, MI: Baker Books 2006,2007, 2009).

Caroline Leaf, Switch on Your Brain: The Keys to Peak Happiness, Thinking, and Health (Grand Rapids, MI: Baker Books 2013).

Colin A Ross. The Trauma Model: A Solution to the Problem of Comorbidity in Psychiatry, Richardson, TX: Manitou Communications, 2000.

Colin A. Ross, Joan W. Ellason. (2001). Acute Stabilization in an Inpatient Trauma Program.

Journal of Trauma and Dissociation, Vol. 2, 83-87.

Colin Tipping, Radical Forgiveness: A Revolutionary Five-Stage Process to Heal Relationships,

Let Go of Anger and Blame, Find Peace in Any Situation, (Boulder, CO, Sounds True, 2009).

David Jeremiah, The Book of Signs: 31 Undeniable Prophesies of the Apocalypse. (W Publishing Group an Imprint of Thomas Nelson: Nashville TN, 2019), 125-138.

Don Piper with Cecil Murphey, 90 Minutes in Heaven: A True Story of Death and Life, (Revell a division of Baker Publishing Group, Grand Rapids, MI, 2014).

Divorce Corp, DVD dirigido por Joseph Sorge, publicado el 10 de enero de 2014

Eben Alexander III, 2012 Proof of Heaven: A Neurosurgeon's Journey into the Afterlife. Simon and Schuster New York, NY 2012.

Ed Young, Seven Blind Mice (Scholastic Inc, 730 Broadway, NY, NY.10003, por acuerdo con Philomel Books, una división del Putnam & Cosset Book Group, primera imprenta escolar en Abril 1993,1992).

Cita de Edmond Burke:

http://www.openculture.com/2016/03/edmund-burkeon-in-action.html

Erika J. Wolf, Ph.D. y Filomene G. Morrison, Ph.D. Traumatic Stress and Accelerated Cellular Aging: From Epigenetics to Cardiometabolic Disease.

HHS Public Access, NCBI PMC Librería Nacional de Medicina de Los Estados Unidos, Instituto Nacional de Salud

Traumatic Stress and Accelerated Cellular Aging: From Epigenetics to Cardiometabolic Disease (2017) Publicado online el 29 de agosto de 2017. doi: 10.1007/s11920-017-0823-5

https://www.ncbi.nlm.nih.gov/pmc/articles/PMC5588711.

Francine Shapiro EYE Movement Desensitization and Reprocessing (EMDR): Basic Principles, Protocols, and Procedures. Segunda edición. Nueva York: The Guilford Press, 2001.

Frederick S. Perls, Gestalt Therapy Verbatim editado por Joe Wysong, originalmente publicado en 1969, ésta edición en acuerdo con the Estate of Federick Perls MD, Gestalt Journal Press, Gouldsboro, ME 1992.

Graham Cooke The Life-Changing Power of Rest. Living Free and Staying Free, Living Free, and Staying Free: Discover and Understand Your Favor, Videos Brilliant Perspectives, Agosto 22, 2018, https://brilliantperspectives.com/the-life-changing-power-of-rest.

Henry Cloud y John Townsend, Boundaries: When to Say Yes, How to Say No to Take Control of Your Life, (Zondervan: Grand Rapids Michigan, 1992, 2017).

Jay Shetty, https://jayshettygenius.com.

Joan W. Ellason, Colin A. Ross, H.D. Day. (2003). Spirituality and Ego Strength, (Master's Thesis) Publicado en el American Journal of Pastoral Counseling, Vol. 6(4), 43-49.

Joan W. Ellason, Colin A. Ross. (1997). Two Year Follow-up of Inpatients With

Dissociative Identity Disorder. American Journal of Psychiatry, Vol.154, 832-839.

John Bradshaw On Homecoming: Reclaiming and Championing/Healing Your Inner Child (Bantam Books Nueva York, 1990).

John Paul Jackson, un CD de audio, Keys to Receiving God's Justice. www.streamsministries.com, enero 1 de 2005.

Website de Joyce Meyer www.joycemeyer.org.

Joyce Meyer. Knowing Who I Am in Christ. In Everyday Answers, (fecha desconocida)

https://joycemeyer.org/en/everydayanswers/ea-teachings/knowing-who-i-am-in-christ.

Joyce Meyer God Is Not Mad at You: You Can Experience Real Love, Acceptance & Guilt-free Living. Nueva York, NY, Faith Words, Grupo Hachette Book, (2013).

Joyce Meyer Do It Afraid: Embracing Courage in the Face of Fear Nueva York, NY, Faith Words, Hachette Book Group Inc. (2020).

Joyce Meyer Do Yourself a Favor and Forgive: Learn How to Take Control of Your Life Through Forgiveness. (Nueva York, NY, Faith Words, Hachette Book Group, 2012).

Judith Wilkins Ph.D., LMFT, LPC Personal Communication 1978; 10,6,2020

Kristine Berg Titlestad, Sonja Mellingen, Margaret Stroebe & Kari Dyregrov (2020): Sounds of silence. The "special grief" of drug-death bereaved parents: a qualitative study, Addiction Research & Theory, páginas 1476-7392. Publicado en línea el 20 de abril de 2020,

DOI: 10.1080/16066359.2020.1751827.

https://doi.org/10.1080/16066359.2020.1751827.

Larry Dossey website http://larrydosseymd.com.

Linda Marten (Consejera-supervisora profesional con licencia) en discusión con la autora, noviembre 1991, octubre 15 del 2020.

Lisa Firestone Ph.D. ANGER: The Role of Anger in Depression: Turning anger on ourselves contributes to the severity of depression. (Psychology Today, publicado el 09 de octubre de 2017)

https://www.psychologytoday.com/us/blog/compassion-matters/201710/the-role-anger-in-depression.

Louis Walter Weathersbee (My beloved father, 1924 - 1967) en discusión con la autora, a lo largo de mi vida.

Mark Felber, LPC, LCDC In Loving Memory

(https://www.linkedin.com/in/markfelber

Maryanne Watson, Ph.D., ABPP (psicóloga licenciada) respuesta a la consulta de la autora, enero 18 de 2018.

Mary C. Neal M.D. (Autora) 7 Lessons from Heaven: How Dying Taught Me to Live a Joy-Filled Life (Convergent Books una impresión del Crown Publishing Group, una división de Penguin Random House LLC Nueva York (2017).

Melissa Caldwell Engle, LPC, ATR, directora clínica y cofundadora del rancho Healing Springs, 20 años como directora clínica ejecutiva en el Instituto Ross para trauma psicológico) comunicación personal 10/29/2020.

Universidad Open www.openuniversity.edu.

Diccionario Oxford

https://www.lexico.com/definition/cognition.

Paul Meier, M.D.

(https://www.psychologytoday.com/us/psychiatrists/paul-d-meier-richardson-tx/59332)

Contribuyentes de Physiopedia, "Numeric Pain Rating Scale," Physiopedia,

https://www.physiopedia.com/index.php?title=Numeric_Pain_Rating _Scale&oldid=238203 (accessed October 26, 2020),

https://www.physio-pedia.com/Numeric_Pain_Rating_Scale).

R. Morgan Griffin 10 Health Problems Related to Stress That You Can Fix. WebMD. (2018).

https://www.webmd.com/balance/stress-management/features/10-fixable-stress-related-health-problems#1.

RT Kendall, Total Forgiveness: When Everything in You Wants to Hold a Grudge, Point a Finger, and Remember the Pain – God Wants You to Lay it All Aside (Lake Mary, Florida: Charisma House, A Strang Company, 2002, 2007), capítulo 2.

Shane Pruitt, CP Op-Ed Contributor, "7 Myths About Forgiveness," The Christian Post, CP CURRENT PAGE: OPINION | JUEVES 28 DE ABRIL. DE 2016.

https://www.christianpost.com/news/myths-about-forgiveness.html.

Stephen Post and Jull Neimark, Why Good Things Happen to Good People: How to Live a Longer, Healthier, Happier Life by the Simple Act of Giving, (Broadway Books, una impresión del Grupo Doubleday Broadway Publishing, una división de Random House, Nueva York, NY 2007).

Webster's Encyclopedic Unabridged Dictionary of the English Language (Gramercy Books, una división de Random House Value Publishing, Nueva York, NY 1993).

LECTURAS Y RECURSOS
SUGERIDOS

∽

LIBROS

Crecimiento Espiritual

The Power of the Holy Spirit in You (publicado en el 2021)
Por Pat Robertson (Autor) https://www1.cbn.com/700club.

Shelter in God: Your Refuge in Times of Trouble. (2020)
Por David Jeremiah (Autor) W Publishing, impresión de Thomas Nelson, Nashville, TN.

The Jesus You May Not Know: Take the Journey from Knowing About Jesus to Knowing Jesus (2020)
Por el Dr. David Jeremiah (Autor) W Publishing, impresión de Thomas Nelson, Nashville, TN.

God Is Not Mad at You: You Can Experience Real Love, Acceptance & Guilt-free Living (2013)
Por Joyce Meyer (Autora) Faith Words, Hachette Book Group, Nueva York, NY.

Unshakeable Trust: Find the Joy of Trusting God at All Times in All Things (2017)
Por Joyce Meyer (Autora) Faith Words, Hachette Book Group, Nueva York, NY.

Crecimiento Emocional

Born to Win: Transactional Analysis with Gestalt Experiments (1971, 1996)
Por Muriel James y Dorothy Jongeward (Autores) Addison-Wesley Publishing, Boston MA.

Home Coming: Reclaiming and Championing Your Inner Child (1990)
Por John Bradshaw (Autor) Bantam Books, Nueva York, NY.

Battlefield of the Mind (1995)
Por Joyce Meyer (Autora) Life in the Word, Inc Fenton, Missouri; Warner Books Inc. Nueva York, NY.

Beauty for Ashes: Receiving Emotional Healing (2003
Por Joyce Meyer (Author) Time Warner Book Group, Nueva York, NY.

Healing the Soul of a Woman: How to Overcome Your Emotional Wounds (2018)
Por Joyce Meyer (Author) Hachette Book Group. Nueva York, NY.

Boundaries: When to Say Yes How to Say No to Take Control of Your Life (1992, 2017)
Por Henry Cloud y John Townsend (Autores), Zondervan, Grand Rapids Michigan,
1992, Versión expandida 2017.

Perfect Daughters (1989, 2002)
Por Robert J. Akerman (Autor) Health Communications, Inc. Deerfield Beach, FL.

Who Switched Off My Brain: Controlling Toxic Thoughts and Emotions (2006, 2007, 2009)
Caroline Leaf, (Autora) Baker Books, Grand Rapids, MI.

Switch on Your Brain: The Keys to Peak Happiness, Thinking, and Health, (2013)
Caroline Leaf, (Autora) Baker Books, Grand Rapids, MI.

Do It Afraid: Embracing Courage in the Face of Fear (2020)
Por Joyce Meyer (Autora) Faith Words, Hachette Book Group Inc.,
Nueva York, NY.

Hinds Feet in High Places (2010)
Por Hannah Hurnard (Autora) Wilder Publications, Blacksburg, VA

Seven Blind Mice (1992, 1993)
Por Ed Young en acuerdo con Philomel Books, división del Putnam &
Cosset Book Group, Primera imprenta escolar Scholastic Inc, NY, NY.

Perdón

**Do Yourself a Favor and Forgive: Learn How to Take Control of
Your Life Through Forgiveness (2012)**
Por Joyce Meyer (Autora) Faith Words, Hachette Book Group,
Nueva York, NY.

**Radical Forgiveness: A Revolutionary Five-Stage Process to
Heal Relationships, Let Go of Anger and Blame, and Find Peace
in Any Situation (2009)**
Por Colin Tipping (Autor) Sounds True, a Trademark of Sounds True
Inc., Boulder, CO.

**Total Forgiveness: When Everything in You Wants to Hold a
Grudge, Point a Finger, and Remember the Pain – God Wants
You to Lay it All Aside (2002, 2007)**
Por RT Kendall (Autor): Charisma House, A Strang Company, Lake
Mary, FL.

Auto- Perdón

**You Can Begin Again: No Matter What, It's Never Too Late
(2014)**
Por Joyce Meyer (Autora) Faith Words Nueva, York, NY.

Radical Self Forgiveness: The Direct Path to True Self-Acceptance (2011)
Por Colin Tipping (Autor) Sounds True, a Trademark of Sounds True Inc., Boulder, CO.

Duelo
Bearing the Unbearable: Love, Loss, and the Heartbreaking Path of Grief (2017)
Por Joanne Cacciatore y Jeffrey Rubin, Wisdom Publications Somerville, MA.

The Sudden Loss Survival Guide: Seven Essential Practices for Healing Grief (Bereavement, Suicide, for Readers of Together) (2020)
Por Chelsea Hanson, Marty Tousley, Mango Publishing Group, una división de Mango Media, Inc, Coral Gables, FL.

It's OK That You're Not OK: Meeting Grief and Loss in a Culture That Doesn't Understand (2017)
Por Megan Devine y Mark Nepo, Sounds True, Boulder CO.

The Other Side of Sadness: What the New Science of Bereavement Tells Us About Life After Loss (2010)
Por George A. Bonanno Ph.D. (Autor) Basic Books, Nueva York, NY.

Lecturas y Enseñanzas Inspiradoras

❧

Your Move por Andy Stanley
https://yourmove.is/

Ministerios Joyce Meyer
www.joycemeyerministries.org

Dr. Charles Stanley
https://www.intouch.org/

Dr. David Jeremiah
https://www.davidjeremiah.org/

Streams Ministries International
https://streamsministries.com/

Graham Cooke
https://brilliantperspectives.com/

RECONOCIMIENTOS

Revisores:

Stephen Weathersbee, LMFT

Kathy Ives, LPC

Ron Killough, PhD

N. B.-Baghdadi, B.A.

Kathy Williams

Yvonne Kilburn-Mazzone

Diseño de portada y contraportada
por Pro_design37

Foto de contraportada
por Chad Weathersbee Ellason

Historias personales para este libro
Otros contribuidores sin identificar

[i] Meyer, Joyce Meyer. *Do Yourself a Favor and Forgive: Learn How to Take Control of Your Life Through Forgiveness.* Nueva York, NY: Faith Words, Hachette Book Group, 2012.

[ii] Leaf, Caroline. *Switch on Your Brain: The Keys to Peak Happiness, Thinking, and Health.* Grand Rapids, MI: Baker Books 2013.

[iii] Physiopedia contributors, "Numeric Pain Rating Scale," *Physiopedia*, https://www.physio-pedia.com/index.php?title=Numeric_Pain_Rating_Scale&oldid=238203 (con acceso el 26 de octubre de 2020), https://www.physio-pedia.com/Numeric_Pain_Rating_Scale.

[iv] Shapiro, Francine. *EYE Movement Desensitization and Reprocessing (EMDR): Basic Principles, Protocols, and Procedures. Second Edition.* Nueva York: The Guilford Press, 2001.

[v] Perls, Frederick S., and Joe Wysong. *Gestalt Therapy Verbatim.* Highland, NY: Center for Gestalt Development, 1992.

[vi] Bradshaw, John. *On Homecoming: Reclaiming and Championing/Healing Your Inner Child.* Bantam Books Nueva York, 1990.

[vii] Beck, Aaron T., A. John. Rush, Brian F. Shaw, and Gary Emery. *Cognitive Therapy of Depression.* New York: Guilford Press, 1983. Editado por Michael J Mahoney (The Guilford Clinical Psychology and Psychotherapy Series, Universidad Estatal de Pennsylvania, Nueva York, NY: The Guilford Press, 1979) (Aaron T. Beck, Cognitive Therapy and the Emotional Disorders (59 Boston Post Rd, Madison, CT International: Universities Press, Inc., 1976, 1979).

[viii] https://www.linkedin.com/in/markfelber

[ix] Cloud, Henry y John Townsend. *Boundaries: When to Say Yes, When to Say No to Take Control of You.* Grand Rapids: Zondervan, 1992.

[x] Leaf, Caroline. *Who Switched off My Brain?: Controlling Toxic Thoughts and Emotions.* Baker Books, Grand Rapids, MI., 2006, 2007, 2009.

[xi] Leaf, Caroline. *Switch on Your Brain: The Keys to Peak Happiness, Thinking, and Health.* Baker Books, Grand Rapids, MI., 2013.

[xii] Griffin, R. Morgan. "10 Stress-Related Health Problems That You Can Fix." WebMD. April 01, 2014. Accedido el 17 de noviembre de

2020. https://www.webmd.com/balance/stress-management/features/10-fixable-stress-related-health-problems.

xiii Wolf, Erika J., PhD and Morrison, Filomene G., PhD. *Traumatic Stress and Accelerated Cellular Aging: From Epigenetics to Cardiometabolic Disease.* HHS Public Access, NCBI PMC US National Library of Medicine, National Institute of Health. Traumatic Stress and Accelerated Cellular Aging: From Epigenetics to Cardiometabolic Disease (2017) Publicado en linea el 29 de agosto de 2017. doi: 10.1007/s11920-017-0823-5 https://www.ncbi.nlm.nih.gov/pmc/articles/PMC5588711.

xiv www.joycemeyer.org.

xv Estas fueron mis propias observaciones a partir de la experiencia, generalizadas para los lectores.

xvi Kendall, R. T. *Total Forgiveness: When Everything in You Wants to Hold a Grudge, Point a Finger and Remember the Pain, God Wants You to Lay It All Aside.* Lake Mary, FL: Charisma House, 2002.

xvii www.andystanley.com. Also https://yourmove.is/.

xviii http://www.joycemeyer.org.

xix Alexander III, Eben. *Proof of Heaven: A Neurosurgeon's Journey into the Afterlife.* Simon and Schuster Nueva York, NY 2012.

xx Website de Larry Dossey http://larrydosseymd.com/.

xxi *The Bible*. Matthew Chapters 26 & 27. New King James Version®. Copyright © 1982 por Thomas Nelson. Usado con permiso. Todos los derechos reservados.

xxii Ellis, Albert, Tafrate, Raymond Chip. *How to Control Your Anger Before It Controls You.* Nueva York, NY: Citadel Press Kensington Publishing Corp, 1997, 2016.

xxiii Cooke, Graham. *The Life-Changing Power of Rest. Living Free and Staying Free, Living Free and Staying Free: Discover and Understand Your Favor.* Videos Brilliant Perspectives, agosto 22 de 2018.| https://brilliantperspectives.com/the-life-changing-power-of-rest.

xxiv Paul D Meier, psiquiatra, MD. https://www.psychologyto-day.com/us/psychiatrists/paul-d-meier-richardson-tx/59332.

xxv Meyer, Joyce. *Knowing Who I Am in Christ. In Everyday Answers*. Date unknown. https://joycemeyer.org/en/everydayanswers/ea-teachings/knowing-who-i-am-in-christ.

xxvi Ellis, Albert, Tafrate, Raymond Chip. *How to Control your Anger Before it Controls You*. Nueva York, NY: Citadel Press Kensington Publishing Corp, 1997, 2016.

xxvii Beck, Aaron T., Rush, John, Shaw, Brian F. y Gary Emery. *Cognitive Therapy of Depression*. Editado por Michael J Mahoney. The Guilford Clinical Psychology and Psychotherapy Series, Universidad Estatal de Pennsylvania, Nueva York, NY: The Guilford Press, 1979.

xxviii Leaf, Caroline. *Switch on Your Brain: The Keys to Peak Happiness, Thinking, and Health*. Grand Rapids, MI: Baker Books 2013. Leaf, Caroline. *Who Switched Off My Brain: Controlling Toxic Thoughts and Emotions*. Grand Rapids, MI: Baker Books 2006,2007, 2009.

xxix https://www.lexico.com/definition/cognition.

xxx Judith Wilkins PhD, LMFT, LPC Personal Communication 1978; 10,6,2020.

xxxi https://jayshetty.me.

xxxii Leaf, Caroline. *Switch on Your Brain: The Keys to Peak Happiness, Thinking, and Health*. Grand Rapids, MI: Baker Books 2013.

xxxiii www.joycemeyer.org.

xxxiv Ellis, Albert, Tafrate, Raymond Chip. *How to Control your Anger Before it Controls You*. Nueva York, NY: Citadel Press Kensington Publishing Corp, 1997, 2016.

xxxv Personal communication 10/29/2020, Melissa Caldwell Engle, LPC, ATR, directora clínica y cofundadora del rancho Healing Springs. 20 años como directora clínica ejecutiva en el Instituto Ross para trauma psicológico xxxvi Psychology Today, 2017, Lisa Firestone, The Role of Anger in Depression.

xxxvii Shapiro, Francine. *EYE Movement Desensitization and Reprocessing (EMDR): Basic Principles, Protocols, and Procedures.* Segunda edición. Nueva York: The Guilford Press, 2001.

xxxviii http://www.dailyword.com/what-god-box

xxxix Meyer, Joyce. *God Is Not Mad at You: You Can Experience Real Love, Acceptance & Guilt-free Living.* Nueva York, NY, Faith Words, Hachette Book Group, 2003.

xl Bradshaw, John. *On Homecoming: Reclaiming and Championing/Healing Your Inner Child.* Bantam Books Nueva York, 1990.

xli Diamond, Stephen A. Ph.D. *Evil Deeds, Psychology Today, Essential Secrets of Psychotherapy: The Inner Child: Has your adult self spent time with your inner child today?* Jun 07, 2008.

www.ingramcontent.com/pod-product-compliance
Lightning Source LLC
Chambersburg PA
CBHW062149080426
42734CB00010B/1615